2021长三角商业创新样本

上海长三角商业创新研究院 著

中国商业出版社

图书在版编目（CIP）数据

2021长三角商业创新样本/上海长三角商业创新研究院著. -- 北京：中国商业出版社，2022.6
ISBN 978-7-5208-2078-3

Ⅰ.①2… Ⅱ.①上… Ⅲ.①长江三角洲—商业模式—研究 Ⅳ.①F727.5

中国版本图书馆CIP数据核字(2022)第102855号

责任编辑：朱丽丽

中国商业出版社出版发行
（www.zgsycb.com　100053　北京广安门内报国寺1号）
总编室：010-63180647　编辑室：010-63033100
发行部：010-83120835/8286
新华书店经销
杭州高腾印务有限公司印刷

*

787毫米×1092毫米　16开　15印张　288千字
2022年6月第1版　2022年6月第1次印刷
定价：188.00元

* * * *

（如有印刷质量问题可更换）

序　言

近三年来，经历过严重灾疫考验并走出一条独有应对之路的中国，在2021年呈现出充满韧劲、乐观和宽容的精神面貌，重塑着一个文明古国在复兴道路上和全球化征程中明亮又自信的形象。

2021年，正值中国入世20年。20年来，中国货物贸易跃居全球第一，服务贸易升至世界第二，也是全球最大外资流入国；20年来，中国成为全球第二大经济体，向世界分享了改革开放的红利——对全球经济增长的年均贡献率接近30%，成为拉动世界经济复苏和增长的重要引擎；20年来，中国经济深刻地嵌入全球产业链供应链之中，拥有结构最健全的供应链集群、数量最庞大的产业工人、服务最完善的销售及物流体系，成为全球产业链的关键枢纽和制造中心。

改革开放的创业创新精神，在21世纪初的20年间一以贯之，涌现了一批有理想有抱负的企业家，尤其是一批引领科技创新、改变受制于人命运的科学家，加入从产业变革到商业经济创新的队伍中来，并诞生了一批优秀的新经济公司。2015年，国家启动创新驱动发展战略，强化原始创新，增强源头供给，强调推动、发挥企业家在创新创业中的重要作用；到2018年长三角一体化战略升格，打造全球科创中心、设立科创板等，更是不断推动这股创新浪潮。长三角这片区域，已然成为引领浪潮的先锋和典范。于2016年立项的"长三角商业创新样本"项目，也正是顺应时代和历史发展的产物。

立项初始，我们就希望找到企业的创新奥秘和精神力量，挖掘能够代表中国、具有时代典范的样本内核。而2021年度的企业依然与历届样本一样都具有这样的共性。

（1）具有时代担当与企业家精神。

（2）在自身领域拥有独创性商业模式或技术。

（3）独特且优秀的组织创新能力与企业文化。

（4）商业效益与社会效益并重。

由于疫情反复的影响，样本计划进展缓慢，给项目团队带来极大的压力。我们发现，由于国际市场对中国的影响，导致不少企业遭遇较大的经营或投资市场的困难；而更多的企业则因疫情的反复而调整企业战略，不确定性带来市场布局、组织应对和产品供应的不稳定性以及巨大的不可预见的挑战。尤其是初创型和新兴市场的企业，包括产品结构因素、服务政府客户以及主流客户，遭受疫情的打击而导致市场急速下滑，等等。这给选样的稳定性带来挑战，对项目团队则是一场能力和思维的考验。由此，我们加大对企业历史、文化以及市场与产品的分析，加大对企业应对变化的理念、策略和态度等的研究，也积极拜访机构和同业，以加强对企业长远规划和可持续发展的能力认知，以及企业对市场经济不确定性的应对能力和实力的认知。

由此，2021年的初选样本达到66个，比2020年增加14家企业，分布在15个城市，主要还是集中在上海、杭州、苏州、无锡等地。涉及行业领域更加多元，包括医疗健康（医疗器械、生物制药、健康检测、医健数字化平台、疫苗）、绿色能源、半导体设备、微球技术、智慧通行、新能源汽车、智慧城市建设、网络安全、区块链产品应用、物联网、物流供应链、智能家居、北斗等光电通信产业等。

无论如何，项目团队以及专家们所看好的企业数量依然较为可观。这不仅是对中国的信心，也是对新经济在未来发展的高度认可。疫情无法阻挡团队选样和积极沟通的步伐，也无法阻挡规模庞大的创新公司和创始人前进的激情与步伐。在不得不舍弃部分因为上市以及企业战略调整等因素影响的公司的情况下，入选的9家企业，依然是各自领域的佼佼者，也是当之无愧的创新者和勇于奉献的理想家。

2021年是中国"入世"20周年，也是"十四五"规划的开局之年，我们尝试着从现实中找到呼应历史的指向和成功案例。指标更倾向于全球竞争性行业的自主创新、全球化和国际市场、核心技术的突破等和"入世"有关的权重，但依然关注产业价值生态、战略领先、组织创新和人才战略等维度。更重要的是，这一年也是我国启动碳达峰碳中和战略的元年，我们增加了绿色能源类的企业比例。2021年的样本，的确令人振奋。天合光能的光伏能源领先之路、得邦照明独占鳌头的海外发展和后来者居上的大全能源，以及海积信息对北斗技术的孜孜以求，都是这20年间中国企业直面全球市场竞争的产物；纳微科技微球技术的攻坚克难，见证了中国在基础创新和卡脖子领域的突围；恒瑞医药持续创新的企业进化令其始终引领中国医药业，离不开企业的全球化战略和对产业责任的坚持；强生中国在医疗领域的创新引领，迈创股份的成功，都得益于入世后全球市场的开放与融合；微医创始人在人工智能探索的基础上，实现了数字化医疗的突破；等等。这些几乎都是在开放市场上与全球市场协同竞争，在中国土壤上属于中国企业的创新超越。

这些企业在开放的市场上与全球市场协同竞争，展现了创新特质和发展优势，体现了组织和文化的先进性，以及对时代、产业的洞察而领先的战略布局，印证了超越当下的价

序言

值思想和经营智慧。

一、战略引领，直面全球竞争市场，积极参与全球经济建设，提升国家产业地位

近年来，新科技革命和产业革命方兴未艾，给世界产业技术和分工格局带来深刻调整和革命性影响。"中国创造"已成为世界经济贸易发展的重要驱动力，但也存在众多关键技术、核心技术上依然受制于人的事实。然而，在"卡脖子"的原材料技术、卫星导航系统、全球供应链服务，以及绿色能源、生物制药等产业，中国一些企业一开始就直面全球竞争市场，经过十几二十年的追赶反超，已然卓秀于林，展现出中国企业的技术实力和坚忍不拔的精神力量。

光伏业成为我国少有的具有国际竞争优势、实现端到端自主可控，并率先成为高质量发展典范的战略性新兴产业，成为推动我国能源变革的重要引擎，离不开以天合光能为代表的企业和中国光伏业20多年的努力。全球巨头天合光能坚持技术创新，持续进行战略迭代，完善产业链，同步进行全球化布局，成功穿越几个周期，实现了市场全球化、制造全球化、研发与人才全球化和资本全球化。15年前，中国光伏产业在硅料方面还是完全空白，基本被海外厂商垄断。大全能源依托持续的研发投入和技术创新，不仅成为中国多晶硅行业主要的市场参与者之一，也是业界第一个实现数字化管理和数字化制造的企业，为中国的数字制造做出了全球样板。

近十几年来，恒瑞医药立足全球视野，在大力引进先进技术、智慧大脑和全球资源的同时，加快国产创新药技术、品牌和大健康事业融入全球，双管齐下、双向发力，推动民族制药竞争力升级。得邦照明积极构建"大国际"格局，实现了有效利用全球资源，稳步推进境外生产基地、研发中心建设，形成全球产业链体系和全球营销服务体系，并进一步扩大国际市场份额和效益，持续保持行业领先。

纳微科技一出生就面对世界级的对手。十年一剑，纳微科技实现了高性能微球从空白到世界引领的跨越，赢得客户甚至是竞争对手的尊重，改变国外对中国企业缺乏创新能力的偏见，极大地提高了中国在相关领域的竞争力和产业地位。

强生中国围绕全球"发展+创新"双引擎的愿景目标，充分发挥全球领先优势，加速推进全面数字化布局，通过数字化精准诊疗、创新创业孵化和教育公益，打造多维度"赋能式"创新业态，创造属于自己的更多中国和全球的突破。微医致力打造一个开放的、不断进化和国际领先的数字医疗服务平台，推动全球数字医疗的进步与发展。

作为第三方售后外包集成服务龙头的迈创股份，赋能全球品牌融入全球产业链，并积

极打造"供应链服务"的中国品牌，推动中国标准、中国服务"走出去"。

北斗卫星导航系统走出了一条从无到有、从有到优、从有源到无源、从区域到全球的中国特色发展道路。与国家战略同频共振的海积信息，放眼高处、脚踏实地，是全球少数几家拥有完全自主知识产权的北斗高精度卫星导航定位高新技术公司，也是全球范围内拥有"定位通信天线—高精度底层算法—高精度核心器件—终端—系统级解决方案"全产业链闭环的前沿企业。

立足于中国，更立足于全球，探索企业可持续发展和产业引领之路；立足于技术创新，更立足于产业创新，开展经营与创新实践，正是本届样本的最大特色和创新成功之处。立志长远，以全球化视野，扎根于现实土壤，并在全球合作中，自觉强化自身价值链，以更开放、融合的方式创新生态合作模式，拥抱不确定的新世界，也是这批样本企业的重要理念和态度。这些自信的呈现，也展现了企业立身立本的长远目光和格局。

二、坚持基础创新或系统创新，推动新技术革命，创新产业生态

当前，世界百年未有之大变局加速，科技创新成为影响和改变世界经济版图的关键变量。科学技术从来没有像今天这样深刻影响着国家命运，从来没有像今天这样深刻影响着人民的幸福安康。我国中长期科技发展战略把提高自主创新能力提到一个相当的高度。中国这艘巨轮的科技创新引擎不断升级，每一次升级都昭示着自立自强的决心。恒瑞医药、天合光能、纳微科技和海积信息等面向国家重大需求，十数年甚至数十年如一日地投入研发，在寻找中国企业技术突破的同时，结合实践探索成果转移转化的中国方案，以极大的耐心和能量促进中国产业的进步。

勇探科研"无人区"的纳微科技，持续埋头研发，接连获得重大技术突破，多项技术和产品做到世界第一或唯一。恒瑞医药长期保持高强度的研发投入，其持续的人才发展计划，为企业的创新发展和体系建设源源不断地创造动能活力。通过本世纪的长期奋斗，企业拥有全国市场渠道和强大的终端网络资源，拥有自主可控的产业体系和创新研发体系，产生了一批具有自主知识产权、国际一流的新技术平台，为企业创新研发和国际化布局提供了强大的基础保障。

微医首创"数字健共体"模式，为老百姓提供从预防、诊断、治疗到康复一体化的服务，成为唯一覆盖"互联网+医疗健康"全产业链的数字医疗服务平台。顺应数字化浪潮的强生医疗，在中国加强引进强生全球领先的产品和解决方案的同时，也在多领域积极布局本土创新与研发。

天合光能构建"高校—科研—产业—金融"融通的先进能源技术产业创新和创业一体

化平台，以一连串的"第一"引领光伏创新发展，实现制造管理、供应链管理的系统化和数字化，打造能源+物联网整体解决方案，并从产业链上、下游的协同生态圈和创新产品联合生态圈，推动产业链向"价值链"转变，升级产业生态。

大全能源成功掌握多项关键工艺技术，并通过实施数字化管理和数字制造系统建设，成为少数产品质量可以大比例达到电子级标准的企业之一。海积信息连续攻破高精度天线、板卡核心技术，成为国内首家集北斗卫星高精度板卡、接收机和特种行业天线以及高精度应用系统的研发、生产、销售、服务为一体的企业，并依此构建基于北斗、5G的应用场景和产业生态。

经过多年自主开发和持续创新，迈创股份开创了独有的售后服务模式——建立了从全球数据交互到实时可视化、多维度数据化的信息化、数字化管控体系，为服务贸易提质增效，推动中国创造不断升级。得邦照明努力构建从"产品开发"到"开发+预研"的研发纵深体系，形成体系化、专业化的全线赋能，并通过研发和生产绿色低碳照明产品、节能减材降耗、加大新型材料应用力度等一系列措施，助力中国照明业绿色低碳发展。

中国一直致力于推动创新和全球合作，贡献中国智慧，为世界发展注入动力。巨大而多层次的市场，让新技术新产业得以生存和发展。在为全球企业创造价值的同时，也有效激发了中国企业的创新动力，带动新技术、新产业快速成长。

三、以先进价值观引领发展观，通过组织、文化和人才建设，塑造产业全球形象

从一开始的摸索到如今的辉煌，样本企业革故鼎新的生产力与协同融合的创造力，得益于企业和企业创始人先进的价值观，以及对人才的孜孜以求和长期培育等。在新时期、新考验里迸发生命力，推动中国品牌和中国精神在全球的认同。

恒瑞医药坚持高质量发展的最终目的是为中国患者提供优质、可及性高的健康服务，并努力为全球患者提供可负担、多样性的医药资源。推动产业链协同、践行产业责任，出色的创新实力和高质量的创新成果，不断实现领跑者的超越。天合光能的业务遍布全球，组织不断发展和迭代，无论启动青年人才发展计划，还是整合成立天合领导力中心，都将核心价值观融入各级干部员工的赋能系统，强化文化建设和人才发展与业务发展、战略变革的耦合度，推动企业进化。

"敢赢"文化和创新机制，为强生医疗加速创新引擎的建设打下坚实基础，不仅帮助员工履行对家庭的责任和其他责任，也为员工提供跨业务、跨部门乃至跨地区的广阔平台和强大资源，支持优秀人才在强生成就职业抱负的同时实现个人理想、发展个人能力。纳

微科技秉持产业报国的志向，长期追求精益求精的工匠精神，建立独特的人才培养机制，得到竞争对手和客户的尊重，树立了代表中国原始创新和卡脖子技术的全球形象。

海积信息推出全面的股权激励措施，坚持发展成果大多数人共享，立志让每一项技术、产品和功能服务，都饱含北斗特色和中国情怀。得邦照明建立了完整的人才梯队培养体系，"中台战略"所构建的"平台服务"模式，深度激发组织动能。大全能源通过具有竞争力的薪酬体系和技术创新激励机制，固化以技术创新为核心的企业文化。微医开创公共卫生和医疗救援新模式，为中国抗击疫情做出重要贡献，也为全球抗疫提供了"中国服务"和"中国经验"。迈创股份以智慧化服务降低成本，提升品牌质量内涵，助力全球智造发展，塑造了专业智能化的中国服务品牌。

样本企业，不断从组织创新、人才战略和文化价值建设上探索自己的独有优势，塑造企业品牌和中国企业在全球产业中的品牌形象。

四、积极践行企业社会责任，推动产业价值创造，塑造产业典范

这批样本，无论是产业巨头还是新兴的科创公司，都具有强烈的产业责任担当意识和"共生共荣"的产业格局。回望2021年在扎实推动共同富裕新的历史呼唤中企业的积极响应，凸显了它们义利兼顾和利国利民的精神本色。立足于全球产业竞争的危机感、压迫感和使命感，使得它们更能够体会企业与国家休戚与共的意义，也让它们将共创事业和价值、共担困难与风险、共享战果与利益、共谋成长和发展等思想理念贯穿于企业发展中，塑造中国创新典范。

恒瑞医药积极参与各类社会公益事业。在全国各地广泛开展肿瘤疾病的公益项目；设立各类公益基金，推进中国医药科研事业发展，助力培养高层次医学人才；持续在革命老区、边远地区等开展工作，推进全面乡村振兴。企业长期以来从多方面切实带动长三角地区生物医药产业链的发展，为行业进步和产业链升级做出贡献。

作为首个宣布支持"共同富裕"的大型跨国企业，强生中国承诺以三大战略下的六大举措，进一步支持国家的宏伟目标。同时，设立强生全球影响力专项基金及项目，用于支持基层医务工作者赋能、慈善捐赠以及在重大自然灾害、公共卫生危机响应等方面投入更多资源；为员工参与各类社会公益活动提供资源，以更高效、更有价值的志愿服务为社区创造价值。

微医通过"数字健共体"构建起贯穿线上线下，普惠、共享、均等的医疗健康服务体系，全面提升区域基层医疗水平，提高百姓健康水平。纳微科技全力推动对产业的价值赋能，推动行业标准统一，提升行业整体竞争力，提升中国企业在国际舞台的话语权。

作为产业链链主，天合光能秉持"用太阳能造福全人类"的愿景，丰富作为产业领军者角色的新内涵，完善并升级全产业链，构建以光伏为主体的新能源和终端以电力用能为主体的新型能源体系，推动实现碳中和宏伟目标。得邦照明不断开发高应用价值、高科技含量、环保节能的绿色照明产品回馈社会和消费者，在带动区域产业的兴起、城市面貌的改变、地方品牌的塑造与辐射上发挥巨大的作用。

迈创股份积极参与绿色发展，减少电子垃圾；大全能源坚持企业全方位可持续发展，推行各项环保技改项目；海积信息深度构建定位导航多元应用生态，承担应有产业责任；等等。这些企业都结合自身实际情况，践行社会责任，塑造产业榜样。

20年来，中国激活了自身创新发展的澎湃春潮，也激活了世界经济的大池春水。一步步强化产业力量，全力改变全球竞争中关键领域和核心技术受制于人的格局，引导产业价值生态，让科技技术自主可控，让产业安全可控。

《中共中央关于党的百年奋斗重大成就和历史经验的决议》指出："改革开放是决定当代中国前途命运的关键一招"。把握机遇、迎接挑战、主动担责、造福世界的中国和中国企业，以强大的意志和深刻的探索为积淀，以已然唤醒文明古国的文化力量和义利天下的精神志气为底气，团结、协同一切力量构建及拓宽"命运共同体"的真谛与内涵，全方位巩固中国国内经济改革，促进经济增长和社会福祉，让中国成为全球经济政治秩序重构中不可或缺的参与者。2021年的样本企业，让我们看到了参与并引领全球新兴技术和新兴产业的中国案例与示范。这正是长三角地区在高质量发展中，勇当开路先锋、率先形成新发展格局、加快打造改革开放新高地的关键意义。

上海长三角商业创新研究院

《2021长三角商业创新样本》执委会

2022年5月

目　录

第一章　进化者的新时代——江苏恒瑞医药股份有限公司

　　楔子：瑞德以新自恒常 ･･･002

　　企业概况：坚定的巨人 ･･･003

　　创新解读：

　　　第一节　挑战与机遇并存的大时代 ･････････････････････････････････006

　　　第二节　战略创新，实现内生蜕变 ･････････････････････････････････009

　　　第三节　领跑者的超越 ･･･019

　　企业家专访：恒心致远，瑞济人间 ･･･････････････････････････････････023

　　专家点评：引领抒写中国医药创新发展新篇章 ･････････････････････････026

第二章　拥抱生态再造增长极——天合光能股份有限公司

　　楔子：阳光照进梦想 ･･･030

　　企业概况：全球领先的光伏智慧能源整体解决方案提供商 ･･･････････････031

　　创新解读：

　　　第一节　大浪淘沙沉者为金 ･･･････････････････････････････････････034

　　　第二节　自我革新，持续进化 ･････････････････････････････････････036

　　　第三节　生态创新，引领产业浪潮 ･････････････････････････････････042

　　企业家专访：用太阳能造福全人类 ･･･････････････････････････････････048

　　专家点评：大道如砥，行者无疆 ･････････････････････････････････････051

第三章　打造全球"创新+发展"双引擎，助力健康中国——强生中国·强生医疗科技

　　楔子：信条和创新——百年的坚守 ･･･････････････････････････････････054

　　企业概况：全球领先的医疗健康巨头 ･････････････････････････････････055

　　创新解读：

　　　第一节　变革时代，开创全新发展模式 ･････････････････････････････058

1

　　　　第二节　恒持自固，全面构建产业生态 ········· 061
　　　　第三节　重塑健康，聚力续写创新画卷 ········· 070
　　企业家专访：不同以往的变革 ················· 074
　　专家点评：本土化战略与持续创新——强生发展的双引擎 ········· 077

第四章　微球世界领航者——苏州纳微科技股份有限公司
　　楔子：微光亮世界 ······················· 082
　　企业概况：积微成著，"微球专家"崛起 ············· 083
　　创新解读：
　　　　第一节　"微创"大时代 ················· 086
　　　　第二节　创新至上，打造"芯"材料 ············ 088
　　　　第三节　中国微力，赋能全球 ·············· 094
　　企业家专访：坚持做难而正确的事情 ·············· 098
　　专家点评：勇做新时代科技创新排头兵 ············· 101

第五章　穿越周期的光伏强力军——大全集团·大全能源
　　楔子：蛰伏与成长 ······················ 104
　　企业概况：中国光伏业强力军 ················· 105
　　创新解读：
　　　　第一节　朝阳产业的潮起 ················ 108
　　　　第二节　跨越周期的秘诀 ················ 111
　　　　第三节　跳出红海，抢占新高点 ············· 116
　　企业家专访：专攻方能建树 ·················· 119
　　专家点评：技术引领，构筑全球核心优势 ············ 122

第六章　守正创新，引领绿色照明——横店集团得邦照明股份有限公司
　　楔子：拥抱新世界 ······················ 126
　　企业概况：坚守与开拓 ···················· 127
　　创新解读：
　　　　第一节　直面外部环境形势 ··············· 130
　　　　第二节　主动谋变，创变新格局 ············· 132

第三节　开启二次创业新征程 …………………………………… 138
　　企业家专访：始于热爱，止于至善 ……………………………… 142
　　专家点评：勇于创新，发出更绚丽多彩的光 …………………… 144

第七章　创新医疗价值生态——微医控股有限公司
　　楔子："触手可及"的医者仁心 ………………………………… 148
　　企业概况：数字医疗服务中国样本 ……………………………… 149
　　创新解读：
　　第一节　全民健康新时代 ………………………………………… 152
　　第二节　平台共生，领跑数字医疗时代 ………………………… 155
　　第三节　价值引领，赋能产业生态 ……………………………… 164
　　企业家专访：让世界看见"中国力量" ………………………… 167
　　专家点评："创新共同体"的践行者 …………………………… 170

第八章　成就卫星导航应用新高度——上海海积信息科技股份有限公司
　　楔子：万里之船，始于罗盘 ……………………………………… 174
　　企业概况：北斗高精度应用创新领先企业 ……………………… 175
　　创新解读：
　　第一节　新导航时代大机遇 ……………………………………… 178
　　第二节　攻坚北斗规模化应用制高点 …………………………… 180
　　第三节　以奋斗者为本，实干前行 ……………………………… 187
　　企业家专访：积跬步，服务未来 ………………………………… 190
　　专家点评：让安全保护在自己手里，服务世界 ………………… 193

第九章　智能驱动售后服务中国样本——迈创企业管理服务股份有限公司
　　楔子：卓越的伙伴 ………………………………………………… 196
　　企业概况：中国售后服务领导品牌 ……………………………… 197
　　创新解读：
　　第一节　全球价值链加速重构 …………………………………… 200
　　第二节　科技创新，实现品牌引领 ……………………………… 203
　　第三节　贡献"中国服务"的品牌力量 ………………………… 209

企业家专访：抱诚守真，不负所托 …………………………………………213

　　专家点评：具有鲜明特色和独特价值的全球供应链服务商 ……………216

后　记 ……………………………………………………………………………218
项目组织单位 ……………………………………………………………………220
调研及采编指标说明 ……………………………………………………………221
主要参考材料及文献 ……………………………………………………………222

第一章
进化者的新时代
——江苏恒瑞医药股份有限公司

- **楔子**：瑞德以新自恒常
- **企业概况**：坚定的巨人
- **创新解读**：

    第一节　挑战与机遇并存的大时代

    第二节　战略创新，实现内生蜕变

    第三节　领跑者的超越

- **企业家专访**：恒心致远，瑞济人间
- **专家点评**：引领抒写中国医药创新发展新篇章

楔 子

瑞德以新自恒常

作为民族企业，50多岁的恒瑞医药以"科技为本、为人类创造健康生活"为使命，以让国内患者"用得上、用得起"创新药物为初心，务实专注，持续投入，致力于解决未获满足的临床需求，力求发展成果惠及民生，而成为产业的引领者和领导品牌。

在新形势下，恒瑞医药重新定义创新和国际化。在保证可持续发展的同时更好地为患者服务的理念，具有完全不同的内涵和价值指向。探索全新靶点，承担更高研发风险；探索全新适应症，充分发掘在研靶点在多种适应症上的潜力；布局多种不同作用机理的产品，形成互补和增益；完善管线，加快海外临床开发与产品上市，创建多种平台技术支持深度研究，不断产生全球权益项目，加快国际化；等等。在快速变化的市场环境中，恒瑞通过"创新"和"国际化"的双轮驱动发展，因时制宜，因利乘便，因地制宜，因势利导，形成自己的差异化竞争力，真正给患者带来福祉。这是恒瑞最大的战略。

发展不息，责任不止。恒瑞医药始终牢记"企业公民"的社会责任。在全国各地广泛开展肿瘤疾病的公益项目，提升医疗水平，惠及广大患者；致力于推进中国医药科研事业发展，设立各类公益基金，助力培养高层次医学人才。恒瑞医药也积极参与各类社会公益事业，持续在革命老区、边远地区等开展工作，推进全面乡村振兴。

长期以来，恒瑞医药在自身成长的同时，从多方面切实带动长三角地区生物医药产业链的发展，促进经济协同发展，努力为行业进步、产业链升级做出应有贡献。这充分展示了新时代中国民营企业紧扣时代脉搏不懈奋斗，以创新为恒常，直面全球竞争，以厚德为根本，与时代同行且勇于担当的产业领军者典范。

中国医药市场欣欣向荣，领域改革不断深化，创新成为发展的大势所趋。强者恒强的本质既是把握机遇、迎接挑战的战略勇气，也在于抽丁拔楔、攻坚克难的务实经营。恒瑞医药之勇，在于其不断自我突破，坚定转型升级，舍得投入；恒瑞医药之善，在于其能够未雨绸缪，持德恒常，专注为患者创造价值。

企业概况

坚定的巨人

江苏恒瑞医药股份有限公司（以下简称恒瑞医药）成立于1970年，是一家从事创新和高品质药品研制及推广的制药企业，已发展成为国内知名的抗肿瘤药、手术用药和影像介入产品的民族品牌。在美国《制药经理人》杂志公布的全球制药企业TOP50榜单中，恒瑞医药连续3年上榜，2021年排名攀升至第38位；公司多年连续入选中国医药工业百强企业，2021年蝉联中国医药研发产品线最佳工业企业榜首。

一、持续高成长的中国样板

一直以来，恒瑞医药被公认为中国民营制药企业的模范生。

公司的前身是成立于20世纪70年代的连云港市制药厂。前20年，制药厂没有自己研发的产品，主要靠购买大厂的医药原料，加工成片剂销售，处于"磕头买、磕头卖"的境地，经营困难。

拥有"制造中国人自己的药服务中国患者"朴素理念的创始人孙飘扬，对技术和创新高度重视，坚定走自主研发、仿创并重的道路。20世纪90年代，企业确定了以抗肿瘤药和麻醉药为发展方向，建立了自己的药物研究所，以填补国内空白、替代进口为战略目标，重视和加强研发工作，逐步搭建起自己的仿制药研发团队，具备了一定的仿制药研发能力。到1996年，制药厂营收首次破亿元。1997年企业进行股份制改造，更名为恒瑞医药。这一阶段，得益于理念、经营、管理等方面的改革创新，企业快速发展壮大。

2000年，恒瑞医药在A股上市后，更加重视科技创新，将其确立为公司的发展战略，提出要把创新作为企业的生命线。上市后，恒瑞医药迅速在上海建立研发中心，研发方向从仿制向创新转变，走上仿创结合之路。企业根据形势发展，还提出了实施国际化发展战略。

经过上市后20年的发展，恒瑞医药于2021年入选全球投行Torreya公布的全球1000强药企榜单中第24位的好成绩。从财务数据上来看，从2000年至2020年，公司的成绩单优异——营收增长56倍，年化复合增速22%，净利润增长近100倍，年化复合增速26%。

2021年半年报显示，公司创新药营收占比近40%，已经基本形成了"上市一批、临床一批、开发一批"的良性循环。2021年实现营收259.06亿元，归母净利润45.3亿元。收入高速增长的背后离不开持续的创新投入。2017年至2020年期间，从17.59亿元到26.7亿元、38.98亿元，再到49.89亿元，恒瑞对研发资金的投入是稳步增加的。2021年公司累计研发投入62.03亿元，同比增长24.34%，研发投入占销售收入比重达到23.95%。历年来，这个数字远高于"销售额10%"的业内研发限定比例，为公司创新发展打造了强有力的基础。

恒瑞医药连云港行政研发中心

2021年半年报中，企业向投资者梳理了创新药研发管线，旨在强调公司正处于转型升级的关键阶段，即将迎来以创新药为主导的收获期。目前恒瑞医药在国内上市的创新药已达10款，60余个创新药正在临床开发，250多项临床试验在国内外开展。

通过20多年的坚持努力，恒瑞医药拥有自主可控的产业体系和创新研发体系，能够推动企业平台化的发展战略；而持续的人才发展计划，也为企业的创新发展和体系建设源源不断地创造活力。21世纪的长期奋斗，让恒瑞医药拥有了全国的市场渠道和强大的终端网络资源，并以创新研发为驱动，国产高端制剂成功销往欧美日等高端市场，成为一家逐步走向国际化的中国制药企业。

恒心致远，瑞颐人生。在未来的发展中，恒瑞将继续坚持"科技为本，为人类创造健康生活"的使命，以"专注创新，打造跨国制药集团"为愿景，紧密围绕抗肿瘤、糖尿病、心血管及自身免疫等疾病领域加快技术创新，力争研制出更多的新药、好药，惠及患者，更好地服务大众的健康生活。

二、弄潮儿在潮头立

恒瑞医药通过不间断的研发投入，构建自主可控的产业体系，搭建销售网络，稳健前行，确立了在中国医药行业中的竞争优势和龙头地位。

2021年年底，国家医保目录调整后，恒瑞医药作为国内代表性企业，共有9款药品被纳入新版医保目录。至此，恒瑞医药进入国家医保的药品总数已达85个，其中已上市的8款创新药全部进入医保目录，进一步提升了药物的可及性和可负担性，让更多患者切实受益。

这些成果，离不开企业多年来对全球人才的聚合。恒瑞医药在中国、美国、欧洲、澳大利亚和日本多地设立了研发中心，形成了各有特长、功能互补的全球研发体系，打造了一支专业化、规模化、能力全面的高水平研发团队。核心研发团队具有5～10年海外药企经验。公司建立了国家级企业技术中心和博士后科研工作站、国家分子靶向药物工程研究中心、"国家重大新药创制"专项孵化器等科技平台，为持续输出高质量创新成果奠定了坚实基础。

企业前瞻性布局多个治疗领域，纵深发展，创新药研发管线不断多元化。除了在肿瘤领域有丰富的研发管线，涉及肿瘤治疗的各类机理外，在自身免疫疾病、疼痛管理、心血管、代谢疾病、糖尿病、抗感染及眼科领域也有广泛的布局。企业使用不同策略布局重点产品与领域：肿瘤领域针对多靶点，深耕组合序贯疗法，力求高应答、长疗效；重点产品集中资源、加速开发；慢病领域全面布局，根据疾病进程，全方位、多器官覆盖。

恒瑞医药的创新成果显著。截至2022年1月，恒瑞申请发明专利1343件。国内专利授权369件；PCT专利申请503件，国外授权489件，公司先后荣获中国发明专利金奖1项，中国发明专利优秀奖2项。核心技术获得国家科技进步二等奖2项，省科技进步奖10项，同族专利拥有量在全国医药生物行业内排名第一，公司市值长期位列行业前茅，获得了市场极高的认可度。

> 创新解读

第一节 挑战与机遇并存的大时代

时代推动中国医药业进入高质量发展的全新历史阶段。

国家"十四五"（2021—2025年）规划提出，在生物医药产业创新领域，形成并壮大从科研到成药的全产业链能力。2021年陆续发布的长三角三省一市"十四五"规划也明确，生物医药是推动产业链跨区域协同发展，共同打造具有国际竞争力的产业创新发展高地的关键领域。这意味着创新科技和商业生态建设能力是未来5到10年的核心驱动因素。国内创新药企业需要根据自身基础进行新技术领域的布局，才能够面对存量业务仿制药的集采和增量业务创新药国家谈判的双重挑战。而差异化的战略布局，在国内实现突破，同时走向国际化，是企业突破同质化竞争，保持长期发展的另一个法宝。

一、不断进化的中国医药生态

"欲知大道，必先知史。"回顾中国医药行业的发展简史可以看出：每一轮产业的变迁都牵动着政策、企业的策略选择。

中华人民共和国成立之初，中国医药处于极度匮乏的状态。1950年开始，在国家计划体制下，抗生素、磺胺药及其他流行病药的主要品种基本实现了自给，解决了原料药依赖进口的落后局面。

改革开放初期的10多年，医药行业从计划经济逐渐转为市场经济。一大批本土民营企业应运而生，快速发展。部分具有发展战略眼光的国内企业重视学习合资企业先进的营销理念和管理体系，走上吸引人才和扩大经营规模的发展之路。

以商业化、市场化为主基调的第一轮医改取得了巨大进展。1995年，我国医药工业总产值突破1000亿元；与1978年相比，翻了近四番，平均4.2年就翻一番，成为国民经济中发展速度较快的产业部门之一。就在行业取得快速发展的同时，严重的社会发展不平衡问题突出起来。由于公立医院不能再依靠财政拨款运营，更多地把眼光投向了市场，"以药养医"的经营模式由此建立。"看病难、看病贵"也因此成了民生领域的一大难题。

2009年，国务院正式签署了《关于深化医药卫生体制改革的意见》和《医药卫生体制改革近期重点工作实施方案（2009—2011年）》，标志着新一轮以到2020年基本建立覆盖城乡居民的基本医疗卫生制度、人人享有基本医疗卫生服务等为战略目标的新医改正式启动。

新医改的进程还在持续深化。2017年，国务院印发《"十三五"深化医药卫生体制改革规划》，提出要在5项制度建设上取得新突破，其中包括建立高效运行的全民医疗保障制度，建立规范有序的药品供应保障制度等。深化医药卫生领域"放管服"改革，构建多元化的监管体系，强化全行业综合监管，引导规范第三方评价和行业自律。

2022年，工信部等九部门联合印发《"十四五"医药工业发展规划》，提出了未来5年的发展目标和15年远景目标：到2025年，全行业研发投入年均增长10%以上；到2025年，创新产品新增销售额占全行业营业收入增量的比重进一步增加；到2025年，前沿领域创新成果突出，创新驱动力增强，产业链现代化水平明显提高，药械供应保障体系进一步健全，国际化全面向高端迈进。

对于医药业而言，新时代的发展要求可以总结为以下几点。第一，坚持创新。生物创新药已逐渐成为各大药企重点布局的方向。第二，牢固树立质量第一的意识。中国医药将成为高质量的代名词。第三，坚持绿色发展的理念。医药企业不断壮大发展的同时，也必须重视与社会和环境的和谐发展。第四，坚持对外开放。我国医药行业取得的成就受益于对外开放的政策，未来也将继续深化国际化的发展路径。

综观整个医药行业巨大的市场空间，既面临着重大机遇，又面临着重大挑战。迈入新时代，如何打破行业内卷，促进企业转型升级和产业价值提升，将成为全行业共同努力的任务。

作为关系国计民生的特殊的朝阳产业，医药业覆盖范围广、产业链条长、增长潜力大，是典型的集群式发展产业。《长江三角洲区域一体化发展规划纲要》把长三角一体化上升为国家战略，围绕电子信息、生物医药、高端装备等十大领域，形成若干世界级制造业集群，长三角地区打造全球科创中心、全球创新高地和中国高质量示范区的目标，推动战略性新兴产业风逐浪高。

长三角生物医药产业处于国内领先地位，全国近30%的药品销售额、1/3的生物医药产业园区来自长三角地区。从产值规模来看，江苏省2020年生物医药产业产值超4000亿元，在国内排第一位。上海2020年生物医药产业规模突破6000亿元，2021年则超过了7000亿元。浙江、安徽的生物医药产值规模2020年也均达到千亿级。

长三角地区已经具备打造世界级产业集群的基础条件，但对标产业集群竞争力的龙头企业、创新实力、协同布局和产业生态四个关键特征，长三角与世界级产业集群还存在很明显的差距。发展空间巨大、创新动能强劲、产业价值升级，为中国医药企业描绘了一个新的天地。

二、新医改加速行业变革

过去几年间，中国医药改革新政频出，按照目标可归为三个方面：鼓励创新；普惠患者，控费；规范行业行为，提升质量。

政策鼓励创新的意图十分明确。2015年国务院印发《关于改革药品医疗器械审评审批制度的意见》，开启了药审改革。2016—2018年，审评不断加速，时间缩短到300天以下。具有明显临床价值、针对重大疾病且具有明显临床优势以及临床急需、市场短缺的品种纳入优先审评。而优先审评相比于非优先审评，平均审批时间缩短了近34个月。

在强力药审改革下，最受扶持的是创新药和生物制药研发。国内重视创新积累、坚持自主研发的药企获得了历史性的红利：审批周期大幅缩短，研发费用的投入变得更有意义，体现在业绩上的速度也更快。药企纷纷投入更多的研发费用，研发的技术水平不断提升。

自2015年以来，中国创新药潮起，在政策、人才、市场、资本的共同作用下，越来越多的创新药获批上市。获批的新药数量已接近发达国家水平。与此同时，本土医药创新企业已经迈出从快速跟进到差异化创新的第一步。

尽管创新药一路向好，但其短板也日益凸显。创新药研发聚集于热门靶点现象明显，普遍存在同质化现象。同时，临床试验效率等分析结果显示我国临床试验存在获批后的实施效率不高、儿科药物临床试验占比较低、临床试验地域分布不均匀等问题。药改不仅仅是药审改革和鼓励创新，还有以控费和普惠为目的的带量采购和医保谈判。政策组合拳针对的是规范仿制药行业质量参差不齐、解决同质化产能过剩的同时毛利居高不下的情况。这反向要求药企必须高度重视创新研发。通过国家医保谈判，一方面实现快速市场准入，同时也意味着创新药的生命周期比过往有所缩短，加上同质化竞争比较激烈，会出现大幅缩短的可能性。

挑战不止于此。政策作为重要的行业发展推手，总体目标十分明确：建立健全覆盖城乡居民的基本医疗卫生制度，为群众提供安全、有效、方便、价廉的医疗卫生服务。国家"十四五"发展规划纲要提出，聚焦生物医药在内的国家战略性新兴产业，加快核心技术创新应用，增强要素保障能力，培育壮大产业发展新动能。

政策和包括资本在内的市场力量同频共振，催化了国产创新药产业的加速成长——以生物技术公司（Biotech）为代表的中国新生代药企迅速崛起；肿瘤免疫、CAR-T、 mRNA新型疫苗技术等创新药领域中的技术也努力向国际水平看齐。新药研发能力仅仅是市场竞争的入场券。产品矩阵、商务拓展（Business Development）能力、商业化输出等，步步都是新时代里企业要打的硬仗。随着管线推进，商业竞争也必将从靶点之争推进到商业化能力的对垒。

民众对健康的渴望和需求在增加。深化医改的下一步，就是要解决"从有到好"这一命题，确保制度可以走向更加成熟的方向，带来价值创新发展的新诉求、新机遇以及高质量挑战。

创新发展是大趋势，也是硬道理。对外开放是行业的成功经验，国际化是未来的竞合趋势。随着中国医疗地位的上升，对于国内的生物医药企业而言，本土化到全球化也是必然之路。要想达到一流跨国药企的水平，中国医药行业还需继续在创新协同、苦练内功的升级之路上努力求索。

第二节　战略创新，实现内生蜕变

多年来，恒瑞医药始终将科技创新作为引领发展的第一动力，围绕患者未被满足的临床需求，加快新药创制，增强发展新动能，服务健康中国。企业长期保持高强度的研发投入；大力引进高层次人才，打造完善的人才和科研体系，建立多层次的科研平台；构筑丰富研发管线，实现高水平创新产出等，在诸多领域始终保持领先地位。

恒瑞医药的发展战略和目标可以概括为三个梦想：第一，高端制剂出口海外；第二，突破性创新药在国内上市；第三，真正意义的原研创新药在全球上市。

如今看来，这三个梦想至少已经实现了两个：恒瑞医药很早就实现了制剂产品出口海外零的突破，将制剂产品规模化销往欧美日市场，目前有多个产品在欧美日上市，部分产品的市场占有率在海外名列前茅。自2011年实现首款创新药艾瑞昔布片上市以来，目前在国内已有10款创新药上市，并有60多款创新药在研。2021年上半年，创新药销售额约占恒瑞医药总体营收的四成。

重新定义创新和推进国际化是企业战略升级的双引擎。现在的恒瑞医药，正向着第三个梦想奋力展翅。

一、患者为本，坚持创新研发战略

回顾恒瑞医药的几个历史发展阶段，以患者为中心，对创新研发的坚持是其一贯秉承的价值理念。作为行业龙头，恒瑞医药将成绩归功于坚持创新战略，重研发是其最强大的创新基因和战略内核。

1. 走独有的创新研发之路

"恒瑞范式"的创新有三个特色。第一个是"务实"。在基础研究和原始创新领域内，我国与发达国家差距很大，建设自主可控的产业体系，不可能一步实现。所以，对于多数国内企业来说，跟跑是比较现实的创新策略。但在这个过程中，必须逐渐建立自己的竞争优势。第二个是"专注"。20世纪末，恒瑞医药就确定了创新转型的发展战略。与其花巨资购买海外技术，不如引入人才，构建自己的创新体系。经过20多年的坚持不懈，企业已在连云港、上海、南京、成都、苏州等地设立研发中心，并将创新的版图扩展到海外，先后在新泽西、波士顿、名古屋、巴塞尔等地设立研发中心，形成相对完备的研发体系，为创新药进军全球市场创造条件。第三个是"舍得投入"。原创药研发风险高、投入大、周期长，走创新药这条路，对企业的实力、能力和定力都是巨大的考验。多年来，恒瑞医药研发投入位居全国医药行业前列。

2021年7月，国家药品监督管理局发布了《以临床价值为导向的抗肿瘤药物临床研发指导原则》的征求意见稿，明确提出："新药研发应以为患者提供更优的治疗选择为最高目标。"这被誉为医药界的醒世恒言，正是恒瑞人一直以来秉持的初心——"围绕患者临床上的急需去做一些工作，为中国的健康事业做出力所能及的贡献"。恒瑞务实、专注，持之以恒地投入研发与人才培养的每一步，并以此为价值引领，顺应时代浪潮并逐渐成为潮流的引领者。

目前，恒瑞医药打造了一支专业化、能力全面的创新药研发团队，建设了多个具有自主知识产权的技术平台，覆盖全球前沿技术领域，形成梯队化的产品管线，并已形成完善的临床研发流程和机制。在肿瘤领域拥有丰富的研发管线，覆盖激酶抑制剂、抗体药物偶联物（ADC）、肿瘤免疫、激素受体调控、DNA修复及表观遗传、支持治疗等广泛研究领域。同时，在自身免疫疾病、疼痛管理、心血管疾病、代谢性疾病、感染疾病、呼吸疾病、血液疾病、神经系统疾病等非肿瘤领域也进行广泛布局。

未来，恒瑞医药强大的研发团队、持续的研发投入、成熟的研发技术平台、一流的研发创新管理能力和研发产出效率，将令它在行业大分化的时代里依然值得期待。

2. 立足国情，构筑差异化战略优势

新近上市的创新药达尔西利能够很好地诠释恒瑞医药构筑差异化战略优势的能力。2021年12月31日国家药品监督管理局（NMPA）正式批准了恒瑞医药自主研发生产的1类新药羟乙磺酸达尔西利片（商品名为艾瑞康®）的上市申请。达尔西利是国内第一款自主研发CDK4/6抑制剂，恒瑞也成了继辉瑞、诺华、礼来三家跨国药企之后，全球第四家在乳腺癌领域CDK4/6靶点展开布局的企业。

2013年，无论是研发水平还是国内创新药研发环境都远没有现在成熟。跨国药企的研发资源远超国内，取长补短，恒瑞人没有盲目跟从，而是采取找准自己差异化优势的策略，进行CDK4/6抑制剂达尔西利的立项工作。研发的出发点是做出临床效果出色，同时安全性更好的差异化产品。通过恒瑞药物化学家们一遍又一遍地尝试和努力，解决了同类化合物的一个关键问题。最终达尔西利在药物分子结构上通过经典电子等排体替换，引入哌啶结构，消除了谷胱甘肽捕获风险。谷胱甘肽具有稳定肝细胞膜，增强肝脏酶活性，促进肝脏发挥合成与解毒的功能。

试验数据印证了恒瑞研发团队最初的设想。2021年11月，国际学术期刊《自然医学》（*Nature Medicine*）全文发表了达尔西利此次获批基于DAWNA-1 Ⅲ期研究的成果。

在肝脏毒性上达尔西利展现出了显著的优势，肝脏毒性极低，三级以上只有0.4%，远远低于此前几款同类药物。不仅仅是药物本身的差异性，达尔西利从设计上还充分考虑到了中国的诊疗现状。中国有数千万乙肝感染者，有相当数量的肿瘤患者需要合并用药。有数据表明，中国乳腺癌患者基线中有胃肠道应激综合征的比例达到18.4%。所以，达尔西利从最开始就充分考虑到了中国患者的需求。

"更好地满足中国患者的需求""让中国患者获益"，在达尔西利的临床试验中也一以贯之。此前几款CDK4/6抑制剂临床试验都是以日本人群为代表，缺少针对中国人群的有效性和安全性数据。为此，恒瑞科研人员开展了更具中国循证的临床试验，DAWNA-1临床入组了100%的中国人群。不仅如此，为了得到更贴近中国目前临床诊疗情况的数据，DAWNA-1进行了更为细致的设计：选择了44%的绝经前人群，27%的化疗人群。可以说，DAWNA-1研究真实地体现了国人的数据。据统计，由于中国乳腺癌患者患病年纪更早，所以绝经前的患者人群数量更多；另一方面接受化疗的患者比例跟国外相比也有差异。立足国情，选择更加贴合中国患者临床基线的临床试验，让达尔西利为长久以来面临诊疗困境的中国患者带来了新的治疗选择。

恒瑞医药在2019年启动达尔西利Ⅲ期临床。当时国外已经有三款药物获批上市，面对这样的局面，他们没有选择"抢速度"，而是决心走一条"更难"的路。为了保证试验具有足够优秀的统计学意义，达尔西利正在开展截至目前中国样本量最大的肿瘤临床研究，共纳入了4350例患者。这是在晚期乳腺癌布局之外，大胆的早期领域开拓。从来没有一家中国公司做过这么大的临床，如此规模的临床研究对恒瑞而言同样是挑战，此外还要面对新冠疫情带来的入组和管理的困难。最终，靠着强大的临床团队和"以一个集团军的形式去竞争"的优势，达尔西利成功问世了。这不仅证明了恒瑞的实力，也是对企业一直以来坚持的"真真切切解决中国患者未被满足的需求"初心的回报。

PD-1的开发是另一个"恒瑞范式"的典型案例。在开发之初，公司就对抗PD-1抗体临床开发做了相应的布局。首先，从适应症方面，除了肺癌这样"兵家必争"的大瘤种，PD-1的开发还专门针对中国人群重点高发瘤种如消化道肿瘤（肝癌、胃癌、食管癌）和中国特发瘤种如鼻咽癌作了重点布局。这一方面彰显了恒瑞医药的总体研发能力，同时也展示了其作为头部企业解决中国健康问题的担当。差异化开发一个产品，需要一个强有力的转化医学团队来支撑，基于现有的转化医学研究，恒瑞医药将主要力量放在提高对抗PD-1抗体的应答上，让更多的患者获益，解决对抗PD-1抗体的耐药性难题。

近年来，恒瑞医药在一些常见的慢病领域也进行了广泛布局，积极围绕糖尿病、高血脂、心血管病等影响人民健康素质又可防可控的疾病进行研发创新，努力为国人健康保驾护航。这也是一个民族品牌对国家深入推进健康中国行动的超前探索、具体实践和强力呼应。

3. 丰富管线，延展创新边界

恒守一切为患者的理念，恒瑞医药不断通过各种各样的方式创新探索，拓展创新边界。2021年，60余款创新药产品线庖丁解牛般诠释了这家龙头药企的潜力。仔细梳理其产品管线不难发现其"First-in-class"的布局已经在路上——在将成熟产品做广（适应症）做强（疗效）的同时，企业在前沿领域坚持不懈地拓展自己的能力。

目前，恒瑞医药已有卡瑞利珠单抗、吡咯替尼、达尔西利为代表的10款重磅创新药问世，并开展了丰富的临床试验，增强产品竞争力，有望进入快速放量期。以卡瑞利珠单抗为例，已经在肺癌、肝癌、食管癌、鼻咽癌和霍奇金淋巴瘤五大癌种中有8项适应症获批上市，为目前获批适应症最多的国产PD-1单抗药物。卡瑞利珠单抗的后续开发不仅聚焦于现有适应症和癌种的联合用药，更致力于其他癌种的适应症拓展。目前，卡瑞利珠单抗有10多个单药或联合临床研究正在开展。另外还有60余种创新药进入临床开发阶段，250多项临床试验在国内外开展。截至2021年半年报，创新药依然实现高速增长，销售收入超过50亿元，同比增长43.80%，占整体销售收入的比重已经接近40%，可见创新成果的逐步收获对公司业绩已经开始产生拉动作用。

得益于近20年在肿瘤领域的布局，恒瑞医药研发了多个小分子靶向药物，以及其他与肿瘤免疫相关的新分子，这为内部产品组合研发奠定了坚实的基础，也成为企业持续发展的一大优势。通过进一步的免疫疗法联合小分子靶向药物甚至抗体药物偶联物（ADC），以及免疫+免疫组合的探索，有望为患者提供更为安全有效的治疗方法，为肿瘤患者带来更多治愈的希望。

恒瑞医药强调发挥体系优势，落实创新研发"新、快、特"三个自我要求，提升企业创新能力和核心竞争力。一方面，进一步加强新平台建设，基于平台开发具有差异化特点、机理创新的分子，避免同质化。近年来，企业通过持续的研发投入，在保障新药发现和临床开发项目的同时，产生了一批具有自主知识产权、国际一流的新技术平台，如蛋白水解靶向嵌合物（PROTAC）、分子胶、抗体药物偶联物（ADC）、双/多特异性抗体、基因治疗、mRNA、生物信息学、转化医学等，并不断地优化和发展，这些都为恒瑞医药创新研发和国际化提供了强大的基础保障。另一方面，积极布局新的研发方向，如基因治疗、小核酸、核药等，借助多年来打造的研发团队集成优势，尽快推进创新研发。目前，有很多新的技术平台的中试基地即将建成投入，加快开发以不同分子形式为基础的新项目，以产品线组合创新，全方位服务患者群体。

同时，恒瑞医药也在根据市场变化和整个行业趋势，积极对研发管线进行调整，拓展新赛道。比如，2021年6月公司获批开展一项用于防控儿童近视的滴眼液产品的Ⅲ期临床试验，2021年年底公司在糖尿病领域布局多年后收获了第一款上市创新药恒格列净。未来，企业也将在慢病治疗领域有新的开拓，拓展更多竞争没那么激烈而临床又有需求的领域，形成自己的特点和竞争力，真正给患者带来福祉，给社会带来福音。

二、自主可控的产业创新体系，深化生态价值

伴随着改革开放而发展壮大的恒瑞医药，是中国医药业民族企业中的优秀代表。一直以来，恒瑞立足中国市场，坚守为患者服务的初心，对自主创新产业体系搭建的实践和坚持造就了其行业龙头的地位。多年以来，企业围绕中国市场需求，不仅自主创新，开展研发体系和产品管线的深耕与布局，还逐步围绕生产规划、渠道建设和经营布局三个战略发展的维度，形成完整的产业链发展生态系统。

近年来，药企营商环境的深刻变革给医药业带来了结构调整的挑战。对于大型药企而言，健全的研发、生产、销售、管理体系可以降低管理不确定性的风险。而拥有自主可控的产业创新体系的恒瑞医药，恰恰以此为基石，反哺创新研发在国内、国际的发力，加之创新链价值转化对生态圈的赋能，加速推动中国医药业的升级。

恒瑞医药生产基地的2000L一次性细胞培养反应器

1. 高标准基地群，提供战略支撑

恒瑞在连云港、上海、苏州、成都等地设有生产基地。企业本着"诚实守信，质量第一"的原则，所有生产线均已通过新版GMP认证，建立了拥有一流生产设备、符合国际标准化的生产车间。

在生产环节，企业积极践行绿色发展理念，完善环境管理。在环境管理体系、环境绩效管理、环境应急管理、环保意识宣贯等方面，严格遵守有关法律法规，制订《环境保护管理制度》《环境健康安全方案》等15项内部管理制度和操作规程，对生产运营的全过程进行规范化管理。坚守企业发展与环境保护相平衡，合理利用清洁能源，规范各类污染物的排放与处理，有效应对气候变化，持续倡导低碳化办公理念，积极开展环境保护活动，将绿色低碳的理念融合到生产运营的各环节，为社会和环境的可持续发展贡献力量。

公司制定了高于法定标准的企业内控标准。出口产品的控制要求均符合或高于欧盟、美国药典规定标准。高标准、国际化的生产基地，为公司创新、国际化双轮驱动战略落地提供了有力支撑。

2. 打造产业体系，从长三角辐射全球

上海是恒瑞医药全球战略布局的重点。上市之初，就在闵行区成立上海恒瑞公司，打造创新药研发中心及高端制剂生产基地,从事新药发现、前端开发、新药技术项目引进及转让等工作。2018年位于张江的上海盛迪大楼建成投入运营,着力打造全球临床医学中心。公司着力推进全球创新研发中心项目(张江总部经济园)的建设,致力于打造恒瑞全球研发总部及国际一流的分子生物学和细胞生物研发中心。平台的建成将进一步完善恒瑞研发体系,加快新产品开发速度,提高企业自主研发能力、技术创新能力和市场竞争力,促进可持续发展。未来,恒瑞全球研发总部项目还将承担全球研发管理职能,建设全球研发管理流程体系,强化研发团队建设、流程设计、绩效管理、风险管理、成本管理、项目管理和知识管理等。

恒瑞医药上海全球创新总部及全球临床研发中心

近年来,企业立足上海,引进国际一流人才,助推创新"走出去"。另外,还有瑞石生物等子公司在张江成长发展。截至目前,公司先后承担了57项国家"重大新药创制"专项课题,其中20多项通过上海恒瑞公司申报。持续的研发投入,带动了上海一批企业,特别是医药研发合同外包服务机构(CRO)的发展。另外,公司在苏州设立了全资子公司——苏州盛迪亚生物医药有限公司,主要从事创新生物药品的研发、生产和销售。在南京,恒瑞医药控股江苏原创药物研发有限公司是江苏省重点培育建设的两家制造业创新中心之一，并在此基础上成立了南京创新研究中心。而连云港作为恒瑞发源地，目前仍是企业重要的研发中心和生产基地。除连云港研究院以外，还建有国际化制剂生产基地、新医药产业园、生物医药生产基地、原料药生产基地四大基地，进一步巩固规模优势，加快形成聚合效应，带动产业链提质增效、协同发展。

回望发展历程，恒瑞医药的产业体系建设效应已然彰显。从连云港到上海，再延展至全国市场，立足于长三角的产业体系，有助于企业紧跟国际前沿医药技术，打造具有全球竞争力的跨国医药集团。未来，恒瑞医药将进一步积极扩大在长三角的布局，立足上海，植根中国，走向国际。

3. 以创新链赋能生态圈

将最新的创新成果快速转化落地，是恒瑞医药不需要外部输血却仍能保持研发支出高速增长的关键。

自2009年起，恒瑞医药连续引进高端人才，重视人才培养，重视自主创新和原研创新。从仿制药切入，企业积累了丰富的研发经验和稳定的现金流，也让其在高风险高投入的新药研发中获得了重要的发展基石。积极的产学研联合创新是其整合创新链的有益探索。此后，恒瑞不断完善"基础研究+技术攻关+成果产业化"全过程创新生态链，为推动行业创新、推动中国人的健康，贡献自己的力量，并积累较为宽厚的产业平台动能。

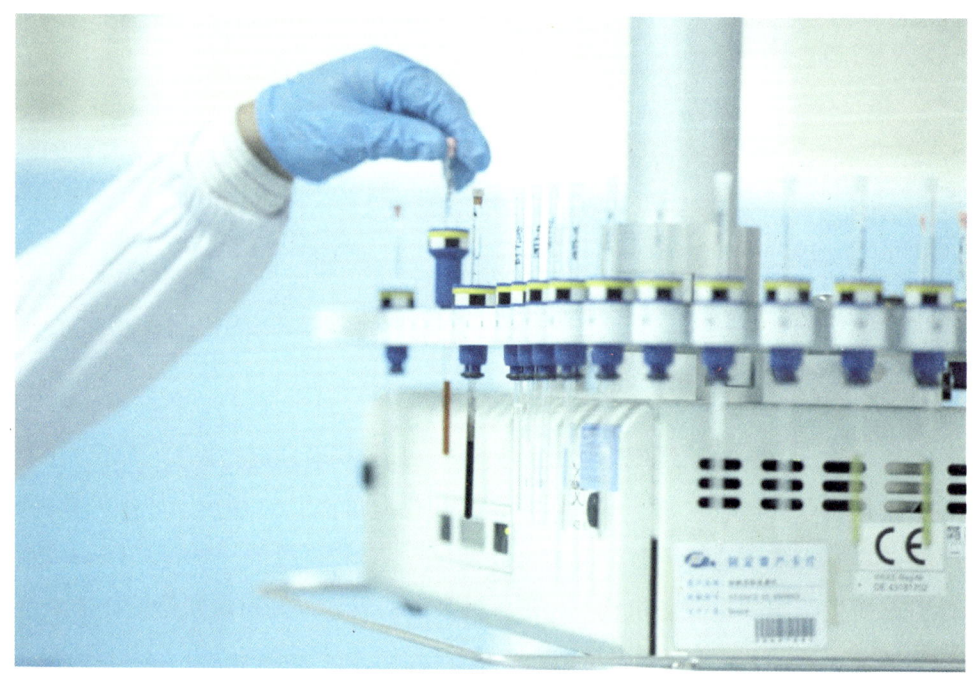

恒瑞医药研发人员在实验室工作

丰富的产品管线和强大的营销能力是恒瑞坚实的创新后盾。在行业的大变革时代，恒瑞凭借敏锐的市场眼光，依托自身的研发实力，进行较为合理的产品管线布局。因产品多为临床使用要求严格的专科药，除了自建研发体系，企业还非常重视商业化体系和销售队伍的建设，以期实现更有效地把控销售。企业所积累的医疗销售网络资源，与各大医疗机构及零售终端建立了良好的合作关系；实现了销售一代、研发一代、储备一代的持续发展良性循环。另外，恒瑞医药还积极适应新形势，拥抱新变革，在完善商业模式方面进行有益尝试，近年来逐步与部分连锁药店开展合作，积极拓展院外市场，提升市场份额，建立用户黏性，增强品牌影响力。借助多方力量，加速企业将创新成果推向市场的速度。企业与行业内上下游、生态圈的合作商紧密合作，不断扩大价值创造这一蛋糕，实现创新带来的互利互惠。

同时，恒瑞医药的内部运营创新也在助力市场转化效率，结合职能需要和业务拓展，将优势资源和精力聚焦在重点部门和重点项目上。如全面预算管理系统、供应链协同管理系统、生产执行管理系统、实验室信息化管理系统等平台的建设，为公司内核效率和管理水平插上了数字化"翅膀"。再如医学事务部的扩容，打造集医患需求、绩效管理、技术创新为一体的未来医学共联体标杆。又如欧洲临床中心项目的落地，让恒瑞医药摆脱了对CRO的依赖，解决了试验中的质控难题，使其海外研发团队进一步扩充至百人以上，成员均来自罗氏、诺华、辉瑞等知名药企。

三、创新模式，升级国际化发展

在当前"双循环"经济发展背景下，民族创新药产业走向海外，积极参与国际竞争、优化国际分工，是支持创新型国家建设的积极行动和具体实践。2021年国家发布的《"十四五"医药工业发展规划》提出，要坚持开放发展、合作共赢，积极应对全球医药创新链、产业链、供应链重塑的新形势，深化产业国际合作，加快培育竞争新优势，以更高的水平融入全球创新网络和产业体系。这对一直在国际化道路上摸索并加大投入力度的恒瑞医药来说，是巨大利好。

国际化早就是恒瑞在升级发展中强调的另一个重要引擎。其全球市场的实践，正是基于对海外市场竞争的理解和对自身技术优势与海外技术优势的判断。

早在2006年恒瑞医药就正式启动了制剂海外出口计划，以委托代理形式依托仿药开始进军国际市场。2008年"创新+国际化"的发展理念提升至企业战略高度。

随着国内医药创新越发前沿，海外市场的开发就变得特别重要。拓展海外市场能实现创新药的价值最大化从而支持新的研发，这对于企业的长远发展非常必要。再加上随着国内研发成本的急剧上升、同靶点候选药物竞争的白热化，可以说，目前国际化已经不再只是药企、生物科技公司的高目标、高追求，而成为创新发展的必然选择。

求真务实和舍得投入的恒瑞医药特色也贯穿在国际化的战略布局中。特别是近两年，企业打造国际化临床研发团队、布局创新药物国际临床试验的步伐不断加速。2021年10月初，医学领域专家Joseph E. Eid博士加入恒瑞海外团队，担任恒瑞美国/欧洲首席医学官，主要负责在欧美区域的药品开发和医学事务。历经积累，恒瑞医药在美国、欧洲、澳大利亚、日本都设了海外研发中心，建立了100多人的海外研发团队，全面启动临床研发全球产品团队（Global Program Team，GPT）模式，进一步提升临床研发国际化的层次与内涵，更高效率和高质量地完成全球临床试验。同时，企业也积极开展与国外同行的合作，把国外优秀的药品引进来，与企业现有产品做互补，以更好地服务中国患者。

国际化的道路上除了要坚持投入，还需过硬的执行力。2022年3月上旬，恒瑞医药申报美国食品药品监督管理局（FDA）的某酰胺类长效局部麻醉仿制药产品以零缺陷顺利通过FDA远程检查。此次检查涉及的产品具有极高的研发难度和技术壁垒，顺利通过检查使得该产品在美国的审评进度向前推进了一大步，对该产品在美国早日顺利获批上市具有重要意义。这是多维度检验恒瑞团队执行力的关键时刻，也是恒瑞医药与美国FDA在远程检查程序上的首次合作，需要更多的探索和磨合。团队成员尽心竭力做足了功课，他们连续多日坚守在岗位驻厂办公，放弃休息，加班加点，居家办公人员则在线上同步给予支持。虽然参与FDA核查的团队跨度较大，涉及研发、生产、职能等众多部门，但各团队打通资源，通力合作，最终打了一场漂亮的迎检"硬仗"。

美国FDA检察官对恒瑞医药积极配合的态度和全程高质量的远程视频展示给予了肯定和感谢，特别对于疫情形势下还能开展如此卓有成效的工作表示了赞赏和钦佩。此次顺利通过FDA远程检查，为企业今后参与海外远程检查积累了宝贵的经验，为进一步推动产品海外上市打下坚实基础。

国际化发展战略在不断攻坚克难的探索中推进。在创新药研发方面，公司已有近20项临床研究在海外开展，Ⅲ期国际多中心在研项目有7项，多项创新产品实现全球同步开发。2021年，公司共有6项研究获得美国FDA IND批件，包括5项肿瘤研究和1项非肿瘤研究。卡瑞利珠单抗、吡咯替尼、氟唑帕利、海曲泊帕等相关海外研究正在稳步推进。具体来说，卡瑞利珠单抗联合阿帕替尼国际多中心肝癌一线注册临床顺利推进中，项目团队已经启动美国FDA BLA/NDA递交前的准备工作，已完成与FDA的多轮沟通；自主研发的SHR-A1904、HR17031注射液等获准在美国开展临床试验；与此同时，多个项目在欧洲、大洋洲、韩国等地区和国家获批临床试验资格，开展临床试验工作。SHR-A1811、

INS068、SHR-1819、SHR-1707等多个产品顺利实现全球同步开发。

另外，恒瑞医药还着手推动东欧市场的开发，并进一步开发新兴市场和发展中国家医药市场，做大"一带一路"沿线国家的制剂出口业务。结合国家医药产业"走出去"的有关部署，加快产业链全球布局，提高国际市场运营能力，加强与"一带一路"国家的投资合作。

作为中国医药领军企业的恒瑞，不断推进科技创新和国际化战略，逐步缩小与跨国巨头的差距。企业强调高质量发展的最终目的是为中国患者提供优质、可及性高的健康服务，并努力为全球患者提供可负担、多样性的医药资源。而基于出色的创新实力和高质量的创新成果，恒瑞医药创新研发得到外界高度认可，在美国《制药经理人》杂志公布的全球制药企业TOP50榜单中，恒瑞医药连续3年上榜，2021年排名攀升至第38位。同时，研发成果也赢得国际学界的认可，在2021年的美国临床肿瘤学会（ASCO）年会上，恒瑞医药共有64项研究入选，其中仅卡瑞利珠单抗就有38项研究，横跨11个癌种。2021年以来公司累计接收及发表了28篇论文，其中5篇发表在《美国医学会杂志》《自然医学》《柳叶刀》等国际顶尖学术期刊上。

坚定清晰的国际化拓展体现着"恒瑞范儿"。未来，恒瑞医药将始终坚持科技创新和国际化，继续加快仿制药制剂的FDA和欧盟认证步伐，争取早日实现国产创新药在全球上市销售，形成公司全球化发展新格局。随着政策进一步优化，加上企业的不懈奋斗，相信未来以恒瑞为代表的国药力量，创新能力将逐步提升，缩小与国外同行的差距。

第三节　领跑者的超越

在医改政策快速变化、行业内卷、同质化竞争激烈的市场背景下，恒瑞医药坚持贯彻差异化发展战略，走出舒适圈，保持领先地位。

而恒瑞的发展眼光并未就此停驻：对内塑造企业价值观、宣导公司使命与愿景；对外推动产业链协同、践行社会责任。组织文化力、人才战略和产业责任与社会责任的双轮驱动，正在有力地支持着企业突破"领先者陷阱"，不断实现领跑者的超越。

一、文化力激发创新创造力

自1970年成立至今，恒瑞医药不断实践，总结与提炼出了自己的企业文化：以"科技为本，为人类创造健康生活"为使命，致力于"专注创新，打造跨国制药集团"的愿景，努力践行"创新、务实、专注、奋进"的核心价值观。

恒瑞医药一直高度重视企业文化建设，从顶层设计到基层推动，管理总部办公室、党群管理部、人力资源部、品牌宣传部等联合推进工作，有计划、有部署地开展企业文化建设工作，助推公司文化提升与品牌塑造。

党建工作的有条不紊和有序开展，已经成为引领企业凝心聚力的重要动能。恒瑞医药现设5个党总支、22个党支部，有党员约2000人。在发展壮大过程中，企业始终坚持"党建兴则企业兴、党建强则企业强"，把企业党的建设和经济建设放在同等重要的位置。在党史学习教育中，恒瑞医药党委及各子公司党组织共开展了各种形式的专题学习、主题党日、集中培训、实地参观等学习教育活动100多场次，覆盖了公司所有党员，影响带动了广大员工。通过多维度的党建活动，弘扬榜样精神，汇聚前行力量，令员工思想有提升、精神有洗礼、行动有方向、工作有标杆。

企业围绕经营管理目标将企业文化的核心理念根植于各项经营管理、规章制度中，由上至下渗透到各个层级。员工手册中为新员工特设的"新人便利贴"一步步地引领新员工走进恒瑞文化的氛围圈，让新员工快速了解、熟悉企业文化；定期举办职工代表大会与员工零距离沟通，倾听员工的心里话，收集基层、一线的各种信息，重视员工意见、反馈的收集和后续跟进处理，让中高层管理方案措施能真正做到接地气；用活OA内网信息宣传栏传递企业文化，提高员工企业文化认知；定期更新公司各处宣传橱窗，加强优秀员工、优秀事迹的宣贯宣发，发挥模范榜样作用；定期举办员工文娱活动，尤其是结合不同主题开展的文艺文娱活动。通过以上多种方式使员工对企业文化内化于心、外化于行，真正做到企业文化生根落地。

正向积极的企业文化有效激发员工的创新创造活力。2021年7月，恒瑞医药以突出的创新驱动力和稳健的运营能力蝉联"中国化药企业TOP100排行榜"榜首；8月，获得2020年度中国医药工业百强企业第四名，这是自2016年的第十七名以来，排名连续5年稳步跃升；同月，在2021年中国医药研发产品线最佳工业企业榜单中稳居榜首。

支撑组织文化的内核是人才力量。恒瑞人深知，对于医药创新领域，构建一流的技术创新体系和实现卓越的战略愿景，人才最关键。

恒瑞医药始终坚持"人才是第一资源"的理念，以引进、培养、激励为重点，实施"三大计划"，搞活创新机制。一是实施"领军人才"计划。通过为高层次人才提供充足的科研经费、一流的实验设备和多学科的专业技术团队，搭建平台，筑巢引凤。二是实施"蓄电池"计划。选派技术人员定期到海外交流，聘请国内外专家开展多层次培训，并与中国药科大学、南京大学等联合培养高层次人才，打造多元化学习和再教育平台，加速人才培养。三是实施"牧羊人"计划。通过实施并扩大股权激励，将个人利益与公司长远利益有机结合，留住人才，用好人才。2021年，恒瑞医药共吸引了200多名博士、100多名具有海外学习或工作经验的人才、300多名核心技术人才加盟。目前，在美国、欧洲、澳大利亚、日本和中国多地建有研发中心或分支机构，打造了一支专业性强、能力全面的创新药研发团队，为持续推进科技创新和国际化发展战略提供了强有力的人才支撑。

此前，恒瑞医药已先后荣获"2021年福布斯中国最佳雇主""中国医药年度人才品牌"等殊荣。2022年1月，又凭借在人才战略、人才发展、人才吸引、工作环境等方面的综合优秀表现，获得了2022"中国杰出雇主"认证。该认证是全球人力资源领域最具影响力和号召力的年度评选之一，体现了专业机构对恒瑞医药坚持科技创新和国际化发展战略雇主品牌的高度认可。

二、反哺社会，赋能产业，超越自我

回顾恒瑞医药的发展史，既是民族制药企业艰苦奋斗、成长壮大的缩影，也是民营企业投身公益担当尽责的光荣历程。

近年来，围绕健康中国战略，恒瑞医药积极开展临床医学公益行动。依托在抗肿瘤药物研发推广方面的丰富经验和科研优势，积极联合中国抗癌协会、各地名优医院、业界权威专家等，广泛开展肿瘤疾病防治科普、临床科研、合理用药等方面的公益项目；支持开展从疾病知识科普到治疗能力提升的重大疾病防治全流程系列公益活动，受到业界、医疗机构、广大患者的一致好评。

恒瑞医药将公益慈善的足迹延伸至医药学术研究和人才培养领域。数年间持续向中国药科大学、南京医科大学、兰州大学、四川大学、徐州医科大学等高校或机构累计捐赠数千万元，设立各类公益基金，致力于推进中国医药科研事业发展、助力培养高层次医学人才。

在持续至今的新冠肺炎疫情防控中，恒瑞医药已累计捐赠了3000多万元善款和物资，并公益支持了多场中外"抗疫"论坛。公司携手上海医药各捐赠500万元成立了"尚远爱心公益"专项基金，用于上海本地及对口支援地区医疗、医药、医保领域的慈善项目。

主动履行社会责任的恒瑞医药，积极推动已上市产品纳入国家医保目录，不断提升患者用药的可及性和可负担性。至2021年年底，企业进入国家医保的药品总数已达85个，当时已上市的8款创新药全部进入医保。这意味着，可以为广大病患提供更多的治疗选择，进一步降低患者的经济负担，将创新成果惠及更多中国老百姓。

除了医药相关领域的公益投入，恒瑞医药也积极参与各类社会公益事业。2021年7月河南遭遇严重洪灾期间，恒瑞医药紧急捐款1000万元支援抗洪救灾工作。在全党全国打赢脱贫攻坚战过程中，企业持续在革命老区、边远地区和脱贫攻坚重点地区开展精准扶贫，积极参与"百企帮千户"专项行动、精准扶贫义诊活动等。2021年，恒瑞医药集团向中国扶贫基金会捐赠3000万元，助力巩固脱贫攻坚成果，推进全面乡村振兴。

每年，恒瑞医药都积极参与防灾救灾、兴教助学、扶危济困等公益活动，向医疗机构、中小学校、社会组织等捐资捐物。多年来，恒瑞医药在公益慈善方面的努力和付出受到社会各界的高度肯定。企业曾荣获各级单位授予的最具爱心慈善捐赠单位、光彩之星等荣誉称号，充分展现了新时代民族制药企业勇于担当的良好形象。

恒瑞认为企业的行稳致远，离不开全行业的健康发展。近年来，恒瑞医药在自身发展过程中，还从多方面切实带动长三角地区生物医药产业链发展，为行业进步和经济社会发展发挥积极作用。

在供应链方面，企业目前在生产物料方面绝大多数的采购量覆盖上海、江苏、浙江、安徽四省市的供应商。在产业合作方面，企业与上海、江苏、浙江、安徽等省市数十家生物医药企业开展广泛合作，其中超过三分之一分布在上海，有效带动了区域中小型科技生物医药企业的发展。

作为立足长三角、深耕长三角的医药龙头企业，恒瑞未来将加强在长三角地区的进一步投入，不断强化自主创新能力，积极助推地方经济快速稳健地发展。

> 企业家专访

恒心致远，瑞济人间

——专访江苏恒瑞医药股份有限公司董事长孙飘扬

《样本》：数据显示，2000—2020年，恒瑞营收增长57倍，年化复合增速22%，净利润增长近100倍，年化复合增速26%。请问，如此瞩目的成绩主要得益于什么？

孙飘扬：恒瑞医药上市以来，实现了稳步发展，取得了一些成绩。我们认为主要得益于两个方面。一方面，国家社会民生和谐安定，市场经济欣欣向荣。医药领域不断深化的改革，推动企业加快转型，营造了更利于创新的生态环境。另一方面，恒瑞医药创立以来一直秉持初心和使命，那就是找到好的药，然后把它做好，送到患者手里去，让患者获益。

《样本》：强调原研和自建体系是恒瑞医药一直以来给外界的深刻印象。在面对国内创新药新势力崛起、国际市场竞争激烈和商业环境变革的新环境下，恒瑞模式会做哪些坚持，又会有哪些调整？强调原研创新的时代，企业在吸引顶尖人才方面有哪些优势？

孙飘扬：作为国内创新型的民族制药企业，多年来，恒瑞医药立足全球视野，按照国际标准推进技术创新，将"走出去""引进来"相结合，在大力引进先进技术、智慧大脑和全球资源的同时，加快国产创新药技术、品牌和大健康事业融入全球，双管齐下、双向发力，不断推动民族制药竞争力升级。

人才是创新的第一资源，没有一流的创新团队，就难有一流的创新能力。恒瑞医药长期以来尊重人才价值，将吸引人才、培养人才作为推动企业可持续发展的重要人才战略，不断加强人才能力建设、人才储备培养计划，全面推进创新型、国际化人才布局。近年来，企业不断完善薪酬福利制度，推进以绩效及价值贡献为导向的全面薪酬机制，并提供了良好的工作环境，促进员工与企业共同发展。

《样本》：药企的发展离不开中国医药市场、健康产业生态链的进化，您如何看待恒瑞医药所处的行业发展环境？

孙飘扬：近年来，巨大的市场空间再加上政策的扶持及资本的推动，我国新药研发进步快速，但与此同时也出现了靶点选择重复、研发赛道拥挤、研发资源浪费等问题。我们认为，研发布局应该多维度考虑，做自己的强项，根据自己的能力立项。同时，好的品种也需要好的市场团队去做进一步的市场开发。

我们很高兴看到，行业指导部门对此已有所行动。新政的出台，有望引导有序竞争，避免社会资源的浪费，相信随着生物医药产业生态链的建成，国家政策的引导会使我们整个行业朝良性健康的方向发展。

《样本》：请谈谈恒瑞医药在自身生态建设和产业赋能方面的思考和举措。

孙飘扬：独行快，众行远。以上海为中心的长三角地区，是我国经济发展最活跃、开放程度最高、创新能力最强的区域之一。我们在上海建立了全球研发总部，在全国特别是长三角地区多个城市有研发、生产、销售基地，具有一定的区域内资源调配、协同、整合能力和优势。在医药行业政策和趋势的把握、高端人才的培养和引进、区域乃至国际交流与合作等方面，切实带动了长三角地区生物医药产业链发展，促进经济社会进步。

《样本》：全球视野下，您如何看国内创新药的未来？

孙飘扬：近年来，中国创新药发展迅速，市场规模不断扩大，政策环境逐渐优化，行业活力和潜力都进一步得到激发。同时，也暴露出一些问题，比如同质化竞争严重、缺少真正"first-in-class"的产品、政策和市场仍有很大不确定性等。

当前，全球生物医药行业方兴未艾，"健康中国2030"战略稳步推进。中国创新药的发展正处在重要的历史机遇期，同时也是转型升级的调整期和阵痛期。

作为人口大国、经济大国，中国向创新大国迈进的意志越来越强烈。人民生活及健康水平的高低是评判国家发达程度的一个重要指标，创新药是科技、资金、人才高度聚集的高精尖行业，促进创新药行业健康可持续发展，是符合大趋势的。

目前，推动创新药发展的四要素——政策、市场、人才、资本，在中国都基本齐备。而创新药规模在中国医药市场的占比仍然很低，增长空间巨大。在各方共同努力下，中国创新药的未来总体上会步入良性发展轨道，在逐步发挥自身优势的同时，不断缩小与国际先进水平的差距，并最终形成具有中国特色的创新药政策体系、市场体系和研发体系。

《样本》：新的宏观形势下，中国本土医药制造企业在全球医疗市场中的位置和影响力将会如何？

孙飘扬：中国是世界上人口数量第一、经济规模第二的国家，再加上老龄化不断加剧，推动我国医药行业需求持续增长，并稳居全球第二大医药市场。同时，国家产业政策大力支持医药业发展，医疗卫生体制改革不断深化，行业整顿规范及药品注册审批制度改革日益走深走实。这些都为本土药企提供了广阔的发展空间，已经并将持续催生更多的优秀本土医药企业。

在国内市场、政策等红利下培育壮大起来的企业，发展到一定阶段后，走出去参与国际竞争也是必然趋势。需要正视的是，目前的市场格局下，中国本土制药企业虽然近年来取得长足发展，但与世界先进水平的差距仍不小，在全球医疗市场的分量和影响还有限，成长空间依然很大。

现阶段，我们可能还没有具有强大国际竞争力的本土药企，但随着国际国内双循环新发展格局的进一步构建，中国本土医药制造企业做大做强做优的机会和基础会变得更多更实，在全球医疗市场中的影响力也一定会越来越大。

《样本》：恒瑞医药下一个10年的规划是怎样的？将会成为一家什么样的企业？

孙飘扬：恒瑞医药未来的发展，还是坚持我们的初心——围绕患者临床上的急需去做一些工作，为中国的健康事业做出贡献。基于此，我们在产品研发上主要从临床的需求来解决问题。我们思考的是：别人做过的事情，我们怎么能把它做得更符合患者的需要；别人没做的事，如果是患者需要的，我们要怎么克服困难去做。

因此，我们会持续推进创新和国际化双轮驱动发展战略。一方面保持创新发展的战略定力，持续加大研发投入，不断丰富和进化研发管线，构建和精进具有竞争力的研发体系和人才队伍，努力推出更多更好的新药，惠及患者。另一方面积极探索和开拓国际市场，争取早日实现民族创新药在海外上市的目标。

我们希望用5-10年的时间，将恒瑞医药打造成为具有国际影响力的跨国制药企业，更好地服务人类健康生活。

> 专家点评

引领抒写中国医药创新发展新篇章

恒瑞医药起始于江苏连云港的乡镇制药厂，在孙飘扬董事长的带领下，经过50余年的奋斗（其中近20年的创新药研发），已发展成为中国生物医药产业的标杆企业，其身上折射出产业的改革发展脉络，也能昭示产业的趋势和未来。从某种意义上说，解读恒瑞医药就是鉴往知来，探寻中国民族制药企业的现代化、国际化发展之路。

孙飘扬董事长对医药业的未来极度敏锐，并持续前瞻布局。作为一家传统的制药企业，恒瑞医药一直干着"不传统"的事情，在行业内率先实现内生蜕变。当国内一众药企徜徉在仿制药的市场和利润中时，恒瑞医药却在并不成熟的条件下前瞻性地布局创新药；当国内创新药研发火热、赛道拥挤时，企业前瞻性布局基于临床价值的创新、面向国际市场的创新。孙董事长总是能居安思危，敢于在最舒服的时刻抽身，投入新的天地。

恒瑞医药紧贴中国患者特点制定全球研发策略，构建差异化的核心竞争力。从2013年开始，恒瑞医药就采取差异化策略，进行CDK4/6抑制剂达尔西利的立项工作，在分子设计、临床试验设计等方面下功夫，充分考虑更好地满足中国患者的需求，让中国患者获益，从而成为继辉瑞、诺华、礼来三家跨国药企之后，全球第四家在乳腺癌领域CDK4/6靶点展开布局的企业，也是目前唯一通过最贴近中国临床诊疗情况且纳入了100%中国人群的临床研究而获批上市的CDK4/6抑制剂。

恒瑞医药持续拓展和布局新赛道与新技术，积极推动解决医药产业链"卡脖子"问题。恒瑞医药一直以来秉持孙飘扬董事长所说的"围绕患者临床上的急需去做一些工作，为中国的健康事业做出力所能及的贡献"的初心，积极关注百姓未被满足的多样化临床需求，因时、因势对研发管线进行调整，从肿瘤、麻醉、造影三大领域向自身免疫疾病、疼痛管理、心血管、代谢疾病、糖尿病、抗感染及眼科领域扩展；从小分子和单抗，到PROTAC和分子胶、ADC药物、双/多特异性抗体、基因治疗、mRNA、核药，不断拓展新赛道和布局新型技术。恒瑞医药始终关心和关注医药供应链和产业链企业的国产替代以及致力于推动我国医药核心"卡脖子"问题的解决，如指导和推进冻干机、微球、培养基等优秀国产医药产业链企业的技术与工艺创新，让这些国产企业的研发实力、销售规模、盈利能力等形成新的良性循环。

恒瑞医药坚持近20年高比例研发创新投入，引领中国医药产业创新发展。医药创新需要持之以恒。如果以2015年作为中国创新药发展的元年，其蓬勃发展实际仅有6年历史，但恒瑞医药坚持了近20年。医药创新需要进化迭代。当更多同业者还在因产品管线的低水平重复所带来的价值毁灭中挣扎时，进化者恒瑞医药已进入"me too"和"me-better"新药的收获期，开始向创新的研发迈进。医药创新需要可持续投入能力。从2021年下半年以来，中国绝大多数上市的生物技术企业的股价都出现了50%以上的回调。二级市场的股价压力传导到一级市场的投融资领域，很多处于初创期的企业，甚至是已经上市的生物技术公司，其账上的资金储备无法维持两年的运营投入。相比于动辄亏损几十亿元的生物技术公司，多年来恒瑞医药一直在创新引领——优异的现金流、较低的资产负债率、常年维持占销售额约20%的研发投入。

恒瑞面对新形势继续加大创新投入，抒写中国医药全球创新发展新篇章。近年来，中国创新药发展迅速，市场规模不断扩大，政策环境逐渐优化，行业活力和潜力都进一步得到激发。同时也出现了行业内卷和同质化竞争激烈、缺少真正"first-in-class"的产品、集采降价冲击企业利润水平、产业链自主可控压力大等诸多挑战。另外，叠加近期的全球政治、经济、社会等方方面面的震动以及新冠疫情在全球肆虐所带来的冲击，整个中国医药行业的发展都处于较为艰难的转型升级过程中。这条路是痛苦的，是充满荆棘的，却也是唯一能行到终点的。

雄关漫道真如铁，而今迈步从头越。现阶段，我们可能还没有具有强大国际竞争力的本土药企，但随着国际国内双循环新发展格局的进一步构建，中国本土医药制造企业做强做大做优的机会和基础会变得更多更实，在全球医药市场中的影响力也一定会越来越大。展望未来10年，我们始终坚信，恒瑞医药必将实现它的新梦想，开发多个真正意义上的原研创新药在全球上市，在成为具有国际影响力的跨国制药企业的同时，引领中国一批原创新药企业和产业链关键原辅料及医药医疗核心零部件企业走向国际舞台，更好地服务人类健康生活。

袁安根　长三角医药创新发展联盟副理事长兼秘书长
　　　　　江苏天汇红优投资管理有限公司创始人、董事长

第二章
拥抱生态再造增长极
——天合光能股份有限公司

- **楔子**：阳光照进梦想
- **企业概况**：全球领先的光伏智慧能源整体解决方案提供商
- **创新解读**：

  第一节　大浪淘沙沉者为金

  第二节　自我革新，持续进化

  第三节　生态创新，引领产业浪潮

- **企业家专访**：用太阳能造福全人类
- **专家点评**：大道如砥，行者无疆

楔 子

阳光照进梦想

1997年，人类历史上第一部限制各国温室气体排放的国际法案——《"联合国气候变化框架公约"京都议定书》通过，其目标是将大气中的温室气体控制在适当水平，进而防止剧烈的气候变化对人类造成不可挽回的伤害。同年，美国提出了全球首个"百万太阳能屋顶计划"，计划到2010年在全美的商住建筑、办公大楼安装100万套光电系统，利用太阳能屋顶发电。

正是这两大事件，让天合光能董事长高纪凡看到了太阳能行业的远大前景和在时代洪流中的重要地位，他由此成立了天合光能，并立志"用太阳能造福全人类"。2003年，天合光能入选国家"光明工程"，在雪域高原上建太阳能发电站，为当地农牧民送去光明。在第一个电站建好后，当电闸推上，电灯亮起来，整个小山村沸腾起来。灯光下孩子们灼灼的目光令高纪凡难忘，这更加坚定了他"用太阳能造福全人类"的梦想。

光伏行业由最初的政策驱动为主导到如今市场驱动为主导，产业主阵地由欧美转移至中国，离不开以天合光能为代表的企业和全体光伏人20多年的努力，坚持技术创新，持续进行战略迭代，完善产业链，提升运营能力，实现平价上网。光伏能源从曾经补充性能源的角色定位一举转变为替代性能源，并成长为我国少有的具有国际竞争优势、实现端到端自主可控、并率先成为高质量发展典范的战略性新兴产业，成为推动我国能源变革的重要引擎。

立足于全球碳中和的目标和格局之上，天合光能创新开放，共创新生态，再造增长极。"25年前，我的梦想就是将光伏和屋顶结合，让每一所房子都成为光伏发电站，让每个老百姓都是太阳能的受益者。如今，这个梦想才刚刚开始。"董事长高纪凡说。

企业概况

全球领先的光伏智慧能源整体解决方案提供商

天合光能股份有限公司（以下简称天合光能）成立于1997年，致力于成为全球光伏智慧能源解决方案领导者。2021年，天合光能光伏组件全年出货量24.8GW，其中210大尺寸组件出货量全球第一。截至2021年年报披露日，组件整体出货量超100GW。2021年位列中国民营企业500强第369位，业务遍布全球100多个国家和地区。

一、行业领军者

天合光能着眼于全球可持续发展，以推动光伏平价上网和普及绿色能源为己任，提供领先光伏产品和智慧能源解决方案，持续进行创新性研发投入以提升产品性能和生产效率，引领光伏产业进步。

以光伏科学与技术国家重点实验室、国家企业技术中心和新能源物联网产业创新中心（"一室两中心"）等主要平台为创新依托，天合光能长期保持行业领先优势。凭借卓越的创新实力和丰硕的创新成果，2018年天合光能斩获中国工业大奖，成为首个获此殊荣的光伏企业。2019年，天合光能获国家发改委等五部委认定的"国家企业技术中心"。在2020年度国家科学技术奖励大会上，天合光能"高效低成本晶硅太阳能电池表界面制造关键技术及应用"项目荣获国家技术发明奖，这是中国光伏技术领域首次获得国家技术发明奖。2021年，天合光能第六次获评彭博新能源财经（BNEF）"全球最具融资价值组件品牌"。2022年2月，天合光能入选路透社评选的"全球能源转型TOP100创新者"名单，这是中国唯一一家入选该名单的企业，同时也是亚太地区为数不多的入选企业之一。同时，天合光能建设了"天合光能—数字能源研究院"，并与"光伏科学与技术国家重点实验室"产生联动，引领创新，构建"高校—科研—产业—金融"融通的先进能源技术产业创新和创业一体化平台。截至2021年年报披露日，公司已申请2300多项专利，发明专利拥有量全行业第一。

2012年,天合光能"光伏科学与技术国家重点实验室"在常州总部落成

根据全球不同的市场需求推出差异化的组件产品,天合光能最新组件产品天合至尊超高功率组件叠加了210mm尺寸硅片、高密度封装、多主栅(MBB)等多项前瞻性创新型技术。公司在行业内积极推动基于210大尺寸电池的组件产品应用,加快夯实基于大尺寸电池技术的先进组件产业基础。

天合光能进行全球化布局,实现了市场全球化、制造全球化、研发与人才全球化和资本全球化。天合光能起步于常州并在此设立了全球总部,2022年,天合光能又在上海设立了国际总部。公司在瑞士苏黎世、美国费利蒙、美国迈阿密、日本东京、新加坡、阿联酋迪拜设立了区域总部,并在西班牙、墨西哥、澳大利亚、意大利等国设立了办事处和分公司,在泰国、越南建立生产制造基地,是全球光伏行业中国际化程度最高的公司之一。

二、产业链生态创新者

围绕电池组件为核心的高效能光伏产品,天合光能结合智能应用,自主研发推出了智能组件、储能系统、智能系统、智能运维等全面能源解决方案,致力于创建美好零碳世界。

面向终端市场,天合光能坚持以客户为中心,构建产业链新生态。2020年7月,由天合光能牵头的"600W+光伏开放创新生态联盟"成立,该联盟成员包括硅片、电池、组件、跟踪支架、逆变器、材料及设备制造商等光伏产业链上、下游企业。天合光能推动联盟成员实现产业链上、下游联动,以技术创新为驱动力,发挥各自优势,让产业链各环节得以有效串联，产业生态得以优化，加快"产业链"向"价值链"的转变。

天合光能在全球布局产品生态链，为客户提供开发、融资、设计、施工、运维等一站式的系统集成解决方案。2021年，国内电站系统业务超预期斩获3.5GW+，光伏电站指标较去年增长200%。海外电站系统业务在多个国家实现单点突破，多个项目并网、投入正式运营。在智慧分布式能源业务上，天合光能推出天合富家、天合蓝天两大品牌，正朝着"万户工商业光伏屋顶计划""百万家庭光伏屋顶计划""一亿终端设备互联计划"等方向努力。公司与政府、业主、资方或平台投资公司、国家电网联合推进整县分布式光伏解决方案，目前已参加200多个县区的整县推进方案申报；开发面向大型光伏电站及风电场、面向工厂/商业场所、面向无电区/海岛的多种储能智能解决方案，配套集成BMS、PCS、EMS系统等，致力于通过模块化、可拓展、高效率的一体化集装箱式储能系统，为客户提供安全可靠的解决方案。

2021年，公司实现营业收入444.8亿元，其中光伏组件收入343.95亿元，系统产品45.64亿元、电站业务34.94亿元、发电业务及运维8.38亿元、智能微网及多能系统1.61亿元。

天合光能依托全球品牌和渠道优势，凭借先进的组件产品和开放式的产业联盟，为客户提供各类适配产品及专业的整体服务，并帮助其实现最大价值，在市场竞争中保持领先，实现稳健可持续发展。

> 创新解读

第一节 大浪淘沙沉者为金

能源是人类社会赖以生存和发展的重要物质基础。光伏技术从最早在航天领域的应用，到基于政策支持得以商业化，经历了100多年的发展。中国的光伏产业兴起于20世纪90年代，众多光伏企业在全球竞争中前赴后继，逐渐突破产业链各环节技术壁垒走到全球领先位置。

随着技术的进步革新，光伏业迈向平价上网时代。随着国家"双碳"战略的提出，整个行业面临新的机遇和挑战。

一、拥技为王，引领全球

太阳能发电技术的发明由来已久，从1839年科学家发现"光生伏特效应"，到1958年硅太阳能电池首次在人造卫星上得以应用，历经了119年。20世纪70年代，第一次石油危机促使发达国家增加了对包括太阳能在内的可再生能源的政策支持和资金投入，光伏行业逐步走向公众视野。

政策驱动是光伏行业兴起初期的最大动力。但由于各国家、地区之间行业发展速度不同，经济周期波动带来光伏需求波动，经常造成阶段性产能过剩的局面。2014年起，随着世界各国相继推出光伏补贴政策，我国"十三五"规划中接连出台了多项支持政策，旨在提高绿色减排力度，提高可再生能源在所有能源消费中的占比，我国再次掀起了光伏装机热潮。2015年，中国太阳能光伏累计装机量超越德国，成为全球光伏发电装机容量和发电量最大的国家。

这一时期，随着中国光伏企业的技术投入不断增加，在光伏产品的各生产环节都出现了一批掌握先进技术的龙头企业。多晶硅料的技术进口替代、单晶硅硅片技术革新、光伏电池片"PERC"技术迭代等相继发生，产业链各环节不断降本增效，光伏发展进入了成长期。

2018年5月31日，国家发展改革委、财政部和国家能源局三部委发布了《关于2018年光伏发电有关事项的通知》，要求加快光伏发电电价退坡，尽早实现市场驱动。超前的政策要求，让光伏行业面临新的考验。

2018年，在光伏全产业链普遍降价30%以上后，原材料、技术上遥遥领先的中国，在光伏组件性价比上进一步提升。海外需求多点开花，让中国光伏业全产业链开始具备国际竞争力——全行业当年产值超过4000亿元。

通过一代代中国光伏人不懈的努力，光伏电站的成本从每瓦几十美元下降到几十美分。随着政策逐步退补，光伏发展动力由政策驱动转向市场驱动。技术升级、价值创新将整个产业拔向新的高度，新的传奇应运而生。

近些年来，世界各国相继制定碳排放目标。2020年，我国政府领导人正式向国际庄严宣布提出碳达峰碳中和计划时间表（3060目标）。随着光伏行业的技术进步和成本改善，光伏发电已然成为不少国家具备价格优势的能源形式，平价光伏也成为未来全球发展的一大趋势。

光伏业二十多年的发展历程证明，单纯依靠政策补贴、产能扩展、短线发展的模式不能在市场竞争中长久立足；而长远战略、技术优势、价值共创的模式才有可能跨越周期，与行业一起走向更高、更远。

二、构建新能源为主体的新型电力系统

为应对气候变化，世界各国都在加快能源转型。我国提出了"四个革命、一个合作"能源安全新战略和碳达峰碳中和重大战略决策，推动能源实现高质量发展，这将对我国电力供需格局产生深远影响。要实现碳中和，首先要构建无碳的新能源体系，新能源电力将成为主力能源。

据发改委发布的《中国2050年光伏发展展望》，至2050年，光伏在我国能源体系中的占比将达到39%，是中国的第一大电源，因此光伏将是我国无碳能源体系中的主体，未来将构建的是以新能源为主体的新型电力系统。光伏能源基于成本、清洁性、便利性等方面的综合判断，被定义为最优新能源代表，有望成为整个电力系统转型的主力。

《中华人民共和国国民经济和社会发展第十四个五年规划和2035年远景目标纲要》提出：推进能源革命，建设清洁低碳、安全高效的能源体系；加快发展非化石能源，坚持集中式和分布式并举，大力提升风电、光伏发电规模，加快发展东中部分布式能源，有序发展海上风电，加快西南水电基地建设，安全稳妥推进沿海核电建设，建设一批多能互补的清洁能源基地。《"十四五"可再生能源发展规划》也提出大规模、高比例、高质量、市场化发展的要求。

根据"双碳"目标，按照时间表倒排，要实现该目标中国光伏至少要达到350GW的

装机，行业增长空间巨大。加大绿色清洁能源的供给和消费，已经成为我国电力行业未来几年最大的目标任务。

我国光伏产业经过20多年的发展，在技术研发、生产制造、出口贸易等方面已处于世界领先地位，光伏电池组件效率不断提高，晶硅电池实验室效率多次打破世界纪录，组件出口量继续攀升。金融市场上"碳中和"板块融资规模空前高涨，光伏基金陆续发行，国家布局绿色发展基金等，光伏业再次迎来大发展机遇。

同时，国内光伏产业集中度快速提升，多晶硅、硅片制造CR5（业务规模前五名的公司所占的市场份额）超过80%，电池片、组件CR5超过50%，形成寡占型市场。在快速扩张的市场中，正确定位光伏的社会角色，不忘初心，坚持可持续发展战略，才能获得长足发展，才能够不被眼前一时的迷雾障眼。以实现碳中和为目标，产业协同，共创共享，构建以客户为中心的产业新生态，是行业发展的关键所在。

第二节　自我革新，持续进化

1997年天合光能成立之时，中国并未形成完善的光伏市场，光伏企业主要依托国家光明工程等承接电站订单。在至今20多年的时间里，中国光伏产业从无到有，从小到大，吸引政府部门草根创业者、海归精英、院所教授等纷纷重视与投入。中国光伏业的发展史是一曲跌宕起伏的壮歌——大起大落的光伏业，见证了多家企业起于微末，在国际市场上进行持续而激烈的竞争，在纽交所大放异彩，却又快速黯然离场。

在不同的发展阶段，企业最大的挑战从资本、技术、产能的提升逐渐转变为产品及服务质量、综合管理能力的优化，前瞻性的战略布局带来的先发优势至关重要。

一、一体两翼，守正出奇

20世纪初，搭乘全球光伏发展浪潮，顺势成功登陆美国资本市场的第一批明星光伏企业中，如今依然傲居行业龙头位置的，仅剩天合光能一家。天合光能依托长期主义理念，以超前的战略眼光持续引导着整个行业健康、高速发展。

光伏零部件制造端的核心是电池组件，占整个系统成本的40%左右。组件往下是系统端，将标准化的组件配置成光伏系统，这一环节中标准化组件的可塑性有限，影响电站潜能最主要的是逆变器和跟踪支架，需要硬件和卓越算法的结合。光伏系统面向的客户主要有集中式和分布式两类。集中式光伏系统充分利用荒漠地区丰富和相对稳定的太阳能资源，构建大型光伏电站，接入高压输电系统供给远距离负荷，占地面积大，投资高；分布式光伏系统，主要基于建筑物表面，就近解决用户的用电问题，通过并网实现供电差额的补偿与外送，运行灵活，但需要较高的运营能力。

天合光能常州全球总部

基于光伏产品和下游应用的特点，天合光能形成了全新的产业布局——以高效光伏组件为核心，拓展至跟踪支架业务、大型电站开发与建设、智慧分布式能源的光伏智慧能源解决方案，进而向外延伸至储能、能源物联网、综合能源服务等智慧新能源体系布局。

高效能光伏电池组件是保障光伏系统高效运行的基础。2020年年初，天合光能发布至尊系列超高功率组件产品，目前已发布了410W+、510W+、550W+、600W+、670W组件系列，从户用屋顶、工商业屋顶到大型地面电站，可全场景适用。采用210mm大尺寸电池片，结合无损切割+高密度封装+MBB多项前瞻性技术，具有高功率、高效率、高发电量、高可靠性的特点。至尊系列组件采用低电压、高串功率的创新型版型设计，与市场主流的玻璃供应能力适配，此种设计单串功率可提高40%+，可以有效降低组串数量，与此对应的支架等机械连接、逆变器汇流箱等电器连接都能够得到有效节省，系统整体造价最多可减少0.15元/W，度电成本降低1%～3%。

针对客户对于零部件环节存在认知断层的问题，在系统装配上天合光能推出了"优配计划"。2018年，天合光能正式向业内发布了天合智能优配TrinaPro。第一代优配方案主要做硬件层面的集成：通过组件、逆变器、支架匹配，综合计算双面组件正背面受光情况，改变了业内传统印象里的根据天象转动的跟踪模式，适应多地形使用场景，与传统安装相比成本约节省5%，度电成本降低2.4%～4.5%，发电量提升11%+。2020年推出"天合跟踪""TrinaTracker"品牌并推出多点驱动"开拓者-2P"产品，完美匹配760W+至尊超高功率组件，并自主研发TCU控制系统、智合智能跟踪控制系统及天合智慧云监控系统，将天合跟踪发电效率最大化。

集中式电站投入大，建设周期长，天合光能打通设计、建造、融资链条，从选址到交付、运营，天合光能提供一站式服务，满足海外投资人寻找稳定回报的需求，让客户更加省心的同时，也提高了电站业务的利润率。

对于分布式系统业务，天合光能推出了"天合富家""天合蓝天"两个品牌。分布式光伏系统面向C端，销售、安装、运维环节众多，一些管理混乱的光伏公司在实际运行中伤害了用户的利益，给行业抹黑。针对这一状况，天合光能首创式提出原装光伏系统的理念，包括优质的原装硬件、专业的原装设计、可靠的原装交付和长期的原装售后，避免了拼装带来的质量隐患。安装时现场勘测，采用三维优化设计方案，量身打造。以优质的硬件配置+专业的设计、可靠的质量+完善的售后，重新定义了户用光伏市场行业标准。天合光能开创性推出金融配套的业务模式，借"天元数字化运维平台系统"后台支持，加强运维服务管理，销售实现大幅增长。从2017年8月品牌发布到2019年年底两年多的时间里，"天合富家"原装户用光伏系统累计出货量超1GW，稳居行业领军之列；县级经销商超过1700家，乡镇服务网点超过15000个，均领军行业。

未来，光伏产业与物联网、边缘计算、工业互联网以及5G等技术深度融合，深化光伏智能制造、开展数字化经营管理、推动客户的数字化服务体验等，必将是智慧能源时代的新趋势。天合光能的"N"——智慧能源体系，包括光伏发电及运维服务、智能微网及多能系统的开发和销售以及能源云平台运营等。

天合光能对于数字化平台的设想，是一整套新能源应用场景下管理、服务、连接的系统，是硬件与软件的互联互通，更是一个开放包容的系统，能够适应多种场景和生态。天合光能筹划搭建的天合能源物联网TrinaIoT，有"云、管、端"三层组织架构，涵盖光伏发电、商用光伏、户用光伏、储能、智慧能源云平台等诸多领域。2017年，天合光能的合肥新站高新区综合能源管理"互联网+"智慧能源示范项目，成功入选国家能源局首批"互联网+"智慧能源示范项目名单，成为国家级能源互联网试点工程。

目前，天合光能已基本实现制造管理、供应链管理的系统化和数字化，并将通过物联网、边缘计算、云计算和CPS（信息物理系统）架构技术，结合大数据分析，以数据做驱动，实现制造数字化、智能化的升级。

2021年，天合光能智慧能源实现营业收入99972.43万元。智慧能源终端应用及综合能源管理应用平台建设研究，创新性地构建了基于物联IoT平台的一站式SaaS应用解决方案，实现云、管、边、端的数据流和业务流的高效闭环，打造能源+物联网整体解决方案的核心竞争力；独创性地实现了智慧能源终端应用，领先的软件智能算法和非侵入式等技术，大幅降低了行业解决方案的硬件和现场实施等成本。

二、三线并进，跨越周期

受到以"双反"危机为典型代表的全球经济危机、行业政策多变、地缘政治危机等因素的影响，中国光伏行业在过去20多年里跌宕起伏，曾经红极一时叱咤风云的头部企业纷纷跌落神坛，令人唏嘘。

大量资本伴随着政策利好蜂拥入场，企业盲目快速扩张扩产提高市场占有率，这些粗放的发展方式在行业需求波动的周期中已被证实不可持续。天合光能经历了行业的风风雨雨，依然稳健前行。对天合而言，想要穿越周期不容易，而光伏业尤其难，因为"诱惑太大"，既要保持定力，又要看远未来，不被市场淘汰。

天合光能三线并进、稳步提高主要依靠三大支撑力量。

第一大支撑力量是技术创新。技术创新是光伏行业第一原动力，产品升级和降本增效都为天合光能突破竞争带来了巨大优势。依托"一室两中心"，天合光能在光伏电池转换效率和组件输出功率方面，先后23次创造和刷新世界纪录。截至2021年年报披露日，天合光能累计申请专利2300多件，主导和参与标准105项，申请各类政府科研项目60余项。在技术创新领域，天合光能主导的"高效低成本晶硅太阳能电池表界面制造关键技术及应用"技术，荣获"国家技术发明奖"，是中国光伏行业取得的第一个国家科学技术大奖，极具里程碑意义。2022年3月10日，天合光能光伏科学与技术国家重点实验室刷新210 i-TOPCon电池效率纪录，最高电池效率达到25.5%，创造了大面积产业化n型单晶硅i-TOP-Con电池效率新的世界纪录。

第二大支撑力量是超越行业的全球化布局能力。全球化战略最初提出是光伏业"三头在外"——原料在外、市场在外、设备在外的环境倒逼所致，整个行业处于"国际大循环"的状态中。因此，天合光能从出生起就具备全球化布局DNA，经营管理、销售渠道、业务布局均围绕全球化战略而制定、蝶变和发展。

得益于这样的行业起步特性，天合光能国际化、全球化运营能力在25年的发展中不断强化。企业拥有国际化的管理和研发团队，实现了市场全球化、制造全球化、资本全球化和人才全球化。

天合光能起步于常州并在此设立了全球总部，2022年天合光能又在上海设立了国际总部。公司在瑞士苏黎世、美国费利蒙、美国迈阿密、日本东京、新加坡、阿联酋迪拜设立了区域总部，并在西班牙、墨西哥、澳大利亚、意大利等地设立了办事处和分公司，在泰国、越南建立生产制造基地，是全球光伏行业中国际化程度最高的公司之一。同时，引进了30多个国家和地区的高层次管理和研发人才，目前全球雇员已达1.7万余人，海外籍员工3000余人。

在全球化的背景下，很多企业都积极布局海外市场，中国企业的全球化之旅，从简单的产品销售全球化逐渐走向资本、技术、商业模式输出等全方位的全球化。天合光能凭借全球化品牌效应和全球市场渠道，在2021年全球新冠肺炎疫情期间不仅全力克服了生产和物流的影响，还在部分区域进一步提高了市场份额。这得益于天合光能始终坚持的本地化管理策略，辅以公司在全球统一的标准、管理模式和运营体系，让本地化管理在全球布局中联动和协同起来，充分发挥本地化管理的最大效能，才能够在最短的时间内以最快的速度将人力、物力、财力资源调配到不受限的地方，实现资源集中式突破，保证全球规模稳定增长。

第三大支撑力量是天合光能的高瞻远瞩、战略先行策略。一家公司短期的成功是战术上的成功，而对于伴随行业成长，经历了完整行业发展路径的头部企业来说，战略上的成功超越了模式上的成功。

对于典型的制造企业来说，产能短缺是短暂的，产能过剩却是必然的，也是长周期的。在产能建设领域，后发优势已经成为行业鲜明的特色，以三年为周期后来居上者屡见不鲜。对光伏电池组件企业而言，硅料是基础命脉，应用需求拉动硅料需求的快速增长，然而硅料投资成本高、技术壁垒高，硅料企业议价能力强，光伏电池组件不得不"受制于人"。很多光伏电池组件企业开始投资硅料生产线，走垂直一体化模式。

天合光能依据行业周期阶段的不同，进行了从1.0到3.0三次战略迭代，洞察行业发展态势，不断为下一阶段积累优势。在行业热衷于垂直一体化时，天合光能正坚定不移地走向2.0到3.0的战略蝶变——以综合管理能力为原点，以客户为中心提供服务和布局渠道，转变成为下游整体解决方案提供商，致力于成为全球光伏智慧能源解决方案领导者。天合光能认为这才是具有核心竞争力和先发优势的正确打开方式。

"掌握客户和渠道的优势直到2021年才被市场认证。"天合光能2021年年末股价增幅和PE值纷纷达到历史高点，市值从年初的400多亿元一路飙升至年末最高点的1800多亿元。随着上游下半年硅料产能的过剩，利好逐渐向下游掌握客户渠道的方向倾斜，跷跷板效应正在呈现。

三、组织进化，人才蝶变

天合光能从光伏组件起家，一路经过多重战略升级，业务多元化外拓，发展成为全球领先的智慧能源解决方案提供商。公司搭建了由光伏、储能、氢能、智慧能源互联网构建的无碳能源体系和产业架构，业务遍布全球，员工数量达到1.7万余人。从小团队到大部门，从单个业务到资源共同中心的整合，从事业部架构到事业群，天合光能的组织结构不断发展和迭代，不断统筹力量，促进资源整合，打破内部沟通壁垒，努力实现效益最大化。

天合光能未来发展的重点之一——储能BU（Business Unit）就经历了这样一个过程。2010年，天合光能在创新中心设立储能研究部门，进行储能的探索和研究。2015年开始储能业务进入公司化运营阶段，以项目部的方式展开。2020年，国家确定了"3060目标"，天合储能迎来发展机遇，确立了储能BU，正式成立价值群，进行公司实体化发展。天合储能的架构进行了"5+2+1"体系整合，即储能价值群由最初的5个小创团、2个研究机构和1个制造厂整合而成。5个小创团为户用储能创团、海外大型储能销售创团、中国区域内的分布式储能创团等；2个研究机构，分别为针对新型储能系统的研究机构和储能锂电池的电池研究院机构；1家制造厂则是2020年开始搭建的位于常州的制造厂商。储能BU主任王大为说："此前这些架构都是相对独立的，面对储能大浪潮的来临，我们进行了内部整合，未来5个创团会再加入部分能源互联网人才，天合储能与电力系统、新型储能进行深度整合，共同迎接大发展。"

近两年，集中式电站、分布式光伏、储能等核心业务板块逐步升级为事业群架构，发挥统筹力量做到特殊业务定制化、集中业务通盘化。其中，分布式业务板块为独立事业部，下设两个独立品牌。一个是面向工商业的"天合蓝天"，打造商用原装光伏系统；另外一个是面向户用的"天合富家"，打造了一套家用原装光伏系统。两套系统、两个品牌支撑并延续了天合光能百万屋顶计划成立之初的战略规划。

业务发展、组织整合的背后离不开创新的发展人才。在互联网、智能化浪潮的奇袭下，单一业务领域的专才已经难以适应当前从公司内部业务到站在行业高位复杂态势下的工作，复合型、应用型人才是天合光能的人才标签。

天合光能"财经综合管理平台"是人才能力适配组织变革的最佳体现。"财经综合管理平台"最初是为了实施全面预算管理战略时成立的财务管理部,如今已经发展成为可以将财经专家能力与业务财经管理能力进行全方位整合,能真实、及时地反映公司管理现状和预测情况的支持平台,并进一步发展成为公司各模块战略论证、重大项目投资、业务模式和公司架构前瞻性设计,以及日常经营活动等各方面提供决策支持的智慧化平台。

财经综合管理平台拥有员工350人,平均工作年限为5~6年。平台下设三大职能:一是专业财经职能,主要包括会计核算与分析、税务管理和筹划、融资和资金管理以及投资管理等,为公司的重大战略、资金保障、资产安全以及财经管理制度完善提供专业保障;二是业务财经管理业务伙伴(Business Partner),负责公司各经营单位日常经营的全面预算管理,承接专业财经职能在业务管理过程中的作用,为公司战略落地和稳健发展提供全方位支持;三是风险管理职能,负责公司各类别的风险识别、分层监控,加上内控内审管理以及全面合规管理,起到对公司平台以及经营单位的监察和赋能作用。

随着全球迈入低碳化和无碳化新时代,天合光能乃至整个光伏行业都面临着重大的、持续的挑战。未来行业的争夺战,本质上是人才争夺战。天合光能于2015年启动校园招聘计划,2018年启动青年人才发展计划,开展各层级的青年人才赋能项目,为青年人才配备导师资源,优先安排青年人才到一线历练。在过去的几年中,一批批优秀的毕业生及内部青年人才在天合平台上不断历练、快速发展。到2035年构建新型电力系统的大背景下,整个光伏行业还将迎来巨大增长机遇,天合的业务范围会沿着光伏智慧能源解决方案进一步扩大和延伸。达成2035年战略目标的核心就是要能够吸引、留住和激发天下人才。基于此,2022年"旭日计划"应运而生,该计划进一步加大加强应届生及年轻人才的招聘、选拔和发展,在公司内部营造良好的"沃土""平台""战场",把青年人才发展工作作为公司一项长期的战略任务去推进和落实,坚定不移、扎扎实实让更多的年轻人在天合平台上升起,成长为公司的关键力量,以支撑天合光能达成2025年、2027年乃至2035年的愿景和战略目标。

第三节 生态创新,引领产业浪潮

2021年,在全球光伏产业硅料硅片生产、电池片及组件生产、装机等各环节中,中国产能占比均超过一半。其中,多晶硅产量连续10年、光伏组件生产量连续14年、光伏新增装机量连续8年都位居全球首位，累计装机量连续6年居全球第一。产业链各环节前十大企业中，中国公司的数量分别为硅料6家、硅片10家、电池片8家、组件8家，中国已然成为全球光伏产业的领导者。

光伏业竞争进入中场，参赛选手大多是中国企业，在产业链各环节逐渐形成寡头格局。光伏企业未来的角斗场不应局限于业内，而是面向火电等其他传统能源体系。如何加速光伏产品的应用和推广，构建智慧能源新体系是行业发展的关键。

一、双核战略，缔造生态圈

"光伏业未来十年是生态构建。"高纪凡如此判断。企业之间要超越竞争，寻找到共同点，共担、共创、共享、共赢，即共担碳达峰碳中和目标，共创电网友好型和用户感受型的新能源体系，共享行业高质量发展的成果，共赢上、下游协同健康发展的环境。

天合光能内部业务板块整合，达成"全球领先的智慧能源整体解决方案提供商"这一共识，公司发展站在了更高的起点上。协同向内取得成效后，天合光能开始将目光投向外部产业链条。

光伏产业上游为硅料、硅片企业，中游为电池片、电池组件制造商，下游为应用系统，主要为发电系统和应用产品。多晶硅制造是光伏产业链的首端，技术难度大，投资强度高，能耗大，行业壁垒较高，行业集中度高，议价能力强。下游需求的60%~70%以上来自海外客户，终端市场分散。全球碳中和的提出，刺激下游市场需求猛增。如何为客户提供多样的产品及服务，如何帮助客户更加便捷、经济地使用光伏产品，需要光伏产业链上、下游的协同和努力。

在生态构建上，天合光能从"两个圈"着手，支撑生态理念的打造和生态版图的拓展。一个圈是产业链上、下游的协同生态圈，另一个圈则是创新产品联合生态圈。

天合光能于2021年提出了"双核战略"：一是适度布局产业链上游，避免上、下游之间的过度倾轧和横向低水平价格竞争；二是通过战略投资项目进行解决方案的生态性布局。2020年11月，天合光能与通威公司合作，共同投资建设硅料、硅片、电池片项目，新增产能主要为210大尺寸进行匹配。2018年，天合光能收购西班牙光伏跟踪支架公司Nclave，实现技术、业务与管理的有效整合，进一步提升企业在跟踪支架市场的技术积累和综合竞争力。截至2022年3月公司实现跟踪支架出货量7GW+。

天合光能生态性的战投项目不断生根发芽，生态链条逐步成型，让供应链不同的节点在标准、高效、适配下发挥最大的效能。

光伏业进入成长期，产品向多样、优质、低价方向发展。在大数据时代背景下，万物互联既可赋能也可能成为壁垒——若各生产制造、服务厂商各自为政，那么呈现给客户的产品必将五花八门，可替换性低、成本高昂。因此，创新产品联合生态圈对于想要成为行业新标准制定者的天合光能来说成为一种必然。只有将新技术、新产品、新标准做到最前沿并且价值最大化，才能够让产业链各个节点拥有足够的内生动力，协同发展。

天合光能采取以下措施促动创新平台：技术人员走出实验室走向客户，倾听市场声音；技术走出企业走向高校，与在光伏领域诸多细分垂直赛道有教学布局的院校联合，从教育端培养人才，开发技术。

天合光能联合全产业链构建的"600W+光伏开放创新生态联盟"，联盟成员从硅片、电池、组件，到跟踪支架、逆变器、材料及设备制造商等，涉及上、中、下游全产业链。截至2021年年报披露日，联盟成员已达99家。联盟各方一方面以技术创新为驱动力，可发挥各自产业段内的优势；另一方面，通过推动标准化工作进程，可有效消除封闭创新带来的不一致性，消除信息不对称，规避过度投资、重复建设的模式，让资金和投入更好地为产业升级增效。

二、定位新角色，启领产业责任

中国迈入"双循环"发展新格局之际，光伏业就是"双循环"发展最典型的范例。在中国能源结构变革、助力可持续发展、共筑人类命运共同体的过程中，其所承载的责任早已跨越了行业发展本身。

中国光伏企业已在全球光伏业中占据领导者的角色。在这场能源革命中，立足生态战略，天合光能给自己找准了"产业链链主"的新定位和新角色。这一角色将要承载的不仅仅是商业责任，更是社会责任和全球发展责任。

天合光能作为产业链链主，以客户为中心，携手上游的硅材料企业、设备企业、玻璃和其他的材料企业，联手推进战略合作、战略合资，共同创新发展。同时，专注自身的电池组件为核心的产品，联动下游合作伙伴一起构建面向地面电站、家庭屋顶，以及工商企事业单位的包括光伏、储能和用能的整体解决方案，建设以光伏为主体的新能源和终端以电力用能为主体的新型能源体系，推动实现碳中和的宏伟目标。

2022年，天合光能与世界自然基金会（WWF）、一个地球自然基金会共同发起"清洁能源多一小时"活动，这是全球最大的环保公众活动——"地球一小时"的公益子项目，旨在呼吁社会各界使用清洁能源，提高人们利用清洁能源的意识，共同为碳中和的未来做出贡献。气候变化是一项全球挑战，在"双碳"战略下，世界自然基金会、一个地球自然基金会正持续促进公众和企业对气候变化及生物多样性议题的关注及行动。为了地球的可持续发展，以清洁能源降低碳排是每个企业义不容辞的使命与责任。天合光能主动积极地强化自身的国际担当与社会责任、产业责任，丰富自己作为产业领军者角色的新内涵，引领未来。

2022年年初，工信部等五部门联合发布《智能光伏产业创新发展行动计划（2021—2025年）》。分布式光伏可以帮助乡村大幅提升电气化水平，产生的盈余电量可通过智能调配实现光伏能源变现价值最大化，借此机遇还可推动农村电网智能化改造，打造共同富裕发展生态，高度符合乡村振兴目标。在政策东风加持下，分布式光伏产业应用市场潜力巨大，也与天合光能"用太阳能造福全人类"的使命深度契合。

据行业协会数据显示，我国目前符合安装条件的屋顶理论上有6500多万个，而截至2021年10月底户用装机量刚刚突破200万套，渗透率仅为3%。在商用端，每年新建工商企业建筑面积达60亿平方米，按屋顶折算约10亿平方米。按此测算，光伏需求量已然近千万GW。天合光能"百万屋顶计划"逐步落地，环保效益将十分突出。

天合光能的210至尊超高功率系列组件相比于其他组件功率更高、发电量更高、安装块数更少，有力地保障了分布式项目投资的收益。国内权威专家对210至尊系列组件全场景度电成本优势和收益进行了深入研究：在户用分布式场景下，至尊600W组件对比参考450W组件，节省初始投资成本达到6.15分/W，而且由于组件功率提升，安装块数减少，使得600W+组件年节省租金3.3分/W；在工商分布式场景下，至尊670W组件对比参考545W组件，节省系统初始投资超过4分钱/W。

2020年5月，以天合光能为代表的210阵营提出了210尺寸标准化，包括硅片和组件设计（不论双玻组件还是背板组件）尺寸的规范建议（在210～220的范围内）不再采用其他尺寸。通过标准的统一，全产业链将合力打造更加优质的光伏产品，给客户带来更高价值，降低光伏发电度电成本。行业标准、发展路线应该由全产业链供应商来参与，天合光能作为产业链链主引领光伏行业标准化制定，充分体现系统端的价值增益，这是光伏业应对平价时代的正确方式。

三、数字赋能，突围智联网

信息、数字是企业管理的抓手。随着互联网信息技术的普及，5G、数字经济时代来临，智能化制造、工业互联网、大数据等概念相继提出，数字化转型、数字赋能已成为企业的共识。

天合光能早在2010年就启动了很多信息化项目，到2015年，智能化成为主要的发展战略之一。企业与阿里云等合作，进行企业生产制造、采购等各环节的数字化和平台化改革。经过多年的转型升级，天合光能已取得以下成果：一是供应链各环节核心管理功能与财务信息高度集成，物流、商流、信息流及资金流四流合一，供应链精细化管理，实现供应链整体效率与效益的提升；二是通过对生产过程的智慧化改造，已实现生产数据在线化、高效片占比模型数字化、生产管理透明化、生产预警自动化；三是通过智能制造转型提高了仓库管理效率和报表流程信息化率，降低了人力和运输成本等。

内部管理的智能化、数字化为外部产品升级、产业联动提供了真实、全面的数据支撑。数字赋能的思想从内部管理延伸至对产品、行业的探索和升级。天合光能最早提出要从组件制造商向光伏智慧能源整体解决方案提供商转变，数字化、智能化、一体化等前沿技术的有力支撑，则是计划能够落地实施的基础保障。因为在天合光能看来，未来万物可联。

天合光能以提升客户价值为导向，从客户体验、经营管理、新业务模式等方面着手，在研发、制造、销售、运维、服务等各个环节深入开展智能化转型。在无碳能源体系中，光伏、风电、水能等作为主要的一次能源，只有通过储能解决能源分布时间的不对称，通过智能电网、特高压和氢能解决能源分布空间的不对称，以数字技术为支持进行能源的协调调配，多种能源共同组成能源物联网，才能建立起无碳、稳定、智慧的能源新体系。

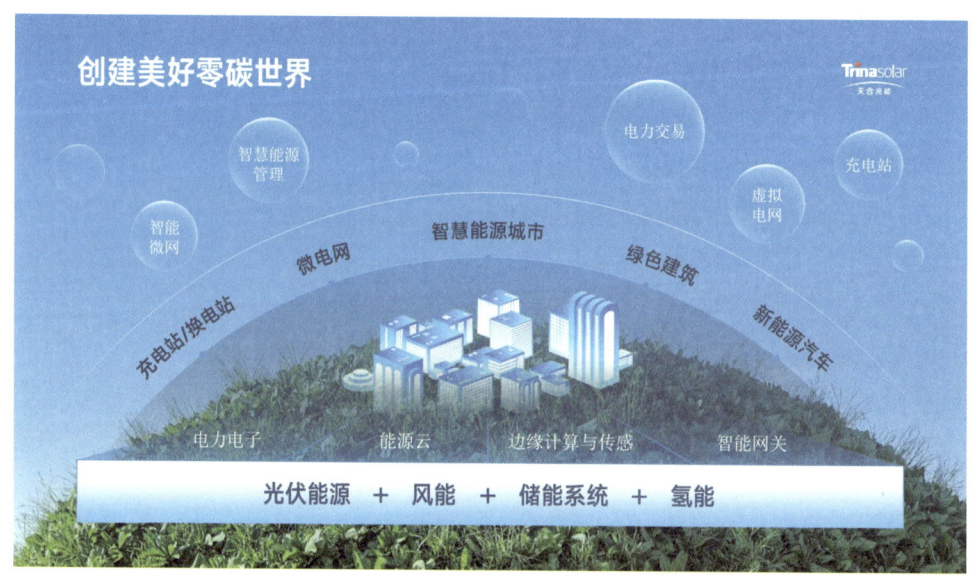

天合光能新愿景：成为全球光伏智慧能源解决方案领导者，
助力新型电力体系变革，创建美好零碳新世界

能源物联网便是天合光能的下一站。天合光能2015年布局储能研发和产业化,深耕用户侧、电网侧、新能源侧三大应用领域,进行储能系统的集成研发,打造天合储能全场景系统解决方案。2018年成立的天合云能源,则作为一家智慧物联网应用整体解决方案服务商,以能源管理为切入点,深挖用户能源和物联网数字化转型需求,打造设备、管理、节能、增效等一体化综合管理系统,并通过大数据和人工智能持续挖掘潜在价值,让能源流、信息流、价值流相互连接,实现数字物联网新体系。未来,天合云能源将加快拓展应用场景,加大研发投入,积极创新进取,构建基于物联IoT平台的一站式SaaS应用解决方案,实现云、管、边、端的数据流和业务流的高效闭环,打造"能源+物联网"整体解决方案的核心竞争力。

企业家专访

用太阳能造福全人类

——专访天合光能股份有限公司董事长高纪凡

《样本》：目前我国光伏产业在制造业规模、产业化技术水平、应用市场拓展、产业体系建设等方面均位居全球前列，天合光能作为光伏组件的龙头企业，您如何定义公司在行业内的角色？

高纪凡：开拓创新，与光同行，天赋能源，科创未来！天合光能创建25年，一路走来，在各方共同努力下，光伏新能源进入高质量发展新时代！天合人敢于有梦、勇于追梦、勤于圆梦，和行业同仁一起把光伏产业做到了全球领先。今天，我们比历史上任何时期都更接近、更有信心和能力实现我们的使命和愿景。

中国光伏行业从"三头在外"到"三个第一"，我们经历了从追赶到超越的25年。我们在2014年组件出货量成为全球第一，我担任了中国光伏行业协会首任理事长并且连任。我们推动全球太阳能理事会的成立并且担任联席主席，我们牵头和推动了"600W+"开放创新生态联盟，让全球光伏进入了"6.0时代"。截至2021年年报披露日，我们的全球累计组件出货量已经超过100GW，超过了四个三峡电站的装机量。

中国光伏经历了播种、成长、绽放、共荣的发展历程，现在更是到了共促全球发展、共创人类未来的新阶段。借此机会，我们向所有光伏人致敬，向光伏行业的同行者邀约，携手共进，共同创造光伏行业发展的新生态，共同为碳中和目标做出更大贡献，用太阳能造福全人类！

《样本》：作为光伏产业的领导者，天合光能扮演着寻找新技术、新方向、新战略的"探路者"角色。您是如何理解并践行"创新"的？

高纪凡：天合光能以创新引领作为第一发展战略和核心驱动力量，搭建全面领先的科创体系，在不断地研发突破中，持续推动光伏技术创新产业研究发展，助力清洁低碳、安全高效新型能源体系的加快构建。

研发创新是第一生产力。为了更好地支撑研发创新，公司与世界一流的研发和认证测试机构合作，搭建了以海内外优秀科研人员为骨干的技术创新队伍，吸引了来自全球30

多个国家和地区的员工在天合光能平台上奋斗。我们成为全球太阳能行业的创新引领者和标准制定者，到2021年年底，我们牵头和参与制定的国际、国内标准有108项。

天合光能创建让创新奋斗者实现梦想的平台，是集聚人才、催生创新的土壤，也是塑造核心竞争力的关键。天合光能以成为全球智慧能源领域的引领者为目标，积极投入产业创新平台建设。过去10年，我们投入研发的费用累计超过120亿元。我们荣获国家企业技术中心认定并且成为全行业的标杆，我们在光伏电池组件的210平台技术方面搭建了一个开放性的平台，我们创建了新型储能技术研发中心，还率先打造了能源物联网品牌，联合国内外优势企业及科研院所，成立天合能源物联网产业发展联盟和新能源物联网产业创新中心，搭建新能源物联网领域研究的开放性创新平台。

2022年，天合光能还与上海市闵行区政府、上海交通大学签订战略合作协议，在上海建设"天合光能—数字能源研究院"，构建"高校—科研—产业—金融"融通的先进能源技术产业创新和创业一体化平台，引领创新，推动产业发展，共同助力"双碳"目标实现。

未来，我们将继续在"以客户为中心、坚持开放创新、长期艰苦奋斗、全力追求卓越、共担共创共享"的企业核心价值观指引下，通过自主创新、开放创新、协同创新，践行"用太阳能造福全人类"的使命，以合作开放的态度汇聚各方力量，引领行业发展，为全球节能减排和可持续发展做出贡献。

《样本》："十四五"开局之年，新能源迎来政策红利期——碳达峰碳中和的目标、行动方案等一系列政策已出台。在这一纲领性文件出台的背景下，未来光伏业的发展将有哪些变化？

高纪凡：2021年是我国开启"双碳"工作的元年，是我国新能源实现平价，开启"双控"工作的元年。"十四五"规划对推进新能源健康可持续发展，构建我国清洁低碳、安全可靠能源体系具有重大引领作用。政府提出了构建清洁低碳、安全高效的现代能源体系，坚持集中式和分布式并举等发展要求。可再生能源行业将向着大规模、高比例、高质量、市场化发展，降本增效和创新发展是光伏业发展的主旋律。

其中，整县推进分布式光伏试点等政策的推出，标志着分布式光伏将迎来迅猛发展，市场潜力巨大。光伏等无碳能源建设和并网规模不断扩大，就要构建以新能源为主体的新型电力系统，储能作为推动石化能源向可再生能源变革的关键技术，将是未来能源体系的新支柱。同时，分布式光伏与现代交通运输体系、乡村振兴与农村能源转型、数据中心等密切相关，产业间的发展融合将会加深。

以大数据、人工智能、工业互联网、充电桩等为代表的"新基建"将迎来"爆发式"

发展，与此相伴的新增电力需求将会大幅提高。低碳化、分布式、智能化、互联化的能源变革将全面开启。光伏产业与物联网、边缘计算和工业互联网以及5G等技术深度融合，实现光伏智能制造，是智慧能源时代来临的新趋势。

在我看来，要实现碳中和，首先要通过持续的科技创新来提高太阳能电池组件的转换效率、降低成本；其次，要大力发展储能系统，特别是新型储能技术、产品和应用；最后，大力发展高压电力传输，特别是直流输配电技术和系统，并且把能源数字技术与能源的源网荷储深度融合，打造新型的能源物联网，构建以新能源为主的零碳智慧能源体系。

《样本》：天合光能未来有哪些布局和计划？

高纪凡：随着光伏技术的进步，太阳能转化效率不断提升，光伏发电成本会持续下降。未来，太阳能光伏会成为全球最便宜的清洁的、安全的能源。

面向2035年的愿景和战略目标，我们要成为全球光伏智慧能源解决方案领导者，助力新型电力体系变革，创建美好零碳新世界！公司努力在光伏组件、光伏系统整体解决方案和智慧能源三大业务板块实现突破发展和行业引领。在光伏组件业务上，天合光能将持续深度布局产业链、保障供应链稳定可靠，继续推进大尺寸高效光伏电池、组件的研发、制造与销售，打造最有价值的领先组件产品。在光伏系统整体解决方案业务上，将进一步研发适配的跟踪支架系统，以降低客户成本、提高电站效率为目标，与组件销售业务产生更强的协同效应，继续加大力度提供分布式市场产品的整体解决方案，进一步提高市场占有率，成为行业的领军者，为千家万户的老百姓提供最优服务。在智慧能源板块中，不断提升储能产品性能与集成整体解决方案的能力，提高储能产品和系统的市场占有率，成为行业领军者，并在光伏建筑一体化（BIPV）产品和解决方案等新的业务领域取得突破性发展，助力绿色零碳建筑的建设。

> **专家点评**

大道如砥，行者无疆

碳达峰碳中和是人类应对全球气候灾难的自我救赎，是破解后疫情时代发展瓶颈的重大机遇，也是建设社会主义现代化强国的应有之义。碳达峰碳中和作为一场广泛而深刻的经济社会系统性变革，正需要全社会的合力作为。

2022年3月31日，中国工程院发布的《我国碳达峰碳中和战略及路径》报告指出，有序推进我国碳达峰碳中和工作应坚持节约优先、能源安全、非化石能源替代、再电气化、资源循环利用、固碳、数字化以及国际合作八大战略，提出了包括产业结构优化升级、打造清洁低碳安全高效能源体系、构建新能源为主的新型电力系统、绿色建筑等七条路径。光伏产业历经大小周期波折考验，已成为我国少数形成国际竞争优势、实现端到端自主可控，并有望率先成为高质量发展典范的战略性新兴产业，成为推动我国能源变革的重要引擎。目前，我国光伏产业在制造规模、产业化技术水平、应用市场拓展、产业体系建设等方面均位居全球前列。

创新是镌刻在天合光能骨子里的基因。将创新引领作为第一发展战略和核心驱动力量，天合光能搭建全面领先的科创体系，在不断地研发突破中，持续推动光伏技术创新研究和产业化，以推动可再生能源发展为目标，助力清洁低碳、安全高效新型能源体系的加快构建，为引领光伏行业进步做出贡献。2022年3月10日，天合光能光伏科学与技术国家重点实验室宣布：其自主研发的210mm×210mm高效i-TOPCon电池，经中国计量科学院第三方测试认证，最高电池效率达25.5%，创造了大面积产业化n型单晶硅i-TOPCon电池效率新的世界纪录。这是天合光能第23次创造和刷新世界纪录。光伏产业技术进步使得中国光伏发电技术水平不断提高，产业规模迅速扩大，在国际市场上的竞争力不断增强。持续的科技进步和良好的经营管理，助力中国太阳能发电企业在国际竞争中逐步建立起明显的竞争优势。截至目前，天合光能已累计申请专利2300余件，长期保持着行业领先的技术优势，主导和参与海内外各项光伏标准研制105项，申请各类政府科研项目超60项，发挥着行业"领头羊"作用。

绿色建筑是实现"双碳"战略的重要路径之一，这也是天合光能梦想的出发点。农村屋顶光伏模式发展多年，目前覆盖率仍有很大空间，安装、融资、维护之难使很多用户产生抵触情绪。天合光能的百万屋顶计划适应行业之变、顺应市场之需、回应用户之难，提出原装光伏系统的理念，硬件优质、质量可靠、售后完善，取得了不错的市场响应。天合蓝天、天合富家为分布式光伏行业提供了高质量发展的示范。

善弈者谋势，善谋者致远。在经济全球化、现代化大生产过程中，产业关联度日益提高，集成创新将成为光伏行业更进一步的突破口。天合光能发挥头部企业影响力，作为"链主"倡导成立"600W+光伏开放创新生态联盟"，集合了生产企业、设计院、业主，吸引了光伏行业内"产学研资"优质单位，在核心技术、多元应用研究方面实现科技协同；联动上游硅片、中游组件、逆变器、支架厂商等产业链上各细分领域领军企业，引导产业链上、下游合理布局，打通研发—转化—制造—应用等环节，实现产业协同；大力推行210mm组件，参与和主导行业标准制定，行业实现标准统一。

20多年间行业跌宕起伏，波折坎坷，天合光能在经营发展的同时，始终不忘作为一个优秀企业公民的社会责任，以多种形式造福百姓、回馈社会；坚守初心，做绿色能源的传播者、绿色发展的践行者。多年来，天合光能积极响应政府关于乡村振兴的政策号召，在甘肃、河北、四川等地区开展工作，以实际行动践行企业使命。

在能源转型目标下，全球光伏发电需求高涨。推进我国能源和经济的绿色转型，实现碳中和是我国向世界做出的庄严承诺。天合光能坚持开放、创新、生态建设，践行"用太阳能造福全人类"的使命，以行业领军者的前瞻眼光、宏伟气魄和责任担当，开拓创新，坚持合作共赢，营造开放创新的碳中和生态圈，与时代同行，踔厉奋发，笃行不怠。大道之行，壮阔无垠，大道如砥，行者无疆。我们相信并期待天合光能引领光伏行业走得更高、更远，让太阳能发挥更多的光和热。

朱晓明　东南大学长三角碳中和战略发展研究院院长

第三章
打造全球"创新+发展"双引擎，助力健康中国

——强生中国·强生医疗科技

- **楔子：** 信条和创新——百年的坚守
- **企业概况：** 全球领先的医疗健康巨头
- **创新解读：**

  第一节　变革时代，开创全新发展模式

  第二节　恒持自固，全面构建产业生态

  第三节　重塑健康，聚力续写创新画卷

- **企业家专访：** 不同以往的变革
- **专家点评：** 本土化战略与持续创新——强生发展的双引擎

楔子

信条和创新——百年的坚守

作为一家名副其实的"百年老店",强生公司极其重视创新。长久以来,强生持续在以研发投入为代表的产品创新、以人才模式为代表的管理创新、以数字化赋能为代表的开放式生态体系创新上孜孜不倦地追求着。

强生公司以"信条"为原则,支撑企业在不同国家(地区)、市场、行业和政策起伏的各种周期里,不断突破,谱写百年辉煌的精神力量。坚持从病患、消费者、客户和社区角度出发,用真挚、平实的强生信条,指导和引领着每一位员工,积极履行着一个强大企业的职责,为社会贡献自己的力量。自1985年进入中国市场以来,强生公司的三大业务,即制药、医疗科技以及消费者健康,均已成长为行业翘楚。其中,医疗科技是目前强生在中国最大的业务板块。

面对中国市场的迅速发展和变化,强生医疗也在以多维度的创新探索与实践,积极迎接挑战与机遇,不断将全球创新产品和技术带入中国,以满足多元化的医疗健康需求。面对疫情常态化,强生公司在运营管理上持续提升供应链创新能力,大力提高本土研发能力,强调数字化赋能,支持政府打造开放式的创新生态体系。手术机器人、AI应用、数字化专业教育、智能端到端供应链等,都是强生医疗提前布局创新所结出的可喜成果。

将信条文化融入中国,是强生医疗打造外资企业本土组织"软实力"的创新基础。对内,"敢赢"文化推动企业的创新机制建设和员工的"创新力"培养,用"影响力"彰显公司对新生代人力管理的重视;对外,强生医疗加大投入,与"健康中国2030"步伐一致,在积极支持并培养一线医护人员能力的同时,通过引入全球领先的创新产品,推动心脑血管疾病、高发肿瘤、骨科疾病等领域的诊疗水平。

此外,公司还承诺将以"激发活力、创新驱动助力高质量医疗体系建设;科学为本,支持公共卫生体系建设;回馈社会,践行企业社会责任"三大战略、六大举措支持中国推进"共同富裕"的目标愿景,助力构建和谐社会的"健康防线"。

> 企业概况

全球领先的医疗健康巨头

强生公司成立于1886年,历经100多年的不懈努力,已成为世界上最具综合性、业务分布范围广泛的医疗健康企业之一,业务涉及医疗科技、制药和消费者健康三大领域。

一、多元化经营的百年跨国企业

企业总部位于美国新泽西州新布仑兹维克市的强生公司,在全球60个国家和地区拥有260多家运营公司,全球员工超过13万人。2021年全球营收达938亿美元,全球研发投入达147亿美元。一直以来,市值指标始终名列全球前茅的强生公司,拥有令商界景仰的行业地位、影响力与荣誉,也影响并推动着全球健康事业的发展。

强生公司坚信健康是活力人生、繁荣社区和不断进步的基础。正因如此,130多年来,公司始终致力于用创新推动医疗健康事业,让人们在每个年龄段和每个人生阶段都保持健康。今天的强生,肩负着融合关爱、科学与智慧,为人类健康事业的发展带来意义深远改变的使命,更希望用广泛的影响力去促进人类健康,建设更美好的社会,提高医疗可及性和可负担性,创造更健康社区,同时让世界各地的人们都能拥有健康身心,享受健康环境。

1985年,作为改革开放以来首批进入中国市场的跨国企业,强生在华成立了西安杨森制药有限公司。如今,强生中国的三大业务板块分别成为所在领域的领军者。目前,强生中国在华设有10余家法律实体、9大供应链基地,分布于上海、北京、广州、苏州、西安、杭州等城市,员工约1.1万人。

37年来,强生中国一直致力于提供高质量的创新产品来满足不断增长的医疗健康需求,为中国的病患和消费者带来健康,助力政府建设健康中国。随着中国市场的地位以及创新发展潜能日益提升,2019年,强生全球执行委员会在北京宣布将中国定位为全球创新引擎。

二、以创新驱动高质量发展的强生医疗

作为全球医疗健康巨头,强生医疗起源于无菌手术缝线和辅料的生产。因此,其在全

球的历史可以追溯到1886年公司成立之初。

一个多世纪以来，凭借丰富多元的专业积淀、具有使命意义的科学创新，以及对人类健康的高度热忱，强生医疗始终致力于成为全球领先的医疗科技创新者，为人类健康带来意义深远的影响，让全世界拥有健康美好的生活。目前，在外科、心脑血管、骨科和眼科等领域，强生医疗在全球范围内持续创新与深耕，努力解决未被满足的医疗需求，重新构想人类健康的未来，让医疗解决方案更智能、更微创、更个性化，守护生命，点亮每一束希望之光。

1994年，强生医疗器材业务进入中国市场。目前，公司在中国有5000余名员工，其中85%是新生代员工。企业总部位于上海，在北京、广州、武汉、南京、济南、杭州、重庆、成都、西安、天津等城市设有办事处。多年来，公司不断扩大和完善在华的产品布局和供应链生产能力。

近年来，强生医疗持续深化布局在华端到端供应链体系，提升本土高端智能制造能力，引入全球先进的产品、技术和质量管理经验，助力产业的高质量、高速度发展。位于苏州工业园区的一体化供应链生产基地，是强生医疗在中国最大的综合性产业园，集合了医疗器材的本土研发和制造、全球共享服务、技术创新与合作、区域采购与供应商管理等多元化业务功能，生产外科、骨科和心脑血管介入治疗等一系列创新产品，以高端智能制造，响应本土需求，供应全球。

强生医疗不仅着眼于培育和升级本土高端智能制造能力，更进一步聚焦本土研发创新能力。除苏州供应链基地外，旗下全资子公司——广州倍绣生物技术有限公司是专业从事技术开发、研制、生产猪源性生物制品的生物技术公司。其自主研发的从哺乳动物血中提取纤维蛋白原和凝血酶的技术，属于全球首创的生物医药创新。

在与中国医疗卫生事业共同成长的道路上，强生医疗长期深耕于中国专业医护人员的专业教育和培养，致力于成为中国医护人员值得信赖的合作伙伴。本着"探索人类科技，心系人类健康"的宗旨，位于北京、上海和博鳌乐城医疗先行区的三家强生医疗专业教育学术中心致力于为专业医护人员提供顶尖的专业知识、适应中国医疗服务环境的人才培训，以及创新的医疗教育参与形式，推进医学继续教育的专业化、系统化发展。培训学院提供线下和线上的多种模式培训平台，以远程电视手术直播、电视模拟手术、人体模拟操作系统、远程手术转播、虚拟现实等设施，为一代又一代的中国医务工作者提供贯穿职业生涯的专业教育。在过去的20年里，强生医疗专业教育学术中心累计培训人数超过15万人次。

此外，强生医疗还积极携手各界伙伴推动创新合作，加快创新成果转化，服务病患。

作为强生中国创新引擎战略的一部分，强生医疗与本土企业合作，借力人工智能、手术机器人、大数据等数字技术，辅助医生进行更加精准的围手术期工作，建立本土化数字手术解决方案。

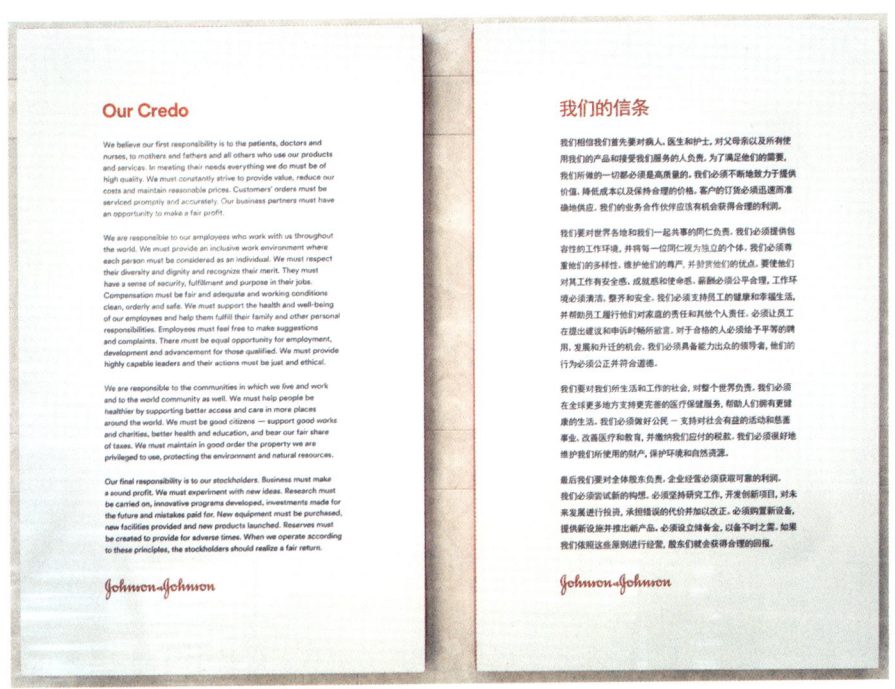

强生信条

在公司信条的指引下，强生医疗积极组织和参与各类社会公益事业，助力提升基层医疗服务能力，力所能及地帮助偏远地区解决未被满足的医疗需求，并长期支持唇腭裂患者免费修复等公益项目。公司还积极启发和赋能员工，鼓励他们通过贡献时间、技能和资源等形式，帮助身边需要帮助的人，服务社区，实现个人理想和职业发展。

> 创新解读

第一节　变革时代，开创全新发展模式

自中华人民共和国成立以来，中国医疗器械行业从"萌芽"状态开始，在不断地摸索中逐步发展，成为一个独立的产业。到21世纪初，整个产业规模步入世界领先地位。2016年10月，中共中央、国务院印发的《"健康中国2030"规划纲要》和持续推进的医疗改革，共同推动健康中国开启全新的局面。

一、与中国市场共成长

在1995—2014年间，随着中国改革开放的加快和融入全球经济体系的过程中，"加快开放、快速发展"也成为医疗器械业发展的主题。2010年，中国医疗器械市场总体产值突破1000亿元，规模居世界第二。

跨国企业对中国医疗健康产业的发展有着积极的贡献，它们参与创造了这个全球第二大医疗市场的成长。行业起步阶段，跨国企业不仅为中国百废待兴的医疗业带来了先进的产品和技术，还带来了资金、全新的商业理念、管理模式和医疗服务模式。

随着中国加入世贸组织，在对中国的开放预期和广大市场的憧憬下，跨国企业开始频繁布局。这一过程是为了拓展市场，更体现了跨国企业对中国市场的信心。巨头们以投资建立研发中心、开设工厂等方式，积极参与中国医疗健康市场的升级。

2014—2019年间，医疗改革是行业发展的主线。从2019年开始，随着医改的深化，市场准入改变了企业经营模式，对创新能力提出了更高的要求。

2011—2020年间，中国医疗器械市场规模以高于世界水平两倍以上的速度持续扩张。《2020中国医疗器械蓝皮书》中的数据显示，2019年我国医疗器械市场规模约为6341亿元，同比增长19.55%。

随着我国人口老龄化不断加速，医疗需求扩张明显。近几年，我国人口老龄化趋势逐渐显著，早在2017年年底，我国65周岁以上的人口就有1.58亿，占总人口的11.39%，而65岁以上的人口增长率始终保持在10%左右。人口老龄化加大了居民医疗保健需求，从而大大拉动医疗行业的增长。在居民人均医疗支出处于全球较低水平的情况下，未来中国社会医疗支出将持续增长，提升空间较大。数据显示，2015年我国社会医疗支出占比已超过卫生费用支出的40%，且近年来一直以10%～15%的幅度攀升。2017年我国卫生总费用的GDP占比仅为6.2%，距离世界银行统计的2014年全世界平均卫生费用支出占GDP比例的9.9%还有较大差距，与同是发展中国家的巴西的9%、印度的8.9%相比差距也较大。

与此同时，数字经济成为全社会发展的大趋势。数字经济是一种融合型经济，其作用和价值主要是融合赋能，助力国民经济高质量发展。中国的产业数字化在数字经济中的比重逐年提升，由2005年的49.1%提升到2020年的80.9%。随着数字经济规模的扩大，占GDP的比重也不断提升，由2005年的14.2%提升到2020年的38.6%。因此，数字经济日渐成为经济本身。《中华人民共和国国民经济和社会发展第十四个五年规划和2035年远景目标纲要》指出，2020年我国数字经济核心产业增加值占GDP的比重为7.8%，并把2025年达到10%作为"十四五"时期经济社会发展的20个主要指标之一。

近年来，随着5G通信、人工智能、大数据、云计算等数字技术在医疗领域的应用，远程会诊、互联网医院、智慧医疗等新的医疗业态不断涌现并蓬勃发展。目前，全国已有2200多家三级医院初步实现院内信息互通共享，7700多家公立医院提供互联网医疗服务，在线医疗用户规模近3亿。数字医疗的快速发展，让越来越多的患者感受到了就医的便利。健康是广大人民群众的共同追求，数据互联互通是信息时代的大势所趋，数字技术在医疗领域的应用将会越来越广泛。多措并举、精准发力，努力实现全国信息共享，就能充分激发数字医疗的优势，为健康中国建设注入新动能。

党的十八大以来，党和国家对医疗器械发展高度重视，在优化监督管理体制的同时鼓励企业创新。创新型医疗器械的不断涌现，推动了我国外科手术技术的快速发展。随着我国人民生活水平的提高、老龄化的加剧、医疗需求的增加，以及我国相关产业政策的陆续出台、医疗卫生体制改革的不断推进，我国医疗器械市场得以快速扩张。

二、新医改、新机遇、新动能

《"健康中国2030"规划纲要》是推进健康中国建设的行动纲领。医疗健康产业将坚持以人民为中心的发展思想，以提高人民健康水平为核心，以体制机制改革创新为动力，以大幅提高健康水平，显著改善健康公平为目标。政府将加大投入，深化体制机制改革，加快健康人力资源建设，推动健康科技创新，建设健康信息化服务体系，加强健康法治建设，扩大健康国际交流合作。同时，这也是我国积极参与全球健康治理、履行我国对联合国"2030可持续发展议程"承诺的重要举措。

新医改启动以来，取得了比较大的进展：医疗保障实现人口的全覆盖，建立了基本公共卫生制度，从基层医疗机构开始推行基本药物制度，建立大病医疗保险等等。从"缺医少药"，到"有医有药"，再到追求"优医优药"，民众对健康的渴望和需求逐渐增加。需求的增长意味着费用的上升。而新一轮的医保改革，将要解决"从有到好"这个问题，确保医保制度可以走向更加成熟的方向。我国的医保改革重在加快建立覆盖全民、城乡统筹、权责清晰、保障适度、可持续的多层次医疗保障体系。中央全面深化改革委员会会议为全面深化医疗保障改革明确了方向，未来医保制度的保障功能将得到进一步强化。

从"建机制"的角度看，新医改强调鼓励创新、规范行业行为和提升质量。2015年以来，医疗健康产品的审评审批向国际先进标准看齐，注册制度改革、加快创新医疗器械产品审批、医疗特区等政策相继推出。创新政策打开了新的竞争格局。

近年来，数字生产力和通信技术环境的迅速发展为医疗健康业提供了新技术应用的巨大空间，技术进步和产业升级将是市场增长的新动能。

创新加带量采购的组合拳让更多的创新产品进入市场，进一步提升了产品的可及性。这两大政策主题的步调在加快优质医疗资源扩容的同时，也推动了优质医疗资源的下沉。

较长时期以来，大部分医疗器械的重点市场是在一二线城市的大医院，对于广域但分散的基层市场覆盖程度有待提升。推动公立医院的改革与推进医疗联合体建设并重，最终的目标是使公立医院体系发展方式从规模扩张转向提质增效。推进县域医共体和城市医疗集团试点，强化网格化建设布局和规范化管理；持续提高县级医院的综合能力、持续推进县级医院的服务和管理能力建设、提高县域就诊率等，成为创新的重要突破口。

新医改已经推行超过十年的时间，正在通过分级诊疗、医联体重构医疗服务体系。随着分级诊疗政策的落地，广阔但复杂的基层市场成为决定市场格局的关键。

公立医院改革也日渐行至深处，药械供应体系改革已拉开大幕。对于患者来说，药械供应链改革最直接的成果是价格降低，但在价格降低的背后，是国内的医疗器械供应链迎来深层次的产业调整，供应端的改革将引领未来中国医械行业的市场趋势。

党的十九大提出，进入新时代，我国的社会主要矛盾发生变化。在医疗卫生领域，表现为老百姓日益增长的多层次多样化医疗需求和供应不平衡不充分之间的矛盾。如何进一步巩固基本的体系制度，同时满足多层次、多样化的健康需求，构建优质高效的医疗卫生服务体系，这是新医改的使命，也是我国医疗健康产业发展提升的新课题和新动能。

第二节 恒持自固，全面构建产业生态

强生医疗根据自身发展特点，提前布局，化挑战为机遇，积极应对外部环境的变化。顺应数字化浪潮，在中国大力引进强生全球领先的产品和解决方案的同时，也在多领域积极布局本土创新与研发。同时，为加快这一步伐，强生医疗也迈出建设开放式创新生态体系的战略行动，并在多个领域探索和实践与中国本土数字化医疗领军企业的合作。

以信条为基石、以创新为驱动、以文化为激发的强生医疗，积极强化全球资源配置，全面布局中国市场，全力做强"创新+发展"双引擎，推动产业生态的构建。

一、踏准节拍，提前布局新时代

强大的全球研发能力和产品、技术的领先性是强生医疗的传统优势。面对创新需求的提升，积极推动中国市场引进具有创新价值的产品和技术，并且不断提升本土创新能力，是强生医疗持续努力的战略方向。

1. 提速中国引入全球创新产品

目前，强生医疗在中国的业务涵盖了外科（如伤口闭合、吻合器、超声刀以及可吸收止血材料等）、骨科（如关节重建、创伤、脊柱、运动医学、颅颌面以及动力工具等）和心脑血管及专业解决方案（包括射频消融设备与耗材、取栓支架以及乳房假体等）等领域。2021年，强生医疗在中国全新上市了包括缝线、吻合器、超声刀、骨科带线锚钉等品类以及脊柱手术机器人、数字化手术解决方案在内的十余款创新产品。

在2021年的第四届中国国际进口博览会上，强生医疗带来了三大业务领域的数百款创新产品，其中包括2个全球首秀、2个亚洲首秀和14个中国首秀的重磅产品。外科业务带来了全球首个无切口经支气管诊疗肺癌的数字化手术平台Monarch™。运用该技术后，病人可以不开刀就能精准地完成早期肺癌的诊断，最大限度地减少患者的创伤。心血管业务带来了亚洲首秀的NuVision 4D心腔内超声导管诊断系统，这是全球第一款也是目前唯一一款实时心腔内三维建模超声系统，可全方位实时显示心腔的三维解剖结构，可以用于精准诊断结构性心脏病，也可以辅助房颤等疾病的手术治疗。骨科业务带来了多款中国首秀的创新产品，其中Dynacord™"智能"锚钉则能帮助软组织和骨骼术后更好地愈合。

强生医疗亮相中国国际进口博览会

作为最早宣布参加中国国际进口博览会的外资企业之一，强生医疗是中国国际进口博览会的"四届元老"，也是医疗器械及医药保健展区最大的参展商之一，并连续担任参展商联盟理事会理事单位、参展商联盟医疗器械专业委员会副会长单位，以及参展商联盟药品专业委员会初创成员单位。公司认为，随着中国"双循环"新发展格局和全面推进"健康中国"战略的不断深化，加之往届中国国际进口博览会带来的丰富的溢出效应（以及作为紧密连接中国市场和世界企业的重要纽带），公司可将更多创新成果加速引进中国，满足广大病患和消费者的健康需求。

除了通过中国国际进口博览会等优质开放平台展示创新产品、开拓新市场之外，强生医疗也积极开展各种有益探索，借力长三角、粤港澳大湾区、海南博鳌等重点区域的创新实力和政策环境，加速投资于创新能力建设和成果转化。

海南博鳌乐城国际医疗旅游先行区（以下简称博鳌乐城先行区）是海南为国家药品医疗器械审评审批制度改革、提速全球创新产品在我国临床使用的可及性提供新途径、新方式的创新举措。同时也是国内目前唯一开展真实世界数据应用试点的地区——利用特许药械政策，开展临床真实世界数据应用试点工作，探索将未经中国注册、经批准在博鳌乐城先行区使用的特许药械临床数据，经过科学的研究设计、严格的数据采集、高效的信息处理、正确的统计分析、多维度的结果评价，转化为真实世界证据，用于特许药械在中国的注册审批——这是中国医疗领域改革与科学研究的重大创举。

强生医疗是最早与博鳌乐城先行区合作，将国际前沿创新产品引入区内的跨国医疗健康企业之一。早在2018年12月，强生医疗就在博鳌超级医院完成了中国首台全程可视暨磁电双定位心脏手术。这也是博鳌超级医院第一台通过博鳌乐城先行区先行先试政策绿色通道引入创新产品的心电生理手术,实现了产品在中美两国的几乎同步落地。此后,多个"首台"创新手术或研究项目陆续在乐城成功开展,覆盖了骨科、外科和眼科等领域。

为进一步加速引进世界前沿的创新医疗产品和解决方案,更好地服务中国老百姓,在2019年年底,强生与博鳌乐城先行区合作启动"强生博鳌创新链",致力于打造集医疗科研成果展示、技术推广、产品应用、学术交流、高精尖人才培训于一体的创新性综合平台,构建一个开放式的创新生态系统,以满足中国不断发展的医疗需求。

2. 战略引领的供应链与产业体系

近年来,医疗改革下的市场准入体系给企业的供应链提出了优化升级的要求,强生医疗则以更加积极和长远的眼光看待这场挑战。

强生医疗的供应链创新具备了坚实的基础。其一,近30年的本土经营和发展为供应链升级打下坚实的基础;其二,中国市场的供应链生态日趋成熟和本土研发能力的快速持续提升,为供应链升级提供广阔的操作空间;其三,中国是强生医疗全球业务增长的重要引擎,对于中国市场的高度重视,使其供应链创新投入战略更加主动、积极和坚定。

2006年,强生医疗开始积极投资和布局产业园,在江苏苏州率先设立了骨科医疗器材工厂;2011年,强生医疗研发(苏州)中心开业;2018年,强生全球服务(苏州)中心全面启用;2019年,投资近13亿元人民币的强生医疗爱惜康外科工厂于园内落成,首次将尖端微创手术及开放性手术器材的生产技术引入中国。

强生苏州产业园

如今，强生医疗在苏州已经发展为一个集研发、制造、技术创新与合作、共享服务、客户物流与服务等综合性业务于一体的世界级医疗产业园，在强生全球供应链系统中扮演着至关重要的角色。其提供的高质量产品和服务，从苏州出发辐射强生亚太区乃至全球，充分印证了中国在强生全球价值链中日益提升的战略地位。

苏州生物医药产业集群规模位居国内前列，产业链完整，创新活力足，产业格局优，发展备受瞩目。伴随更多生物医药企业、创新项目和顶尖人才齐聚，苏州正在打造一个极富创新力、世界一流的生物医药产业创新生态体系，这包括开放包容的创新环境和顶尖的科创人才。这为强生医疗在苏州进一步升级本土智造、加速本土化创新和生产培育了肥沃的创新土壤。

目前，强生医疗在苏州充分发挥公司在科技创新和数字化实践方面的全球领先优势，加速推进结构化、前瞻性、互联性的全面数字化布局，通过系统性的创新，有效地将各生产元素互联，实现了生产制造流程的实时、互动和精准，进而优化资源配置、提高生产力，从规模上提升运营的效率和效益。同时，充分运用大数据预测分析推进面向未来的创新，释放为未来制造的潜力。

强生医疗研发（苏州）中心针对中国客户和病患独特的需求，进行医疗器材产品的本土洞察和创新研发，以更好地响应日益增长且不断变化的医疗需求。强生全球共享服务（苏州）中心，作为强生全球五大共享服务中心之一，面向强生亚太区内部子公司客户提供财务、人力资源、采购方面的标准化、全球性的专业服务，积极推动强生内部业务流程的卓越执行，助力强生业务高效益发展。

2021年，强生医疗在苏州产业园内还设立了客户物流新仓库，在中国首创性地推出了"工厂—物流—市场"直接服务模式，实现弹性库存周转、降低供货周期和成本、优化储运和分发运作，打造一个精简的、高效的端到端供应流程，助力更好、更快地响应并满足个性化的诊疗需求。

截至目前，强生医疗在苏州已向中国市场交付了"苏州智造"的骨科脊柱植入物、骨科4K内窥镜影像系统、3D打印骨科定位片、外科手术吻合器、外科新一代爱惜康抗菌薇乔可吸收缝线等全球创新的医疗产品。

自2018年开始，世界经济论坛与麦肯锡咨询公司在全球发起评选"灯塔工厂"项目，寻找制造业数字化转型的典范。"灯塔工厂"涵盖了智能制造、数字化转型等重要发展方向，是科技含量高、创新性强、劳动生产率高、经济效益好、绿色低碳发展的"代名词"，是智能制造和数字化转型的先锋模范，是智能化时代"最先进的工厂"。2020年，强生医疗苏州荣耀入列"全球灯塔网络"，是强生在中国的第一家灯塔工厂。位于世界前沿的制造业灯塔网络，强生医疗正积极在苏州分享与展示其创新之道，加强与创新生态系统之间的开放式合作，不断为客户创造价值，也为全球包括中国制造业发展及经济与社会发展做出应有的贡献。目前，公司在全球范围内共拥有十家灯塔工厂，覆盖了全部三大业务领域，是全球拥有灯塔工厂数量最多的。

借助国际化和加速创新的新医改政策环境，强生医疗在各大领域的创新实力得以在中国市场持续展示，未来将使全球创新产品和技术服务于更广大的中国患者群。

二、打造多维度"赋能式"创新业态

以人工智能、5G、机器人、大数据、物联网等数字化产业为代表的新技术革命在世界范围如火如荼地进行着。在相当多的领域里，中国的技术已居世界领先水平。如何使本土强大的技术赋能于医疗健康产业，使其成为数字化浪潮下转型的"先行军"。从强生医疗来看，这是行业创新的方向，也是外资企业新一轮的战略发展方向。

1. 数字化赋能精准治疗

人口老龄化以及全民健身等大背景下，对骨科和运动医学的医疗需求快速上升，中国市场迎来一波新的发展创新契机。

对供给侧而言，中国骨科疾病患者对相关手术的精准性需求在不断提升。一方面，骨科手术对精准化操作的需求极高，操作难度极大，目前主要还是依赖于医生个人的经验与能力。另一方面，由于患者存在个体差异性，骨科手术往往需要进行大量的对比和校正，才能形成具备个性化的治疗方案。

强生医疗认为，数字技术赋能将加速实现手术的个性化、精准化与安全化。目前，其重点深耕的三大技术领域分别是手术机器人、AI人工智能应用和3D打印。

2019年10月，强生医疗宣布与国内骨科手术机器人行业领军企业——天智航达成商业与研发合作协议，旨在充分结合强生医疗在骨科创新技术研发领域的专业能力和资源优势，以及天智航在智能骨科手术机器人研发方面的综合实力，加速数字化技术与医疗解决方案的融合，通过更智能、更精确的手术解决方案，进一步推动骨科手术行业高质量地发展。

2021年12月，由双方共同研发的全新 Viper Prime™天玑脊柱机器人手术整合方案正式上市并投入使用，成功将强生医疗旗下骨科脊柱业务全球先进的微创内植入系统 Viper Prime™与天智航天玑手术机器人整合。凭借全程可视、一步置钉、高效便捷的专业优势，为临床医生提供更高效智能的服务，惠及更多脊柱病患。截至2021年年底，强生医疗已在国内建成了7个机器人临床应用中心。

在AI人工智能的医疗应用上，强生医疗还和本土创新企业长木谷开展科研和商业合作，为病患提供人工关节AI智能手术规划，在初次全髋、全膝、单髁、翻修等置换手术上都有良好的应用效果。

该规划系统基于AI算法，整合了人工智能分割、三维重建和规划、智能假体匹配等多项功能，造福医疗各方。基于更为精准的术前规划，快速匹配合适的关节假体，帮助病患快速康复，实现更好的关节功能和更优质的生活品质；缩短年轻医生的人工关节置换手术的学习曲线，为基层医院培养更多关节手术医生，造福更多病患；缩短手术时间、提高手术效率、减少医生手术辐射；提高手术室运营效率、优化医院管理、为社会释放更多医疗资源；减少人工关节假体备货，提升企业运营效率。双方合作三年来，已为万余名中国患者提供了支持与服务。

随着中国人口老龄化日益加剧，骨性关节炎患者越来越多。为了满足临床膝关节炎截骨术个性化、精准化的需求，强生医疗通过3D打印技术制作的导板工具，辅助医生在手术中更精准定位截骨位置、深度和角度，提高手术精准度和安全性，提升手术质量。

随着全球首例Tomofix 3D打印骨科定位片（截骨导板）手术在2019年顺利完成后，强生医疗中国团队深耕本土研发，实现自主设计与打印技术。2022年3月，TomoFix 3D打印导板获得了国产医械二类注册证——这是强生医疗苏州产业园首个无源二类注册证，也是强生医疗中国在3D打印领域申请并获得的首张二类产品注册证，不仅代表了强生医疗在3D打印医械领域获得了法规认可，更是认可了其在这项革命性技术推动医疗发展方面所做出的重要贡献。目前，位于强生医疗苏州的3D打印智造车间已顺利建成，可提供柔性、灵活的3D打印服务，通过自主开发的数字化医工交互平台，帮助管理及共享患者个性化数据，并依托于产业园内的客户物流与服务能力，实现从设计、打印到交付仅5天的个性化3D打印截骨导板全流程服务。

强生医疗充分结合自身的专业能力和资源优势，协同更多合作伙伴，加速数字化技术与医疗解决方案的融合，通过更智能、更精确的手术解决方案，进一步推动行业高质量发展。

2. 数字化教育创造平台价值

本土化不应止步于产品研发的在地性，从本质上讲，企业应该以创新补足并升级当地稀缺的医疗资源。

在过去的20多年里，强生医疗积极推动专业教育和培训。目前已在上海、北京和博鳌设立了专业教育学院或学术中心，支持一代又一代的中国医务工作者，尤其是为全国各地基层的中青年医护人员提供贯穿职业生涯的专业教育支持，推动行业的规范化和高质量发展,并不断搭建数字化创新交流平台,赋能医护教育。

以外科为例,为有效推动外科手术规范化技术下沉,尤其为疫情防控常态化下无法参加线下学术交流的外科医生提供诊断、手术新技术等培训,强生医疗旗下外科业务在博鳌乐城先行区管理局的指导下,2020年推出了"博鳌外科直播时刻"。两年来已累计演绎近万场手术直播,覆盖1万多家医疗机构,超过1000万人次在线观看交流。该项目不仅是"强生·博鳌创新链"下聚焦外科领域专业赋能的重要成果,也是"博鳌外科"品牌的重要构成,与"博鳌外科论坛"线下活动、博鳌外科App移动端平台等形成线上线下的闭环,全方位推动外科专家之间的交流学习,推动中国外科行业高质量发展。2021年,凭借"博鳌外科直播时刻",强生医疗荣膺"2021健康中国行动创新实践案例(地方实践)"奖项。

3. 建设开放式生态体系

上海市"十四五"规划纲要已正式发布,强调推动高质量发展,聚焦"五型经济",强化"四个功能"、深化"五大中心"建设,强化科技创新策源功能,增创经济社会发展新优势。

随着上海进一步提升开放水平、改善营商环境、鼓励和发展外资在沪发展一系列政策出台,强生医疗全力响应政府创新驱动发展建设,打造医疗健康产业的开放式创新生态体系。为加快外资研发中心聚集和能级提升,上海市政府于2020年12月1日起施行《上海市鼓励设立和发展外资研发中心的规定》,强生成为首家获得上海市政府认定的外资开放式创新平台,全力支持上海打造有全球影响力的科创中心,在强化全球资源配置、全力做强创新引擎上继续发挥行业领军作用。

作为强生加速外部创新合作,建设开放式创新生态体系的重要一环,强生医疗2019年6月携手上海市政府、浦东新区人民政府和上海张江(集团)有限公司,将全球最大、亚太首家创新孵化器JLABS安家在上海张江,能容纳约50家生命科学与医疗健康领域创新实体,涵盖了医疗器材、制药、消费者健康等领域。JLABS @上海为初创企业提供拎包入驻服务,一站式高效灵活的创新平台,国际领先的实验空间和设备,科技、产业和融资领域专家指导,以及强大的强生内外部创新网络支持,助其加速创新进程。自启动以来,JLABS @上海已迎来近50家初创企业成功入驻,获得价值超过19亿美元的融资,见证了入驻企业的首个成功上市以及约三分之一入驻企业的顺利"毕业"。

作为一家以创新为发展动力的医疗健康企业,强生医疗积极与政府和行业各界伙伴合作,不断做大做强行业的创新网络,将更高水平、更高质量的开放式创新生态系统融入全球科技创新网络,高效地推动中国医疗业的高速发展和提升老百姓的健康水平。

三、"敢赢"文化激发创新力和影响力

医疗行业的软实力体现在持续汇聚人才、正确处理行业盈利能力与其社会属性的关系上。

强生医疗始终秉承公司的信条文化,坚持"对世界各地和我们一起共事的同仁负责",在此基础上,如何结合中国市场的特点、新技术创新为主题的时代特点,形成自己对内的组织文化和对外的雇主品牌,是强生医疗的组织文化创新能力的体现。在强生医疗看来,持续的发展动力来自不断突破自己、超越自己的勇气,而企业文化不能停留在口号层面,而是可以真正改变员工的行为模式。

从2018年起,强生医疗将创新作为公司的核心战略,开始探索创新驱动高质量发展的道路,并于2019年提出了将中国市场打造成为全球"发展+创新"双引擎的愿景目标。2020年,强生医疗确定了以加速创新为核心的文化体系——"敢赢"。"敢赢"文化倡导四大思维模式,即"敢想、敢说、敢做、敢错"。强生医疗认为,只有每一位同事都在日常工作中践行"四敢"的行为方式,才能推动创新在企业的各个角落开花结果,并且加速创新转型,从而实现创新驱动的未来高质量发展。

企业文化推出两年多来,公司围绕"敢赢"进行了一系列自上而下的文化落地。公司管理层对文化的推广给予了充分重视,除了在全公司各层面的宣传和活动外,还打造了年度"四敢青年"文化标杆人物评选。在"敢赢"文化的号召下,越来越多的员工积极参与创新,数百个创新项目由此诞生。2021年,公司重点创新项目的数量较2020年增加了75%。"敢赢"文化的落地和创新机制的建立,为强生医疗加速创新引擎的建设打下了坚实的基础。

同时,公司支持员工的健康和幸福生活,并帮助员工履行他们对家庭的责任和其他个人责任——发挥医疗健康企业的优势,集结丰富的专业健康服务和资源,为员工提供健康舒适的工作环境,支持员工运动锻炼,养成健康的生活习惯。比如,强生办公楼内有配备一流运动设施的健身中心,并为员工提供免费的团体训练课程和价格优惠的私教课,提倡乐活运动,健康生活;员工可灵活安排每日八小时工作时间,有孩子的员工,还可在每年寒暑假期间每周选择一天在家办公;在全世界任何国家的员工,无论男女,在生育或领养孩子的第一年内,均可享受12周全薪育婴假,让新手爸妈更好地分担抚养家庭新成员的责任;在中国全新升级的"金牛计划",将员工的各种福利进一步提升,带薪病假天数翻倍,且病假可用于看护生病的家庭成员。此外,公司还从多维度助力员工的财务规划和风险保障,从员工个人到家庭成员,甚至宠物,都可享受到从日常医疗到重大疾病保障、从

生活资金需求到长期储蓄等完善的计划。

强生的"敢赢"文化

在职业发展上，强生医疗为员工提供了跨业务、跨部门乃至跨地区的广阔平台和强大资源，支持优秀人才在强生成就职业抱负的同时实现个人理想、发展个人能力，充分展示着"多元""平等"与"包容"的发展理念。强生医疗中国员工的平均年龄在30岁左右，为了更好地加强新生代员工的归属感与凝聚力，公司推出了"反向导师"项目，选拔优秀的年轻员工担任公司总裁的"反向导师"，为年轻员工搭建和公司管理层沟通交流的桥梁，加强彼此了解，增进双向沟通。

在促进创新人才交流、点燃创新热情方面，强生医疗于2021年推出的"EXPAND人才交流项目"亦属创新之举。在为期六个月的计划中，跨业务板块和跨职能部门的员工在强生亚太创新中心和强生孵化器JLABS@上海的14个合作伙伴初创公司里兼职。

对于公司而言，员工通过参与合作项目、推动创新成果落地等多种方式，促进了创新人才在各个创新前沿的协作，敏锐把握行业和市场创新脉动，洞察健康需求，推动更多创新成果更好更快地惠及病患和消费者；对于员工而言，与初创企业的亲密接触，亦点燃了他们对于所处行业的热情；对于初创公司而言，这样的合作有助于企业建立自己的团队，克服因经验不足而带来的问题，同时也具备了行业巨头的视角，而这种视角交互对于初创企业又非常重要。

这样的项目对整个行业的创新生态链亦有所助益。有能力、有经验的行业领头企业推动行业创新，既能对初创企业进行"有的放矢"的专业帮助，也能使其自身的创新战略与创新前沿紧密结合。强生医疗认为，合作是这个时代创新的助力器，不仅要自己创新，也要推动整个行业创新生态体系的发展。

除了鼓励"创新力"，强生医疗同样强调"影响力"。"影响力"提倡员工去思考"我"和"我们"的工作将如何改变人类的健康轨迹，"我"和"我们"的工作不仅可以提升公司业务的增长，更重要的是为人们的健康带来有力保障。

员工影响力与企业社会责任往往相辅相成，相得益彰。强生医疗一直以来都极其重视勇挑社会责任的企业使命。除公司组织的社区服务、公益活动外，每位员工享有每年两天的带薪志愿服务假，用于参与志愿者活动，共同建设美好社区。通过这些活动的开展，公司的社会责任感通过员工行为向社区、向社会持续传递和辐射，而员工也能从不同的途径更加理解岗位的意义，并不断提升对工作的融入度、忠诚度。

第三节　重塑健康，聚力续写创新画卷

秉持敢赢文化的强生医疗，在强生信条的指引下，顺应时代浪潮，以创新贯穿历史，在中国谱写了生动的创新画卷。

2021年12月，强生中国宣布通过三大战略、六大举措，支持中国推进"共同富裕"目标愿景，助力构建"共同富裕"的"健康防线"。在2022年3月，强生旗下医疗器材业务在全球范围内正式更名为"强生医疗科技"，标志着强生医疗真正转型成为一家以病患为中心、以业务成长为驱动的创新型企业。

中国医疗业的发展和改革以及前所未有的数字化进程，为强生中国提供了宝贵的时代机遇，去创造属于自己的更多的中国和全球的突破。

一、秉承信条，助力构建"共同富裕"的"健康防线"

进入中国特色社会主义新时代，习近平总书记特别强调共同富裕的整体性、共同性，强调整体带动个体，不能存在"掉队"问题。这既包括物质生活方面的富裕，也包括精神生活方面的富裕；既包括人的全面发展，也包括社会的全面进步。中央财经委员会第十次会议则更加明确地提出,"共同富裕是全体人民的富裕,是人民群众物质生活和精神生活都富裕",而医疗健康行业不仅关系着人民群众的物质生活(因病返贫),也极大地影响着老百姓的幸福感。

作为首个宣布支持"共同富裕"的大型跨国企业,强生中国承诺将以"激发活力,创新驱动助力高质量医疗体系建设;科学为本,支持公共卫生体系建设;回馈社会,践行企业社会责任"三大战略下的六大举措,进一步支持国家"共同富裕"的宏伟目标。

强生中国宣布三大战略、六大举措支持"共同富裕"目标愿景

在这一系列战略指引下,强生医疗从加速引进产品和解决方案、加大投入本土研发和创新投入、深化数字化创新技术在医疗健康领域的影响力、助力公卫挑战、赋能基层教育以及鼓励员工为社区创造价值等方面,从上到下、从内到外,细化并落实各项工作。

公司加速引进全球领先的创新医疗产品和解决方案,与政府和行业共同努力,让更多患者可以用得上、用得起创新的治疗方案。同时,以创新赋能医护,通过提供全球领先的专业知识、适应中国医疗服务环境的人才培训以及创新的医疗教育参与形式,推进医学继续教育的专业化、系统化发展,每年为至少200万人次医护工作者提供无偿的专业培训。

在加大对本土研发和创新的投入方面,强生医疗基于"全球创新引擎"的定位,持续深耕中国市场,继续携手政府、行业、学界、研究机构和本土创新合作伙伴,在中国打造开放式医疗创新生态体系,希望结合全球智慧与专业优势,推动医疗创新成果加速转化。同时,公司通过全球领先的一站式开放创新平台,为本土生物医药以及医疗科技创新企业提供专业知识、技术、设备、资金各方面的支持,扶植本土初创企业成长,加速本土医疗创新成果转化。加强本土合作,推动医疗数字化创新,以本土化战略带动医疗数字化创新，通过手术机器人、AI、互联网医院等为中国病患提供更精准、更安全、更个性化的医疗服务。

为深化多维度"赋能式"创新生态与"共同富裕"的内核联动，强生还承诺将运用前瞻性的数字化战略和创新的"线下+线上"模式，深化数字化创新技术在医疗健康领域的影响力，满足患者和公共卫生体系不断变化的需求。同时，继续发挥科学和创新的核心竞争力，加速研发创新疗法和疫苗，助力全社会共同应对公共卫生挑战，服务全民健康。

强生医疗还承诺将在基层医务工作者赋能、危机响应、慈善捐赠等方面投入更多资源，设立强生全球影响力专项基金及项目，为需要帮助的人们提供支持。在赋能基层医务工作者方面，将持续关注妇婴健康、眼健康、精神卫生、亟须手术、常见病五大领域，支持护士、助产士及社区健康工作者的能力提升。据了解，自2021年起，通过设立强生全球影响力专项基金，投入总计超过1.5亿元人民币用于支持政府为基层医护工作者提供免费培训。首批项目将触达超过20万基层健康医护工作者，让2000万人受益。在重大自然灾害、公共卫生危机响应等方面，强生医疗也将继续投入资源，助力社会救援。在企业内部，承诺将搭建完善的内部平台，为员工参与各类社会公益活动提供资源，推出带薪志愿者假期，鼓励员工积极志愿服务项目，贡献专业知识和技能，以更高效、更有价值的志愿服务为社区创造价值。

作为行业的领头羊，强生医疗始终走在时代浪潮的前沿，践行信条，推动人类健康事业的进步。作为其在中国最大的业务板块，医疗科技势必将在实现支持"共同富裕"伟大愿景的道路上承担更多的责任、担当与影响力，助力构建健康防线。

二、坚定投入，拥抱未来

2022年3月，公司宣布旗下医疗器材业务（Johnson & Johnson Medical Devices）在全球范围内正式更名为"强生医疗科技"（Johnson & Johnson MedTech）。

强生全球执行副总裁、强生医疗科技全球主席莫煦琳（Ashley McEvoy）女士对这一全新的身份，做了重点解读："我们的业务正经历从医疗器材向医疗科技转型的重要节点。作为全球业务分布范围广泛的医疗科技企业，我们将致力于不断实现突破性的科学创新，在当下数字化进程加速的时代里重新构想人类健康的未来。公司全新的身份定位完美诠释了我们为实现这一愿景将付出的努力。未来，我们将致力于成为全球领先的医疗科技创新者，为全世界人们的健康带来意义深远的影响。"

一个多世纪以来，强生医疗始终把运用创新和科技的力量推动人类健康事业的发展作为使命，通过持续的创新与耕耘，为推动人类健康事业的发展贡献智慧和力量。凭借公司强大的创新能力和卓越的创新成果，强生医疗科技荣列全球极具影响力的商业杂志《快公司》（Fast Company）"2022全球最佳创新公司"榜单。

近几年来，随着全球医疗科技的不断精进，人们对健康的期望值快速提升，对于医疗可及性和数字化解决方案的需求愈加紧迫。因此，作为行业的推动者与引领者，全新更名后的强生医疗科技将继续关注人类全生命周期的健康诊疗过程——从预防到诊断、从治疗到康复，加速创新、引领变革，以更多元更智能的方式，更好地满足患者当前和未来的医疗需求，帮助他们拥有健康美好的生活。

30多年来，强生不仅参与并见证了中国改革开放的进程，也和中国市场一同在创新之路上成长。中国医疗行业的发展和改革为强生医疗科技提供了时代机会，去创造属于这家跨国企业的更多的中国和全球的突破。

目前，中国已成为公司在全球业务增长最快的市场之一，也是强生全球"发展+创新"双引擎战略的重点市场。强生坚定地看好中国经济发展前景，对华投资布局正不断拓展。同时，中国也是强生除美国之外，唯一在医疗科技、制药和消费者健康三大业务板块都具有"端到端"研发能力的市场。中国市场已经成为公司全球创新版图中的重要一极。

强生全球资深副总裁、中国区主席宋为群对中国市场的未来创新做了这样的展望："创新及数字化转型是我们在中国高质量发展的核心动能。强生医疗科技将与所有业务板块一起继续以信条为引领，为中国14亿老百姓的健康福祉、为中国的经济发展贡献力量！"

企业家专访

不同以往的变革

——专访强生全球资深副总裁、中国区主席、
强生医疗科技中国区总裁宋为群

《样本》：强生医疗科技如何定义自己的"创新"，公司的创新重点和思路是怎样的？

宋为群：企业的创新必须符合预先制定的三条标准。第一，创新要跟策略相吻合；第二，一定要有突破；第三，要有结果。只要满足这三条，我们就将其视为强生医疗科技的创新。同时，我们赋予创新的内涵也是多元和丰富的，除了产品和技术的"传统"创新，在新赛道上的创新、生意模式创新、工作方式创新、文化创新和人才创新等也都是非常重要的创新内容。我们对任何创新成功与否的衡量，都依据这三条标准。

《样本》：中国拥有巨大的市场，医疗健康产业的生态链条发展迅速。与其他跨国同行相比，强生医疗科技在中国的创新有哪些独到的特色？

宋为群：我们对中国市场的发展潜力充满信心！强生在中国不仅将继续加大投资，更要建立一个创新的生态体系。中国不仅是强生公司的重要市场，也会成为重要的创新基地。第一，我们建立了"端到端"的研发部门，把强大的内部创新能力引入中国。第二，我们在中国加速升级高端智能制造基地，建立研发与制造的联动。第三，我们持续推动开放式创新合作模式，打造更具创新力的医疗健康生态体系。

《样本》：过去十年，中国健康产业链的生态环境发生了很大的变化。对此，强生医疗科技的看法和感受是什么？作为一家创新驱动的公司，如何通过创新来面对一系列环境变化所带来的挑战？

宋为群：中国医疗体系的转型来得很快，如果有的企业还沉浸在传统的增长模式里，短期内确实会感到有压力，甚至被淘汰。但长期来看，中国政府提出以创新为驱动的高质量发展。如果能把同质化的产品价格趋于合理，把省下来的钱放在创新产品上，行业将进入一个高速、健康发展的蓬勃阶段，这对包括强生在内的有创新能力的企业来说是非常宝贵的机会。

创新只有得到机制支持，多层次的医疗服务需求和医疗服务质量才能得到提升。过

去，许多医疗器材的创新是依靠工程和技术推动的渐进式的微创新。但今天，中国的数字化能力非常强大，科技也在不断进步，加上国家对医疗创新的政策支持，我们相信，未来中国将成为世界级的医疗器材创新中心。

《样本》：2019年，在您的推动下，强生中国成了首个宣布中国市场作为全球创新引擎的世界500强企业。您如何看待跨国企业的中国业务在全球的地位和影响力？中国的创新如何推动全球业务的发展？

宋为群：中国已经成为强生全球业务增长最快的市场之一，也是强生全球"发展+创新"双引擎战略重点市场。中国业务在强生全球战略版图的重要性愈加凸显。2019年，强生公司宣布把中国定位为"全球创新引擎"，并开启了中国市场作为"发展+创新"双引擎的新航程。我们的创新不仅是向中国引进世界领先的创新产品，也需要不断提升中国本土研发、创新和高端制造能力。

同时，支持政府建设开放式创新生态体系也是公司加强创新合作的重要一环。我们坚信合作创新是长远发展的唯一出路，秉持"创新不问出处，合作共赢未来"，继续加强与多领域的本土企业、科研院校、行业协会和医疗机构等携手，以多种模式展开多元合作，共同助力中国医疗行业可持续地、高质量地发展。

《样本》：长三角一体化是中国的国家战略。强生医疗科技作为一家总部位于上海，供应链布局苏州、杭州等多地的企业，长三角一体化建设将为企业的发展带来哪些机遇？

宋为群：中国地域辽阔，人口众多，存在一定的多样性和复杂性。因此，将长三角作为全国创新的试点地区之一是非常明智的政策突破。长三角地区拥有很大优势，其中上海的走向是全球的科创中心，江苏的高端制造业优势明显，浙江的数字技术及应用实践领先优势突出。

多年来，我们非常好地借助了长三角一体化的资源优势。比如，我们在上海设立地区总部，打造创新中心、孵化器等开放式创新平台，但在江苏苏州打造全球首个端到端的一体化综合性供应链产业园区。与此同时、上海、浙江、江苏等地都是我们在华业务最重要的市场。未来，长三角一体化的政策体系、行业生态、营商环境、人才聚集，都将为我们提供难得的时代机遇。

《样本》：跨国公司都面临着同一个问题——本土化人才管理。强生医疗科技在人才发展和文化建设的过程中遇到了什么挑战？又采取了哪些创新举措加以应对？

宋为群：我们始终以开放包容的态度，在人才管理上做出创新。首先，创造一个更包容、平等和多元的工作环境，让员工畅所欲言，激发创新活力。其次，创造一个开放式的工作氛围，让每个人的活力都能得到绽放。针对我们这么年轻的员工队伍，只有充分发挥每个人的创新能量，公司才能真正成为一个创新型企业。最后，为优秀人才提供全球发展机会。随着中国市场在全球战略中越来越重要，我们希望可以吸引更多海外人才来到中国。同时，我们也会将更多中国人才输送到亚太和全球的岗位上。通过这样的人才交流，我们的人才发展体系才会变得更加互通互联。

《样本》：如果用几个关键词来描述未来3~5年的强生医疗科技，您认为是什么？为了实现这一目标，强生医疗科技还要在哪些方面加强投资和发展？

宋为群：首先，强生医疗器材业务在全球范围内更名为"强生医疗科技"，就标志着我们在未来发展中必不可少的两大关键词，即"科技"与"创新"。近年来，以AI、机器人、5G为代表的数字科技在国内蓬勃发展。中国已经超过许多发达国家，处于全球领先的地位。同时，中国也正在打造优秀的科技创新生态。因此，未来我们必须牢牢抓住这一轮新技术的发展机遇，结合医疗健康行业的特色与需求，加速创新与科技在中国的落地与实践，乃至在全球范围的推广与应用。只有这样，我们"创新+发展"的双引擎策略才能真正得以实现，从而持续引领行业。由此，第三个关键词就是"引领"，不仅在于商业意义上的引领，而是多维度地引领；不仅是国内范围的引领，更致力于在全球范围内的创新领先。最后，所有的成功都离不开"人"，因此"人才"是第四个关键词。自1994年进入中国以来，强生医疗科技被业内誉为"黄埔军校"，为中国健康医疗行业的发展培养和输送了大量优秀的人才。我相信，未来，强生医疗科技将继续成为中国乃至全球的人才发电站，为每一位员工获得长期、可持续的职业发展提供广阔的平台，帮助他们实现个人职业理想，拥有绚丽多彩的未来。

> **专家点评**

本土化战略与持续创新
——强生发展的双引擎

伴随着中国改革开放的进程和医疗健康产业的快速发展，强生公司自1985年进入中国市场以来，其旗下制药、医疗科技以及消费者健康三大板块业务均已在华实现高速增长。强生还被誉为医药行业的"黄埔军校"，为中国的医疗健康行业培养和输送了大量优秀的人才。强生成功的背后有许多经验值得业内同行学习和借鉴，也有很多实践值得学者总结和研究，其中最重要的就是坚定推行本土化战略和坚持创新。

强生超越了一般跨国公司的传统思维，积极融入中国的社会经济发展进程中，致力于做扎根中国、深耕中国的跨国公司。怀着这样的情怀和使命，强生能更好地理解国家政策、响应市场需求，在科研、合作、人才培养等方面实施本土化战略。以中国为基地建立研发中心、与上下游开展广泛的研发合作、响应政府号召在中国加大投资、为医药行业生态圈培养人才等本土化决策帮助强生抓住了中国快速发展的机遇，实现了跨越式发展。

与此同时，强生始终把创新放在最优先的位置，在科学技术、管理模式、人才培养等方面拥抱创新。强生全球资深副总裁、中国区主席宋为群曾说："不创新将是最大的失败。"强生的诸多创新举措中，科技创新无疑是最重要的。科技创新是国家兴盛的唯一道路，也是企业升级的唯一路径。科技创新是强生发展的引擎和动力，也是支撑其基业长青的关键所在。本土化、开放性、结果导向是强生科技创新的三个重要特色。

跨国公司的本土化是为了适应东道国独特的文化环境和社会习俗、制度、规则，将生产、管理、人事等全方位融入东道国经济的过程。像许多跨国公司一样，强生来到中国，采取了很多当地化的策略。如果说过去三四十年，跨国公司中国本土化的过程主要集中在人才、产品、价格、渠道和营销方式等方面，那么未来科技创新的本土化将是重中之重，甚至将决定跨国公司能否在中国持续做大做强。强生较早地洞察到这一趋势，从战略和执行两个层面，加速了科技创新在中国本土化的步伐，并取得了实际成效。

首先，强生从战略层面确立了中国本土科技创新在全球版图上的重要地位。2019年，强生全球执行委员会在北京宣布将中国定位为全球创新引擎，显示出中国创新业务在其全球创新战略上变得越发重要，从此不可或缺。

其次，强生加大了与中国本土科创企业的合作广度和深度。研发能力、核心技术的领先性是强生的传统优势，在更加积极、快速推动新产品、新技术向中国市场引进的同时，强生不断推进与中国本土新兴医疗科创企业的合作。有些合作伙伴规模不大，但科创属性很强，对于传统的跨国企业来说，选择这样的合作伙伴，并不多见。例如，强生与中国骨科人工智能领跑者长木谷合作，开发被称为"智慧关节"的全髋关节人工智能辅助系统；与中国骨科机器人领导者天智航合作，研发推广手术机器人解决方案。通过这一系列的合作，强生将科创的根系扎到了中国科技创新的土壤之中，不但能吸取养分，而且能开花结果。

三是，强生利用中国的数字化优势成功实现转型。今天，科技创新浪潮正在奔腾涌动，以大数据、云计算、物联网、人工智能等为代表的新技术革命在世界范围如火如荼地进行。得益于庞大的数据量和海量的应用场景，中国的数字化发展已领先全球。强生借助中国数字化发展优势，加速推进数字化布局，使其成为数字化浪潮下转型的"先行军"。"灯塔工厂"是全球范围内衡量数字制造的标尺。目前强生已建成十家"灯塔工厂"，是全球拥有"灯塔工厂"数量最多的公司。

新一轮科技革命的一个显著特征是多学科的交叉融合，没有一项科学技术可以单兵作战，即便是在生物医药领域中，一项技术的发展，也需要大数据、人工智能、新材料乃至高端装备的支持。基于这样的大背景，强生的科技创新是跨界的、开放的，不封闭，不排他，与政府、学界、机构携手，与中国本土不同行业、领域的创新企业开展合作，在中国打造开放式医疗创新生态圈。

今天，提倡创新、注重创新的企业比比皆是，但并不是所有的创新都能成功，甚至创新失败的概率还非常高。从一开始，强生公司的创新战略就强调结果导向。2021年第四届中国国际进口博览会上，强生带来了三大业务领域的数百款创新产品，其中包括2个全球首秀、2个亚洲首秀和14个中国首秀的重磅产品；2012年推出孵化器品牌"JLABS"，至今已经与全球超过100家投资基金开展了合作，入孵企业一共获得了超过300亿美元的交易资金，这其中还包括44次IPO。这些亮眼的成绩单，证明了强生以结果为导向的创新路径和模式的高效率。

强生还十分注重管理模式的创新。今天跨国公司的管理知识体系都是基于第二次工业革命后建立和积累起来的，在向科技创新转型的过程中，其中哪些依然有效，能够延伸运用？哪些已经失效，必须创新升级？这都是跨国企业必须面对的问题。强生很早就敏锐地意识到这一点，对管理理念、管理构架、管理体系进行了全面变革，确保了组织决策匹配复杂多变的环境，组织能力贴近瞬息万变的市场。其中特别重要的一点是"让能听见炮火"的人来做决定，把决策权下沉，最终让管理变革来赋能企业发展。

人才是企业发展的核心竞争力。强生以开放包容、共建共创的理念，在人才培养上全力创新。一方面，在公司内部主张人才的年轻化，注重人才的跨界交换和流动，强生中国员工的平均年龄在30岁左右。公司选拔优秀的年轻员工担任公司总裁的"反向导师"，同时把外部孵化平台的人才和公司内部的人才做岗位互换。另一方面，在公司外部，为社会培养人才、为生态圈培养人才。这不仅是其积极承担社会责任的实践过程，也是其主动融入中国经济的发展过程。强生通过三大医疗科技学术中心，为中国的医护人员提供专业的教育，已累计培训超过15万人次；通过"博鳌外科直播时刻"为外科医生提供诊断、手术新技术等培训，覆盖1万多家医疗机构；通过全球影响力专项基金为基层健康工作者提供免费培训，已让2000万人受益。

面向未来，随着《"健康中国2030"规划纲要》的逐步落实，中国的医疗健康产业必将更加壮大，包括强生在内的医药企业会迎来更多的发展机会。强生对中国市场的坚定承诺、多维度的创新探索与实践，将推动乃至引领中国整个医药行业的发展。

陆雄文 上海长三角商业创新研究院院长
　　　　　复旦大学管理学院院长

第四章
微球世界领航者
——苏州纳微科技股份有限公司

- **楔子：** 微光亮世界
- **企业概况：** 积微成著，"微球专家"崛起
- **创新解读：**

    第一节　"微创"大时代

    第二节　创新至上，打造"芯"材料

    第三节　中国微力，赋能全球

- **企业家专访：** 坚持做难而正确的事情
- **专家点评：** 勇做新时代科技创新排头兵

楔 子

微光亮世界

2006年，国家提出自主创新、建设创新型国家战略，决心用15年时间横跨三个"五年规划期"，真正通过转型与创新发展，从初步纳入科学发展的轨道到全面纳入科学发展的轨道。中国大地上，呼唤从基础入手，提升企业、产业、国家经济核心竞争力，开启了全新的探索。一批高瞻远瞩、心怀使命的科学家、科研人员放弃了"象牙塔"或国外的舒适，投入了科技创业的时代洪流中。

纳微科技创始人江必旺博士就是其中的典型代表。早在2006年，他就毅然决然放弃了十几年在美国打拼下来的优越生活和工作条件，带着10个装满各种实验仪器和材料的大箱子，举家回国创新创业。

伴随着国家创新战略一同成长，勇探技术"无人区"的纳微科技，秉持以创新赢尊重得未来的理念，坚持从底层技术入手，坚持走艰难而正确的创新道路，潜心研发，通过跨领域跨学科的融合创新，突破微球材料精确制造的技术难题，并凭借精益求精的工匠精神成功实现科技成果转化，把微球产品做到极致，使不可能成为可能。经过十几年的潜心研究，纳微科技已经把微球领域多项技术和产品做到世界第一或唯一，为中国生物制药、平板显示、医疗诊断及分析检测领域提供关键微球材料，实现了高性能微球从空白到世界引领的跨越。同时，也切实解决了中国产业"卡脖子"问题，改变国家核心技术受制于人的"疼痛"，助力产业升级，推动该领域的技术进步。

纳米微球虽小，却是支撑现代产业的关键材料。纳微科技在纳米微球这一关键基础材料上的技术突破代表了中国基础技术创新的决心、信心和未来——中国企业有能力和动力推动世界技术进步。

微光亮世界，正是因为有纳微科技这样的企业，一项项技术才得以突破、一个个产业难题才得以解决，并连成"星星之光"惠及全世界，使得全球的产业价值、人类幸福不断提升。

> 企业概况

积微成著,"微球专家"崛起

苏州纳微科技股份有限公司(以下简称纳微科技,688690.SH)创立于2007年10月22日,是专门从事高性能纳米微球材料研发、规模化生产、销售及应用服务的高新技术企业。

经过十多年的潜心研究,纳微科技突破了微球材料这一被《科技日报》列为限制中国产业发展的35项"卡脖子"技术之一,并于2021年6月23日成功登陆科创板——股票当天暴涨1274%,创造了20年来A股新股上涨纪录。这是资本市场对纳微科技15年砥砺创新创业最大的支持和认可。

作为微球材料"卡脖子"技术的解码者,纳微科技依托长三角的人才优势、产业优势,分别在江苏苏州、江苏常熟、浙江平湖等地拥有研发和生产基地。十几年潜心研发,让企业具备与国际顶级公司竞争的核心技术和产品,实现进口替代的市场能力,成绩喜人——在过去的五年中实现了销售收入年增长超过60%的业绩。2021年,纳微科技实现销售增长117.74%,利润增长153.29%,营业收入达到44634.68万元,其中,毛利率高达80%。

纳微科技在科创板上市

一、以创新赢尊重、得未来

秉持"以创新赢尊重、得未来"的经营理念,纳微科技自设立以来就瞄准微球精准制造尖端技术,长期坚持底层技术创新,坚持全球原始创新,通过跨领域、跨学科融合创新突破了微球精准制备的技术难题,并把多项微球技术和产品做到世界独一无二。

纳微科技成功打破了国外领先企业长期以来对生物制药用层析微球、液晶显示间隔微球及体外诊断用磁性微球的长期垄断,为中国生物制药,医疗诊断及平板显示产业提供关键微球材料,成功打造战略性新兴产业的中国"芯"材料,并把微球产品打入欧美发达国家市场。

纳微科技创新推动了世界微球领域的技术进步,赢得客户甚至竞争对手的尊重。

二、深耕底层技术,创造无限可能

凭借世界领先的微球精确制造和应用技术平台,纳微科技开发了上千种高性能微球产品,多项微球技术和产品做到世界第一或唯一:全球唯一一家可以大规模生产单分散硅胶色谱填料微球的公司,是世界上可以生产用于抗体、疫苗等生物大分子分离纯化的单分散聚合物层析介质微球的公司之一,首个打破日本公司对间隔物微球(Spacer)和导电金球的垄断等,世界上少数可以同时大规模生产单分散聚合物和单分散硅胶色谱填料微球的公司。

纳微科技荣获2020年江苏高新技术企业称号

目前公司的主要业务是提供药物分离纯化微球和药物分析检测色谱柱及相关配套服务。凭借强大的技术创新能力与世界领先的微球精确制造的底层技术平台，企业已经把微球技术切入多样化的应用场景与领域微球。如在平板显示领域，公司打破了日本公司对LCD面板盒厚控制间隔物微球及电子微连接的导电金球的垄断。在体外诊断领域，纳微科技打破了化学发光用磁珠、核酸提取磁珠以及荧光编码微球、乳胶微球等的垄断。未来，企业还将不断向更多应用领域拓展。

作为国内微球制备行业的领军企业，纳微科技还积极参与制定国际国家标准帮助规划产业标准，连续多年举办生物制药分离纯化技术论坛，推动中国生物制药分离纯化技术进步。

与此同时，纳微科技还建成江苏省纳微米球材料工程中心、江苏省高性能纳微米球工程技术研究中心及江苏省企业技术中心，并于2020年获国家专精特新"小巨人"等荣誉；江必旺博士本人获得国家级重大人才引进工程专家、国家科技部创新创业人才等荣誉，于2021年度，获得苏州市政府颁予的苏州市荣誉市民称号，以感谢其对经济建设、社会发展和对外交流与合作做出的贡献。

> 创新解读

第一节 "微创"大时代

世界百年未有之大变局加速,科技创新成为影响和改变世界经济版图的关键变量。改革开放的上半场中国经济取得了令世人瞩目的成绩,从一穷二白变成世界第二大经济体,但中国产业底层技术支撑依旧不足。创新是提升中国产业升级,改变核心技术受制于人的唯一出路。

一、点亮科创,助力国家新梦

2016年,国家专门发布《国家创新驱动发展战略纲要》,进一步强化原始创新,增强源头供给,强调推动、发挥企业家在创新创业中的重要作用。

"这个世界永远给你新问题,科学家的责任就是思考这些问题。"诺贝尔物理学奖获得者李政道曾如是说。思考的背后,是能坐冷板凳,是需要十年、十数年甚至数十年的耐心与意志力磨一剑。在国家号召下,众多科研人员、科学家从稳健发展中得到信心,肩负起新时代的重任,勇于创新、刻苦攻关、立志于将论文写在祖国大地上。但由于基础薄弱等各方面的原因,在科学技术通向产业化的道路上困难重重,尤其是国家战略性科技上的突破,更是难上加难。

创新不是轻而易举的,不仅需要砸钱砸人还需要砸时间,尤其是基础研究和底层技术创新。纳微科技就是这样一家愿意长时间投钱、投时间做底层技术创新的典型代表——十几年如一日专注于微球材料研发创新,才让中国微球实现从空白到引领的跨越。

国家希望通过"十四五"时期乃至更长一个时期的努力,推动科技创新率先走上高质量发展道路,为到2035年跻身创新型国家前列、到2050年建成世界科技强国打牢基础、做好准备,以高质量科技创新支撑引领高质量发展,为全面建设社会主义现代化国家提供强有力的科技支撑。而这,更需要像纳微科技这样一批企业在核心的原始创新上,树好榜样,立足自身,自主可控,为我国未来十几年乃至更长时间创造一个新的增长周期,迎接一个全新的时代。

二、识"微"见远,"微"球撬动"大"产业

微球是直径在纳米和微米尺度范围的球形粒子。1纳米等于十亿分之一米,相当于一根头发丝横切面的六万分之一,如果拿纳米的微球与篮球相比,就相当于篮球与地球相比。

微球材料所具有的小尺寸效应、表面效应及其优异的光、电、磁、力学、机械等性能,使纳米微球成为现代产业发展的重要基础和关键材料,而被广泛地用于现代工业生产中。先进微球是生物制药、电子信息、医疗器械等现代产业发展不可或缺的材料。可以这么说,没有微球材料就无法生产出用于治疗的高纯度生物药,没有微球也无法生产手机电脑用的液晶显示屏,微球还是体外诊断、食品安全检测、环境监测、药品质量检测、实验室分析检测、血液净化、药物制剂、酶催化、石油化工、核工业、半导体工业、核工业、航空航天等领域的关键基础材料。

先进微球材料制备技术壁垒高,中国长期依赖进口,而且不同应用领域的不同性能微球材料在全世界范围内往往只有一两家公司可以提供。因此《科技日报》把微球材料列为包括芯片、飞机发动机等在内的35项限制中国产业发展的"卡脖子"技术之一。

由于微球制造技术涉及化学、物理、生物、材料等多门学科的专业知识与前沿科技,门槛与壁垒较高。尤其是在微球生产过程中,所有宏观的技术手段都会失效。没有模具、无法肉眼直接观察,因此微球制备极其困难,尤其是微球精确制造。因此,多年来高性能微球只有极少数外国企业垄断。

2019年,全球微球市场规模约为120亿美元。但在我国,几乎在每个细分领域都依赖进口。以纳微科技所处的色谱填料/层析介质行业为例,由于高度垄断,不仅价格高昂,而且每年还在上涨。其实,价格还是其次,最严重的是有钱买不到,新冠疫情让国外微球进口受阻,极大地影响了中国电子信息、生物制药、医疗诊断等上万亿产业的安全发展。

因此实现高性能微球国产化,不仅可以降低中国高端生物制药成本,提高其国际竞争力,还能确保产业安全生产。同时,高性能微球国产化可以提升中国传统原料药质量,降低污染排放,促进传统原料药产业升级转型,提高国内制药产业的综合竞争力。为了实现关键微球材料的国产化,纳微科技通过十多年的潜心研究,突破了微球的精准制造技术这一难题并实现了大规模生产,成功实现了进口替代。

第二节 创新至上，打造"芯"材料

微球是很多产业的核心材料，也是"卡脖子"技术。纳微科技一直致力于微球精确制造的创新，打造"芯"材料。

点石成金往往只存在于虚构的故事中，但用创新技术确实可以把石头材料转化为微球，其价格比金子还贵。江必旺博士说，国外有些微球甚至是用金子去换都换不到。

把石头材料变成比金子还贵的微球，而不是用金子去换石头材料组成的微球——这是纳微科技的目标，也是我国鼓励、支持创新的目标。

纳，海纳百川，微，积微成著。从小小的微球开始，通过长时间的技术积累，解决中国产业"卡脖子"技术问题的纳微科技，希望通过创新和精益求精的工匠精神，突破微球精确制造的技术难题并把产品做到极致，让中国创造走向世界，让中国创新技术惠及全球。

一、十年一剑，连摘隐形桂冠

挑战不可能，要做就做世界第一！这就是江必旺博士回国创业的初心之一。因此从公司创立起，纳微科技瞄准的就是高精尖的微球技术和产品——生物制药、平板显示、医疗诊断等产业的"卡脖子"技术。

举例而言，用于液晶显示的间隔物微球对其粒径精确性、机械强度、表面性能都有极高的要求，尤其是对粒径的均一性要求。因为间隔物微球是用于精确控制液晶材料的厚度及均一性的，对显示质量起到关键作用。曾有一位客户对纳微间隔物微球产品提出这样的要求：一千万个5微米微球里不能有3个超过6微米的球。间隔物微球制备技术难度极高，全球只有日本两家公司可以生产，生产工艺和设备非常复杂。从事间隔物微球材料产业化不仅会面临技术和产品极致的挑战，还有市场导入的极高门槛。因为在整个显示屏的材料成本里，间隔物微球只占据不到1%，但如果间隔物微球质量有问题就会让显示屏厂家损失100%。因此，后来者很难在市场上挑战日本公司。这也就是为什么长期以来全球只有日本两家公司可以生产间隔物微球的缘由。纳微科技通过底层技术创新，不仅成功开发出间隔物微球产品，还把日本6个月的产品生产周期缩短为6天。

广泛用于生物制药、食品、环境、化工、生命科学研究等的液相色谱是纳微科技跨领域、跨学科融合创新的又一典型案例。色谱柱是液相色谱的心脏（被誉为色谱芯），而色谱柱的核心是色谱填料微球。多孔二氧化硅微球是最常用的色谱填料，其制备技术难度大，研发周期长，世界上只有瑞典的阿克苏诺贝尔公司（AkzoNobel）、日本东曹（Tosoh）、富士三家公司可以大规模生产，而中国色谱填料曾经长期依赖进口。为了打破国外垄断，实现二氧化硅色谱填料的产业化，国家科技部在该领域立了多个重大专项，中国科研院所的众多科学家也长期致力于研发二氧化硅色谱填料的制备技术，但产业化技术一直未能突破。纳微科技作为色谱行业的门外汉，依靠十几年跨领域技术创新，解决了二氧化硅色谱填料精确制备技术的世界难题，填补了国内硅胶色谱填料的空白，打破了国外公司的垄断，成为世界上唯一一家能大规模生产单分散硅胶色谱填料的公司，为世界该领域技术进步做出贡献。实践证明，没有足够的耐心，很难实现这样的高精尖技术和产品突破。

纳微科技产品图

聚合物层析介质微球是生物制药分离纯化关键耗材，长期以来由美国通用电气公司和伯乐（Bio-Rod）公司，德国默克（Merck）、日本东曹（Tosoh）等少数公司垄断。微球粒径大小和均一性是影响分离纯化的关键参数，粒径越均匀，分离效果越好。因此粒径微球均一的单分散聚合物层析介质一直是业界科学家研究的重点方向之一。世界上可以提供粒径均一的单分散聚合物层析介质的只有通用电气公司一家，但通用电气公司能提供的单分散粒径大小只局限于30微米以下的层析介质微球，且材质只有聚苯乙烯，不能满足生物大分子需要低压的需求。纳微科技突破了原有单分散聚合物制备技术的局限性，开发出单分散大粒径聚合物层析介质微球的精确制造技术，成为世界上第一家可以提供单分散聚丙烯酸酯层析介质微球，也是第一家可以提供粒径超过30微米单分散聚苯乙烯微球层析介质的公司。

如此种种，不胜枚举。持续埋头研发，让纳微科技接连获得重大技术突破，在多个领域摘得了世界桂冠。并且，实现技术突破后的纳微科技，将高性能纳米微球作为创新策源地，并根据相关领域的关键应用需求，精准调控微球材料的尺寸、形貌、材料构成及表面功能化，进行精准化、个性化制备，利用自己领先技术的优势直面全球竞争，也为技术涉及的各个产业进步助力前行。

二、厚德致远，培养世界级专家

尽管2006年国家提出自主创新、建设创新型国家战略，但当时的社会现状和价值导向存在严重的产业路径依赖，因倏忽而至的商品经济大潮带来市场繁荣的同时，也存在着急功近利等价值短板。硬实力、软实力，归根结底要靠人才实力。全部科技史证明，谁拥有了一流创新人才、拥有了一流科学家，谁就能在科技创新中占据优势。国家倡议，要把建设战略人才力量作为重中之重来抓。

但初创的纳微科技，很难在早期吸引优秀的人才——薪资待遇及工作条件远不如大公司尤其是跨国公司，遭遇了创业阶段技术人才短缺的巨大痛苦。由此，纳微科技改变了策略，以把普通高校的毕业生培养成行业顶级人才作为人才培养的核心，支撑企业的发展需求。

江必旺博士培养人才的经验跟做技术创新的理念一样——依靠耐心。江必旺博士亲自进实验室培养团队，帮助研发团队克服困难，拓展思路解决实际问题，鼓励团队沉下心来，抵挡住外界短期的诱惑，并营造良好的研发创新氛围。公司还顶住了巨大的目标利益化压力——一旦设立一个研发目标，就会组织一批团队专注去做，且很少给团队设项目完成时间点，但用各种方式方法带动团队持续努力，持续进步，持续学习。就是这样十年如一日的耐心培养，纳微科技让很多普通高校毕业生最终成为行业的专家甚至是世界级的专家。而今，纳微科技的实验室里80%以上的核心骨干，都是这样成长起来的。在纳微科技内部，10年内从工程师成长为重点项目经理，再成长为公司研发管理核心成员的例子不少，特别是企业研究院的成员更是如此。

正是有这样一批自己培养的顶级人才，纳微科技才可以不断突破技术难题，获得世界领先的技术，在多个领域与世界十几家顶级公司同台竞争。以2017年在大分子领域的一项重大合作为例，纳微科技在约定一年为周期的工程项目推进中，整整提早半年就实现了技术零的突破。这款产品性能达到国际领先水平，满足了国内生物制药企业对性能优异、供货稳定、价格合理的国产分离纯化介质的迫切需求，成为企业销售的主要产品。无先例可抄，无道路可仿，负责项目的研究团队成员在不舍昼夜的研发里，坚定信心，在岁月的积淀里成长、锤炼为行业的专家。他们专注于一项项技术研发创新，让纳微科技把多项技术做到世界领先、国际首创，在多个领域摘得了世界桂冠，也让更多的人看到中国底层研发迸发的活力，以及创新发展的本真样貌。

时间和事实证明，纳微科技的人才培养策略卓有成效。时间和事实也同时证明了另外一件事——企业要突破底层技术不仅需要足够强的技术研发实力及持续的经济收入确保长期的投入，最重要的是创始人及团队要有长期坚持研发创新的耐心、精益求精的工匠精神，才能做到极致，实现目标。

坚持不懈地培养人才、发挥人才潜力，是纳微科技留住和培养科研人才的秘密武器。随着纳微科技不断成长壮大，对人才的需求也越来越多，越来越多样化。公司不仅要依靠自己培养，也需要引进国内外顶级人才，打造一个层次分明、互为补充的人才梯队。

与科研人才共同创建新公司，从而扩大纳微的微球产业是纳微科技吸引高端人才的另一种方式。比如纳微科技与在美国科学服务领域的领先企业——赛默飞世尔科技公司（Thermo Fisher Scientific Inc）担任全球研发总监的刘晓东博士团队共同组建纳微子公司纳谱就是最好的例证，公司成立两年就已实现赢利，年销售近3000万元。让优秀人才在纳微平台上创业，不仅可以吸引世界上优秀人才加盟，更可以拓展纳米微球新的应用领域。纳微科技利用同样的模式成立了多家子公司，而且都很成功。

济济多士，乃成大业；创新之道，唯在得人。深感人才紧迫性、重要性以及产业发展需多学科交叉融合、共同推进的江必旺博士，积极扩大社会职务影响力，为产业留才引才献智献力。据悉，江必旺博士近年来通过商会活动、企业交流，大力宣介苏州创新创业政策，累计引进各类海外高层次领军人才10余人落户当地创新创业，涵盖生物医药、新材料、高端仪器设备等多个方向，是名副其实的伯乐。

从创立起就肩负使命的纳微科技，积极探索从象牙塔走向产业化的创新路径，以实际担当激励更多的人投身技术创新中，以不断汇聚的"隐形冠军"示例技术创新的有效策略，为产业、社会的健康发展助力。

三、久久为功，善作善成

创业本身就是九死一生的过程，科技创业则更困难。尤其是高性能微球制备技术壁垒高，研发周期长，风险大，市场导入门槛高，更是让纳微科技创业的这条路难上加难。江必旺博士本可以"走捷径"——创业之前他曾是世界500强企业资深的研究员，掌握了很多现成的技术和产品。只要他把这些技术拷贝回中国，很快就能创业成功并实现财务自由，但他却坚持走艰难而漫长的创新道路，做世界上没人做出的技术，而且一条道走到底，十几年孤注一掷。当公司面临资金困难，没钱研发时，他自己掏钱继续做研发；当招不到合适人才时，他亲自培养；当上游原材料和设备无法满足高精尖产品的需求时，他帮助上游供应商解决原材料和设备质量问题；当公司需要投资时，投资人表示认可公司技术能力，但要纳微科技放弃高精尖的技术产品转而做短平快的产品时，他没有同意；当公司瞄准的高精尖生物制药微球产品长时间不能盈利，合作伙伴动摇且看不到前景，以离开相威胁时，他还是没有妥协。凭借如此坚忍不拔的毅力，江必旺博士带领团队实现了原始创新，突破了微球精确制造的世界难题。

技术解决了，纳微科技又面临着来自自身产业链的挑战。如在开发液晶间隔物微球材料时，就面临着国内部分基础原料性能跟不上的问题。这与多年来形成的国际分工与世界市场格局相关，也与国内高标准原材料市场基础弱相关。例如，生产高性能微球需要用到不锈钢反应釜，经多次试验，纳微科技发现用国产反应釜生产的微球铁含量超标。纳微科技花了一年的时间，尝试了很多家的国产反应釜，都出现一样的问题。然而使用进口设备生产，铁含量就达标了。

严峻的事实让纳微科技认识到，在中国做原创技术和高端产品，不仅需要埋头做研究解决核心技术问题，更需要置身于产业链中，帮助上游的原材料厂家去解决质量问题，提升产品的性能。

从事原始创新，做高精尖产品不仅要克服重重困难，还需要在利益面前始终坚持初心，抵挡得住短期的诱惑。纳微科技创业早期中国生物制药还在起步期，市场完全不明朗，微球又关系到生物药的质量，因此用于生物制药的微球要求极高，制备技术难度极大，世界上只有少数公司垄断。纳微科技早期投入90%的人力、财力做生物制药微球却一直在亏损，相反公司投入10%精力和资源的液晶显示间隔微球却可以养活整个公司并盈利。这时管理团队和股东就开始出现不同的声音：公司应该放弃生物制药用微球这种投入大、时间长，且一直在亏损的领域。但江必旺博士没有动摇，坚持做生物制药微球。

抱定助力中国生物制药、助力医药制药企业在关键生产环节进行技术迭代，降本增效,提升其综合竞争力,实现造福于国人、人类的"执念",让江必旺带领着纳微科技闯过了一关又一关,抵制住了一轮又一轮的诱惑。

以这样久久为功、利在长远的耐心和耐力,在困境时坚持住,在利益面前抵挡得住,才让纳微科技成功地实现原始创新,突破技术难题,实现产业化。

经过十几年的坚持,纳微科技终于迎来了中国生物医药产业快速发展的机遇——CRO蓬勃发展,原研药品如雨后春笋,优质可靠的国产分离纯化介质,不仅可以保证降低生产成本,而且极大地提升了药企生产的便利性和安全性。市场也以蓬勃成长回报纳微科技的坚持,这也反映在纳微科技快速增长的业务中。

苏州纳微科技公司大楼

最重要的是因为受疫情及国际环境变化的影响,国外进口色谱填料和层析介质不能及时供给国内药厂,严重影响了药厂正常的生产和研发进度。为了帮助中国药厂解决关键色谱填料和层析介质短缺供应问题,纳微科技公司员工加班加点研发和生产填料,甚至很多员工春节都没有放假,及时为多家药企提供关键色谱填料和层析介质,成功实现了进口替代,保障了中国药企的正常生产和研发。

第三节　中国微力，赋能全球

纳微科技产品的出现，结束了中国无法生产高性能分离纯化微球的历史，结束了长期以来被国外垄断的历史。未来，越来越多像纳微科技这样的民营科创企业，有机会有能力开发出世界领先甚至是独一无二的先进技术和产品，这些公司正在逐步改变国外认为中国公司没有创新能力的偏见。这正是基础技术创新带来的自信与底气。

更难能可贵之处在于，敢于创新，勇于担当，不被短期利益所动摇，带动社会迈向更先进的、有益的、绿色的生产形态，让世界看见中国和中国创新的力量，让中国创新力量影响、引领全球。

一、高瞻远瞩，行业引领

实现替代，只是纳微科技的第一步。纳微真正想改变的，是传统原料药产业的升级问题，并促进全球该领域的技术进步。回国创业多年的江必旺博士，在走访上百家中国制药企业之后，深感于诸多老牌药企为改变中国缺医少药的局面做出重要贡献，却在环保意识日渐增强的今天，无法继续昨日的辉煌，面临被整改甚至被淘汰的无奈命运。"中国真正解决原料药生产带来污染问题的关键，不是依靠搬迁厂房，不是依靠限产压产，更不能是因噎废食地停产停工，而是要树立向科技要生产力的现代发展理念，依靠技术进步，实现绿色发展。"在欧洲，药企能在市中心长期生存；在中国，药企不断进郊。而这正是中国药企与欧美药企最明显的差距。产业担当的自觉，也让他更坚定决心精耕底层技术，研发先进的精细分离纯化技术，提高效率，降低成本，减少排放。从源头解决生物制药企业污染排放的智慧方案，推动了产业的升级换代，实现了新旧动能的有效转换。

分离纯化微球关系到药品的纯度和质量，纳微科技首先需要保证产品的性能满足药厂生产高纯度、高品质药品的需求，要有完善的质量体系确保产品的质量和持续稳定，还要满足监管部门的要求。另外，公司还要保证产能确保产品的安全供应。目前，纳微科技已在长三角建有两个独立的生产基地，2022年还会再建一个更大的生产基地。

为了帮助上、下游完善产业链，2022年1月，纳微科技宣布与天汇资本、苏州天使投资引导基金、德美化工（002054.SZ）等联合创设苏州天汇纳米微球创业投资基金（有限合伙），主要投资方向为纳米微球的上、下游关键技术和项目，及其应用在诊断、色谱分析、细胞疗法、药物研发与药物递送、光电、食品安全检测、环保监测等细分领域的优秀早期项目。

与此同时，纳微科技还以开放之格局、胸怀，坚持不懈地以技术赋能产业。深感国内市场缺乏统一的行业规范，不同的产品品牌之间、上下游之间互联、互通、互认程度低，产品质量参差不齐，用户认可度低，限制行业健康发展。江必旺博士自觉挑起国内微球制备行业领军企业的产业责任，牵头成立了医药分离纯化技术产业联盟协会，利用产业联盟的方式，跨行业、跨领域整合优质资源，推进中国生物制药下游技术的发展，从而提升整体行业竞争力，能够更加深入参与全球市场竞争，提升中国企业在国际舞台的话语权。

此外，纳微科技自2014年开始就不计精力和成本，举办学术论坛，不断扩大产业影响力。通过自身及企业影响力，已连续6年成功举办了全国性的生物制药分离纯化技术学术论坛，会议规模已达千余人，举办规模、邀请嘉宾都是制备色谱分离纯化行业之最，成为行业盛会。作为企业家，江博士还十分关心制度政策。他先后围绕中国科技成果转化、重视隐形冠军（专精特新企业）、产业链的安全、增值税改革等内容撰写和发表理论文章，提出建设性建议，为政府决策提供参考。

2019年，纳微科技主办的第六届制药分离纯化学术论坛

纳微科技希望以自己的坚持和努力，让更多的研究人员、从业者看到技术创新的重要性，更希望让未来之莘莘学子感受到基础科研的良好氛围和美好发展，助力推动科技基础创新。

随着中国制造业整体科技水平的提升与产品结构改善，目前，纳微科技的上游生产原料99%以上都可以实现国产化（除检测仪器还需进口外，基本实现了国产化生产），助力产业生命力、竞争力的核心重构。而中国的生物制药，正加油冲刺并将很快迎头赶上。纳微科技以强大和持续的先进底层技术为支撑，赋能行业，为行业转型升级贡献力量，造福于人。

二、厚积薄发，直面全球竞争

近些年，随着中国制造业不断升级、创新，"中国创造"已成为世界经济贸易发展的重要驱动力，也逐渐摘掉了"世界工厂"的标签。这其中，如纳微科技这般潜心研究、愿意前期花大量时间、付出大量功夫从基础能力和基础创新开始的中国企业，功不可没。

面向全球竞争，烙印在纳微科技的成长基因里，也是衡量自身技术能力的一把标尺。由此也奠定了纳微科技以高性价比、高技术含量的微球技术，让中国创造走向世界。换言之，把一米宽的市场，做到一百米深。

以"基础创新、核心突破、链式延伸、多元并重、共创共赢"为发展战略的纳微科技，根据不同市场的特征，在海外市场的拓展上采取了不同策略。对于专注仿制药40多年，以药品价格低廉著称、被称为"发展中国家的药房"的印度，纳微科技以高性价比产品批量导入为主。2019年，纳微科技设立印度子公司，并成立了专门的印度团队，加强公司在印度的销售能力，目前已拓展的主要客户后续将对公司产品销售收入产生持续贡献。

与印度市场看重产品性价比不同，欧美市场更看重创新和品牌影响力。

针对欧美国家的下游客户相对保守的情况，纳微科技采取"以创造创新赢市场"的策略——以技术高度、技术实力进行正面竞争，以个性化服务帮助客户解决全新问题。通过客户认可企业强大的创新能力，导入先进的、独有的技术产品，提高了市场接受度。在2020年，纳微科技在美国成立了子公司美国纳微。

在美国波士顿设立子公司，是因为其不仅为世界医药重镇之一，亦为世界最著名的教育中心之一。纳微科技利用现有的众多优质医药行业人才，培育自身团队，抢占公司长期发展所需的核心人才资源。同时，也有利于培育公司口碑，提升品牌知名度，进一步确保公司可持续发展。北美市场为世界上最发达的医药市场，具备大量的优质潜在客户资源。

在欧洲市场的经历，进一步证明了纳微科技产品的竞争力和生命力。同样的填料，纳微科技只用3000升精细单分散色谱填料就替代了日本13000升填料，不仅填料使用量降低到原来的1/4，而且让药品回收率提高了10个点以上，纯度也大幅度提高，污水排放大量减少。让保守的欧洲药企在非常短的时间内完成了使用10年之久且质量没有出现过任何问题的填料替换，这让日本填料供应商震惊于中国的科技创新。通过替代生产，欧洲制药企业的药品纯度提高了，纳微科技的欧洲客户获利了，欧洲的老百姓也受益了。"真正的创新是一个正循环，不仅解决了'卡脖子'、填补了国内技术和产业空白的问题，也推动了整个领域的技术进步，为世界做出贡献。"江必旺表示。

国家正在陆续出台相关政策和举措，加快企业转型升级，向价值链高端迈进，从根本上增强经济创新力和竞争力。纳微科技的出现，不仅打破了国际少数公司的垄断，激励了更多科技型企业克服困难，走创新之路，也鼓励更多科研院所的人才从事科技成果转化，让更多的科研人才可以实现科技报国的宏愿，为振兴民族工业尽一分力。同时，纳微科技作为隐形冠军在关键材料上的突破，让纳米微球在更广领域的应用有了更多的可能，实现了国家对全产业链材料、加工自主可控的指导要求，为高质量发展打下良好基础。纳米微球在不同领域的深入应用，将赋能整个产业，提高整体发展水平，赋能社会文明进步，造福于人类。

> 企业家专访

坚持做难而正确的事情

——专访苏州纳微科技股份有限公司董事长江必旺

《样本》：据2021年年度报告，纳微科技营业收入4.46亿元，同比增长117.74%，净利润1.88亿元，同比增长158.75%。对您和团队来说，上市后最大的挑战是什么？

江必旺：压力更大了。上市后，对企业各方面能力提升提出了新的要求。对纳微科技而言，当前最紧要的是在产能扩大的同时，推进质量管理体系、管理运作体系，并加强营销体系的建设。作为科学家创业者，虽然拥有更高的专业壁垒，但我必须承认自己在管理、市场拓展方面相对薄弱。

知人者智，自知者明。这就要求我们以求真的态度做踏实的工作，把自己的优势和长处发挥出来，在技术层面做到高尖端，做别人做不出来，甚至世界上没人做出来的东西，持续性地构筑自己的核心优势。再通过学习、专业人才引进等方式，弥补自身的不足，促使企业高质量发展。

《样本》：目前，纳微科技的业务集中在生物医药领域。生物医药产业在国内的快速成长，将助力纳微科技的成长。但过度集中，是否会对公司带来挑战？您如何看待目前国内生物医药产业的发展态势？

江必旺：过去5年，我国生物医药一直保持强劲的增长态势，年复合增长率超过20%，远高于我国整体医药市场、化学药市场的增速。纳微科技多年布局积淀，抓住历史机遇，实现了市场份额和品牌影响力的大幅提升。而这，仅仅是开始。

坦白说，企业在生物制药领域的增长速度，已远远超出我们的预判——原来我们预期每年有30%或50%的增长，现在的增速可能是预估的两倍以上。按照这个速度，企业现有产能在两三年以后就不够了。新的厂房建设完工后，需要花两三年的时间调试，才能真正常态化生产。像常熟新厂，我们在四年前就已开始筹备，2020年12月开始试生产，目前形成了苏州工业园区、常熟新材料产业园规模化生产供应能力。同时，我们也在浙江平湖布局新的生产基地。

《样本》：近年来纳微科技研发投入占比累计达到21.28%，截至2021年年底，公司及子公司拥有30项专利，且均为发明专利。请结合案例谈谈纳微科技在维护、促成企业内的"创新因子"持续发力上的成功经验。

江必旺：创新，是社会进步的原动力。只有真正掌握创新技术，企业才能屹立不倒，才能得到别人发自内心的尊重，也才能做到真正的独一无二，立于不败之地。

或者创新或者消亡，尤其是在技术推动型产业里，应该朝着新的道路走，而不是跟随被踩烂的成功之路。我希望以纳微科技的技术突破为一个起点，助力产业前进一大步。在现今中国这个伟大的时代，有越来越多像纳微这样的民营科创企业，有机会有能力开发出世界领先甚至是独一无二的先进技术和产品，这些公司正在逐步改变国外认为中国公司没有创新能力的偏见。这证明了即使是一个小小的创业公司，只要有足够的耐心和坚韧，敢于创新，就可以战胜曾经可望而不可即的世界老牌知名公司；这证明了一个前期愿意花大量时间、付出大量功夫从基础能力和基础创新开始做起的公司，虽然开始会走得比较慢，但会走得更远，路也会越走越宽，终将会获得更多的回报。

《样本》：十多年来，是什么支撑您坚定不移、摒弃诱惑走到现在？请您为新时代的中国青年以及正走在创新路上的企业家分享您的心得体会。

江必旺：最重要的是耐心，并且坚持做难而正确的事情。攀登科学高峰没有捷径。

受益于中国的改革开放，我才有机会从一个农民的儿子一步步走到今天，从内心深处希望用自己所学通过技术创新来回馈社会。我常常希望有更多企业能理解和接受纳微科技获得成功的方式——"笨功夫，重坚持"，从而让陷入挣扎的创新型企业因为我们的经历得到一些鼓励；让更多的学者愿意创业或者投身到技术成果转化中来；也让习惯于做"短平快"的企业意识到，踩着别人脚印走路的人，永远不会留下自己的脚印。

大家觉得"卡脖子"技术需要砸钱砸人，这是对的，但我觉得最重要的还是砸时间。走这种路是非常辛苦的，也是非常孤独的，冒的风险很大，因此一定要有情怀，需要足够多的信心、耐心、决心以及对社会的责任心。

纳微科技的很多项目如硅胶色谱填料、Protein A 亲和层析介质、手性填料、导电金球、磁性微球等，都是以十年为单位的研发周期。纳微科技的团队一旦瞄准一个目标定下一个方向，就愿意花足够多的耐心、精力和投入去试。从目前的结果来看，这个策略卓有成效，也真的突破了世界性的技术难题。

改革开放以来，中国发展迅猛，取得了辉煌成就。下一阶段的发展机遇，在于释放人才红利。我们国家培养了最多的理工科学生，我们的科研院所发表了最多的文章，在纳米技术领域，我们发表的文章数量远远超过美国。但是我们的文章数量跟产业化技术不匹配。如何真正把人才红利释放出来？是企业家和科学家面临的挑战和机遇，也是我们国家下一阶段真正能走上强盛之路最重要的条件之一。

《样本》：您如何看待长三角一体化的意义及基础研发的机会点？下一步纳微科技又将如何融入其中，助力长三角一体化，并借势实现企业的新发展？

江必旺：长三角区域内城市之间的生产要素互补性强、流动效率高、人才供应充沛，非常有利于企业的扩张和发展，并向各个产业延伸，提供更高水准的服务。我们将生产基地设立在离纳微科技总部1小时左右车程的常熟和浙江平湖，也是出于长三角内部互动、联通便利性的考虑。将来我们也会依靠这一区域的天然信息集散和产业高地的优势，壮大纳微科技的研发生产版图。

> **专家点评**

勇做新时代科技创新排头兵

进入21世纪以来,全球科技创新进入空前密集活跃的时期,新一轮科技革命和产业变革正在重构全球创新版图、重塑全球经济结构。

中国要强盛、要复兴,就一定要大力发展科学技术,努力成为世界主要科学中心和创新高地。但我国科技在视野格局、创新能力、资源配置、体制政策等方面存在诸多不适应的地方。中国科技创新,形势逼人,挑战逼人,使命逼人。

科创企业的坚守者、奋斗者,在核心技术攻关中,借助国家鼓励、支持充分发挥科技领军企业的作用。企业家自觉担负使命,在各个科创赛道上奋力拼搏,已经做出了许多Me-better的技术和产品,但是真正解决"卡脖子"问题的科技成果还不多见。江必旺博士所创立的纳微科技是少数在其领域发明和掌握全球领先技术的企业。从他身上我们看到了一名科学家华丽转身为科创企业家的坚守、奋斗、胸怀与大爱。当大多数公司都以短期利益为重,青睐于短平快的项目时,江必旺博士带领团队反其道而行,对认可的技术和项目倾注精力、时间,让团队专注其中,十年磨一剑。得益于对技术创新的专注和执着,对科学研究、技术发明的强烈追求和内在热情,以及对科技改变生活、推动社会进步的浓厚兴趣、殷切情怀,乃至民族自豪感,江博士带领5位留美博士及国内研发团队创新创业开发出世界领先的纳微米球材料精准控制和规模化制备技术,并借此获得了一个个重大技术的突破和产品的开发。

发展科学技术必须具有全球视野。现如今,信息、生命、制造、能源、空间、海洋等原创突破为前沿技术、颠覆性技术提供了更多创新源泉,学科之间、科学和技术之间、技术之间、自然科学和人文社会科学之间日益呈现交叉融合趋势。而纳微科技之所以能够做出开创性的技术和独一无二的产品,正是得益于在研究过程中推进多学科交叉,跨领域融合创新——身为色谱圈外人,通过创新技术方案,坚持十多年开发出硅胶色谱填料精确制备方法,颠覆了传统的制备技术,成为世界上唯一一家可以大规模生产单分散硅胶色谱填料的公司,不仅填补了中国的发展空白,还为世界范围内该技术领域的发展做出了积极贡献。纳微科技的成功,激励了更多科技型企业克服困难,走创新之路,也鼓励了更多科研院所的人才通过创新探索路径实现科技成果转化,实现科技报国的宏愿,为振兴民族工业尽一分力。

技术创新发展的引领者和贡献者。多项技术和产品做到世界第一或唯一,在生物制药、平板显示、医疗诊断及分析检测领域与十几家世界顶级公司同台竞争,实现了高性能微球从空白到世界引领的跨越,赢得客户甚至是竞争对手的尊重,改变国外对中国企业没有创新能力的偏见,对纳微科技而言仅仅是第一步。发挥市场需求、集成创新、组织平台的优势,打通从科技强到企业强、产业强、经济强的通道,在实现自身发展的同时惠及其他更多国家和人民,推动全球范围平衡发展、惠及全人类,才是基础研发突破和科技创新应用的目标。为此,纳微科技自觉承担作为国内微球制备行业领军企业的责任与使命,在人才培养、统一行业标准、提升国际舞台话语权等方面做了大量贡献。从技术突破、中国产业赋能再到深度参与全球科技治理,贡献中国智慧,纳微科技这样的创新企业正以更大的能量推动构建人类命运共同体。

不拒众流,方为江海。期盼在"十四五"期间,我国广大科技工作者继续把握大势、抢占先机,直面问题、迎难而上,瞄准世界科技前沿,引领科技发展方向,肩负起历史赋予的重任,勇做新时代科技创新的排头兵。

权　衡　上海社会科学院党委书记、研究员

第五章
穿越周期的光伏强力军
——大全集团·大全能源

- **楔子：** 蛰伏与成长
- **企业概况：** 中国光伏业强力军
- **创新解读：**

    第一节　朝阳产业的潮起

    第二节　跨越周期的秘诀

    第三节　跳出红海，抢占新高点

- **企业家专访：** 专攻方能建树
- **专家点评：** 技术引领，构筑全球核心优势

楔 子

蛰伏与成长

进入21世纪以来，发展以光伏发电为代表的清洁能源被认为是人类前进的方向，是大势所趋。光伏产业在中国，经历过大起，也经历了大落。其间出现过在全球光伏产业叱咤风云的企业，也有在一夜之间陨落的巨星，一些企业、一些人物，都成了行业内的传奇。

在经历了数个周期后，中国光伏业从无名之辈，一跃成为牢牢占据世界光伏产业头把交椅的生产制造大国和消费市场大国。产业的脚步没有停止，但一路走来，鲜有企业能够平稳地跃过周期。在低谷时积淀，在高峰时收获，大全集团旗下大全能源（以下简称大全能源）成功证明了自己的成长。

2021年7月22日，大全能源在上海证券交易所挂牌上市——发行价每股21.49元，开盘价为80.01元，当日收盘总市值高达1176.37亿元。这时，距离大全集团董事长徐广福从国外引进多晶硅技术进军多晶硅生产领域已整整14个年头。

凭借脚踏实地的技术积累构建的竞争硬实力，以及对产业周期的深刻洞察与理解，大全能源精准布局产能，踩准节奏释放产能的管理能力，成功穿越周期，从一家名不见经传的光伏小兵成长为名副其实的光伏行业强力军，产能名列前茅，跻身光伏上游产业硅料企业的第一梯队。

乘着"双碳"带来的产业发展东风，大全能源正进一步布局，打开新的想象空间。

企业概况

中国光伏业强力军

大全能源于2011年2月成立，注册资本19.25亿元，目前拥有员工2500余名，主要产品为高纯多晶硅，主要应用于光伏行业，处于光伏产业链的上游环节。多晶硅经过熔化铸锭或者拉晶切片后，可分别做成多晶硅片和单晶硅片，进而用于制造光伏电池。大全能源目前已形成年产10.5万吨高质量、低能耗、低成本的高纯多晶硅产能，是国内领先的多晶硅专业生产商之一。

2021年顺利登陆上交所后，大全能源实现了两地上市的资本运行双通道——其母公司开曼大全能源公司此前于2010年在美国纽交所上市。伴随着新一轮产业周期的起飞，大全能源在资本市场受到热捧，市值过千亿元，为下一步产业布局打下了有力的根基，领军中国硅料业的发展。

一、多晶硅行业的主要市场参与者

自2011年成立以来，大全能源紧紧围绕国家新能源战略规划，依托持续的研发投入和技术创新，结合低成本能源优势以及地处硅产业基地集群优势，专注于高纯多晶硅的研发、制造和销售。早年从国外引进世界领先的设备和生产工艺后，通过消化吸收、技术创新，公司已实现全自动、全循环的闭环式运行制造高纯多晶硅。生产过程物料利用率高、能耗低、绿色环保，各项技术指标均达到了国际先进水平。大全能源参与制定了光伏业相关的国家标准，成为中国多晶硅行业主要的市场参与者之一。

根据硅业分会数据，2020年度国内多晶硅产量约为39.6万吨，大全能源对应期间的多晶硅产量为7.73万吨，占国内多晶硅产量的19.52%；2020年度国内单晶硅片用料产量为32.6万吨，其中大全能源在占据主流的单晶硅片用料的市场占有率为22.68%。同时，由于大全能源在产品质量、专业技术及服务响应方面颇有优势，得到了客户的高度认可，与诸多光伏硅片行业领先企业建立了长期稳定的合作关系，获得了市场的认可和良好的业界口碑。

2020年，大全能源实现营业收入46.64亿元，较2019年增长92.25%。在碳中和背景下，2021年公司业绩迎来爆发式增长，实现营业收入1083186.67万元，较上年同期增长132.23%；归属于上市公司股东的利润572384.24万元，较上年同期增长448.56%。

二、纯粹的"理工男"

仔细研究大全能源，就会发现这家公司散发着"理工男"的气质。

充分尊重专业、重视技术研发，是"理工男"最显著的特征。在大全能源，各部门各司其职，又通力协作。基于产业布局需要，公司的生产运营总部位于新疆，销售、财务、法务、投资者关系以及战略决策在上海。虽然两地办公，但双总部战略推动的开放型企业文化反而促成很多人在大全能源工作多年。公司上下恪守"专业的人做专业的事"，并将其作为企业管理的核心思想。董事会和高层管理对经营团队充分信任和放权，在技术创新和技术路线的选择上，给予充分的自由裁量权，在具体经营活动和科研活动上给予最大的灵活度。

"技术攻坚"是大全能源内部最重要的绩效指标。每年，公司都会在内部设立各种技术管理奖，给予在技术研发、技术改进、工艺改进、装备更新等技术攻坚中做出贡献的人员相应的奖励，同时设置专利申请奖。

大全能源还原车间

这种你追我赶的技术激励措施使得大全能源在过去10年中积累了众多技术创新成果。截至2021年6月8日，大全能源拥有147项专利，其中境内专利为145项，境内发明专利为27项。依托成熟稳定的改良西门子法加冷氢化工艺，大全能源通过多年的技术攻关和产业化建设，成功掌握了多项关键工艺技术，并通过推广实施数字化管理和数字制造系统建设，利用大数据、云计算等先进技术，进一步提高产品质量、降低能耗和成本。这使得大全能源即便在行业低迷时仍然可以通过更高的产品质量获得市场，在行业回暖之际打响品牌。

现如今，大全能源已是发改委等部门认定的"国家企业技术中心"，拥有发改委认定的"光伏硅材料开发技术国家地方联合工程实验室"，是工信部等部门认定的"智能光伏试点示范企业""2019年国家技术创新示范企业"、符合《光伏制造行业规范条件》企业，入选工信部认定的"2018年智能制造试点示范项目名单"和"第一批绿色制造示范名单"。

> 创新解读

第一节　朝阳产业的潮起

早在1839年，法国科学家贝克勒尔就发现光照能使半导体材料的不同部位之间产生电位差。这种现象后来被称为"光生伏打效应"，简称"光伏效应"。然而，第一个实用单晶硅光伏电池直到1954年才在美国贝尔实验室研制成功，从此诞生了将太阳能转换为电能的实用光伏发电技术。20世纪60年代伊始，光伏发电和太阳能电池在国家间的太空竞争中发挥了重要作用，成为卫星等航天器的重要能源。

经过多年努力，中国光伏企业在技术研发、生产管理以及多个领域不断发展，目前均达到了世界领先水平，产业链已经相当完善和成熟，无论是制造能力还是市场占有率，在全球都处于领先地位。

一、"独立行走"，步伐加快

光伏作为我国战略新兴产业，是实现我国能源安全与绿色发展的重要保障。在相关政策的引导下，光伏产业快速发展。2020年，我国新增光伏并网装机容量达到了48.2GW，同比增长60%，连续8年名列全球第一。据国家能源局统计，我国光伏新增装机量由2013年的12.92GW提升至2021年54.88GW，年均复合增长率高达20%，累计装机量连续7年稳居全球首位。同期，光伏新增装机量占我国新增发电装机量的比例由12%提升至31%。据中国光伏行业协会预计，2022—2025年全球光伏年均新增装机将达到232～286GW，其中国内光伏年均新增装机将达到83～99GW。

在中国光伏业过去的发展里，始终无法回避"补贴"二字，无论是海外的政策补贴还是国内的政策补贴，都曾经催生了一波投资高潮，但又随着补贴的取消而跌入低谷。

补贴之下，行业有了生存的希望，但企业发展良莠不齐。2018年5月31日，国家发展改革委、财政部、国家能源局联合印发了《关于2018年光伏发电有关事项的通知》，将下半年光伏发电规模压缩到原来的1/3以下，且要求6月1日立即执行。政策补贴下调的力度和速度都远超预期，导致光伏行业多家上市公司股价连续跌停，行业一夜之间步入寒冬。但这次的调整也给行业带来了一次优胜劣汰，在客观上推动了行业的进步——从重视规模转向重视技术和产品、从无序发展到有序发展，迫使企业积极开展技术革新，以提升盈利能力和抗风险能力。技术革新成为中国光伏产业最重要的关键词，通过不断技术创新、精细化管理、降低成本存活下来的企业成了新时代的领军者，并使光伏业驶入高质量、平稳发展的轨道。

根据中国光伏行业协会数据，2019年投产的光伏电站平均投资成本比2017年降低至少32%。2019年1月，光伏平价上网政策正式出台，这项政策标志着中国光伏产业迈入了一个新的阶段，意味着光伏发电成本已经可以与火电燃煤标杆价相同，企业可以不依靠财政补贴而生存发展。命运被政策左右的中国光伏产业，最终凭借十多年持续的技术进步，独立行走。根据麦肯锡对中美各个产业竞争力的对比，光伏业成为中国具备压倒性优势的行业。

2021年，碳达峰碳中和首次被写入政府工作报告，国家要求各地扎实做好碳达峰碳中和各项工作，制定2030年前碳排放达峰行动方案。优化产业结构和能源结构，大力发展新能源。新能源发电、汽车电动化成为我国实现碳中和的主要抓手，作为新能源的分支之一，光伏业再次迎来最大的政策红利。

国家发展改革委、财政部、中国人民银行、银保监会、国家能源局联合发布《关于引导加大金融支持力度 促进风电和光伏发电等行业健康有序发展的通知》，要求各地政府主管部门、有关金融机构充分认识发展可再生能源的重要意义，合力帮助企业渡过难关，支持风电、光伏发电、生物质发电等行业健康有序发展。"十四五"规划纲要提出，坚持集中式和分布式并举，大力提升风电、光伏发电规模，加快发展东中部分布式能源。在碳达峰碳中和的目标下，我国的光伏产业继续快速发展。

二、技术迭代后的产业繁荣

硅料位于光伏产业链的上游，资金和技术壁垒高、产能扩产周期长，在我国起步较晚。早期，国内企业主要集中在硅片、光伏电池和光伏组件加工等中游环节，而附加值较高的上游原材料多晶硅环节由于受到国外技术封锁，长期高度依赖进口。2005年，我国首条300吨/年多晶硅产业化示范线建成，标志着多晶硅规模化生产技术体系的形成，打破了国外的技术封锁。目前，随着硅料国产化进程的加速，中国已然摆脱原材料受控的局面。

在光伏产业政策的持续驱动下，随着国内多晶硅厂商技术的迅猛发展，生产成本大幅下降。在各种技术革新中，单晶硅片的异军突起加速了行业整体效率的提升，也改写了行业格局。在2016年以前，多晶硅片凭借成本优势，控制近80%的光伏市场，但PERC

（Passivated Emitter and Rear Cell）电池的推广和金刚线切片技术的应用使市场发生了逆转。经历了几次技术突破之后，单晶硅片成本大幅降低，市场快速打开，逐步取代传统的多晶硅片成为行业主流技术路线。2019年单晶硅片出货超过83GW，约占全年硅片出货的62%，较2018年提升20个百分点。2020年单晶硅片市场占比约为90.2%。这也为应用于单晶硅片的高品质多晶硅原材料提供了广阔的市场。

技术改进带来了产业的繁荣。近年来，全球多晶硅产业进一步向中国转移，尤其在技术提升后，中国多晶硅企业的成本优势愈加明显，产品质量不断提升，顺利协助中国光伏产业完成从多晶技术到单晶技术的升级转型。以大全能源为例，该公司2021年单晶硅料销量占比已经达到99.37%，处于业内领先地位。此外，为了顺应光伏技术从传统P型单晶到N型单晶的升级，大全能源也早早开始布局超高纯度的N型硅料，并且已经实现向客户的商业销售。公司今后将继续努力提升N型单晶料比例，进一步提升公司的盈利能力。

成本的降低、效率的提升带动了国内光伏上网标杆电价不断下调。2020年3月31日《关于2020年光伏发电上网电价政策有关事项的通知》出台，Ⅰ类、Ⅱ类、Ⅲ类地区光伏上网电价在2015年的基础上，进一步下调至0.35元、0.40元和0.49元。电价的不断下调倒逼光伏电站的建设和运营者不得不通过技术升级、规模效应等方式持续提升发电效率，降低发电成本。

在业内人士看来，随着光伏产业链各环节技术不断进步，光伏发电的度电成本逐年下降，促进电站装机需求扩大，行业正在进入良性循环。虽然全球硅料产能在2022年预计有较大增长，但新增产能平均需6个月才能达到满产。随着分布式光伏需求高增，硅料紧平衡仍将是2022年市场的主旋律，价格预计仍将延续高位。未来光伏发电将凭借其低污染、低成本的优势逐渐成为主要能源供应形式之一，带动光伏发电全产业链的发展。

行业的回暖也吸引了更多资本加入，竞争也愈加激烈。行业集中度进一步提升，优势产能绝大部分集中在国内。据中国光伏行业协会统计，2021年多晶硅排名前五企业产量占国内多晶硅总产量的86.7%，硅片排名前五企业产量占国内硅片总产量的84.0%，晶硅电池排名前五企业产量占国内电池总产量的53.9%，晶硅组件排名前五企业产量占国内组件总产量的63.4%。龙头企业凭借逐步形成的规模优势，以持续的研发攻关和精细化、数字化、智能化的管理进一步推动产品提质降本，展现出更强的综合竞争力。

目前，我国光伏产业基本完成从人工生产到自动化、智能化，从人工运维向数字运维的转变。智能光伏时代也为我国实现"双碳"目标提供了新的动力。企业要想在高速发展中胜出，必然要将信息技术和先进制造深度融合，利用数字化管理手段提升生产水平，稳定产品质量。

第二节　跨越周期的秘诀

一路走来，大全能源经历了国内和全球光伏产业爆发式增长期，也经历过产能过剩和需求萎缩带来大量产能出清的低谷期。现如今，等来了国内光伏产业在政策扶持和规范下的稳步发展期，以及目前平价上网的行业拐点等历程。

在过去很多年里，大全能源在行业里并不显山露水。它潜心积累，始终都把技术创新放在第一位，为产品升级和质量控制提供了技术保障；它深耕行业，对行业有深刻洞察，主动把握发展方向，及时调整公司技术方向和业务发展战略；它把握机遇，在新一轮周期到来时乘势而上，步入发展快车道，跻身中国硅料企业的第一集团军。

一、坚持技术积累，构筑优势壁垒

多晶硅是以工业硅为原料经一系列的物理、化学反应提纯后达到一定纯度的非金属材料。按纯度要求及用途，可以将多晶硅分为太阳能级多晶硅和电子级多晶硅。太阳能级多晶硅主要用于太阳能电池的生产制造，而电子级多晶硅作为主要的半导体电子材料，广泛应用于电子信息领域。

事实上和黄金一样，世界上不存在100%的纯材料，就以小数点后多少个"9"来表示纯度。多晶硅生产的核心就是提升纯度99%左右的工业硅粉，通过化工提纯的方式，让"9"多起来，"9"越多则纯度越高。太阳能级多晶硅对杂质有严格的要求，即多晶硅的纯度需达到99.9999%以上，尤其是对其硼、磷元素的要求尤为严格，高纯多晶硅的制备是光伏产业链中技术含量较高的环节。其中，高效率光伏组件使用的多晶硅，其纯度要求是7~9个"9"。越精确的硅料，技术含量越高。2021年，大全能源生产的多晶硅95.71%可以达到国标电子二级标准，86.90%达到国际电子一级标准（多晶硅国际的最高标准）。大全能源在产品质量上的不断进取有望帮助其在下一轮N型技术变革中建立超领先优势。

目前多晶硅行业的生产方法主要包括改良西门子法、硅烷流化床法等，大全能源所采用的改良西门子法是目前国内外最普遍也是最成熟的方法。改良西门子法是在西门子法的基础上增加了尾气回收和四氯化硅氢化工艺。实现了生产过程的闭路循环和原料的循环利用，解决了西门子法还原过程单次转化率低的问题。

大全能源成立初期引进了行业先进的设备和生产工艺，但在此后的几年中，他们依托成熟稳定的改良西门子法加冷氢化工艺。通过多年的技术攻关和产业化建设，持续进行技术创新，在精馏耦合技术、四氯化硅综合利用技术、多晶硅还原炉参数配方及控制技术、还原炉启动技术、三氯氢硅除硼磷技术、多晶硅生产废气深度回收技术、多晶硅破碎筛分技术等关键工艺技术上取得了突破，使得产品工艺不断提升。根据中国光伏行业协会统计，在2020年改良西门子法技术占比高达97.2%，硅烷流化床占比仅为2.8%。根据下游客户的普遍反馈，流化床法制造的颗粒硅目前还因为其质量差距，依然只能作为掺杂料使用，在未来几年内对改良西门子法形成大规模替代的可能性较小。改良西门子法头部企业的规模优势十分明显。截至2021年6月8日，公司拥有147项专利，其中境内专利为145项，境内发明专利为27项，这些技术革新不仅提升了产品质量，降低了生产成本，也减少了生产过程中对环境的污染。

譬如在冷氢化过程中，大全能源掌握了较高水平的催化剂使用量以及反应温度、压力等条件，在冷氢化生产三氯氢硅的过程中减少中间物料三氯氢硅中的碳、磷等杂质含量，提升多晶硅产品品质。在尾气回收系统中采用不同的深冷回收工艺，利用不同物质在不同温度和压力下溶解度的差异，分离更多杂质，从而提升循环氢气和氯硅烷的质量。在产品破碎包装系统中，采用自动系统和特殊方法，减少人与硅料的接触，减少粉尘、金属粉末等环境杂质，从而减少对产品的二次污染。采取独有的工艺对废硅渣、废氯硅烷、外排氢气、外排水进行回收利用，将无价值的废硅渣变为附加值较高的工业产品。此外，对氯硅烷进行回收利用，减少了氯硅烷水解的量，降低了物料消耗，减轻了环保压力；对生产过程中外排的氢进行回收以及对水的分级综合利用等，降低了生产单耗和生产成本。

大全能源精馏塔

为了鼓励技术创新，大全能源在公司内部建立了多项激励措施。针对核心技术人员，实施了包括固定工资、绩效工资、年终奖金、股权激励等多元化的激励方式，并通过具有竞争力的薪酬体系吸引技术人才；设立相关的技术创新激励机制，固化以技术创新为核心的企业文化。企业会根据客户不断提升的需求，结合生产中的技术难点、痛点，每年确定第二年的技术攻关项目，并进行张榜，由对口专业技术人员组织团队揭榜，进行技术攻关，结题后再进行评估，对达到目标的给予现金奖励。

此外，大全能源非常重视与技术咨询机构、高校科研机构的合作。先后与石河子大学、天津大学、华东理工大学等在相关领域具有雄厚研发实力的大学建立合作关系，在多晶硅领域开展合作研究，建立了发改委认定的"光伏硅材料开发技术国家地方联合工程实验室"。借助高校深厚的知识积淀、人才优势和设备优势，吸收高校科研人员在多晶硅化学工艺上的创新技术，了解科学前沿动向，加快研发速度，不断提高生产效率和产品品质。

技术的不断累积，使得大全能源多晶硅产品的质量指标与同行业可比公司公开披露的质量指标相比，已经具有一定优势，产品已达到了技术指标要求最高的《电子级多晶硅》（GB/T 12963-2014）电子一级标准。2019年新建成投产的三期A项目的各项生产技术指标均大幅优于中国光伏行业协会发布的行业平均指标，且多项指标均已达到了预计的2030年的行业平均水平。

二、搭建数字制造体系，助力降本增效

随着5G、云计算、物联网、大数据、人工智能等新技术的发展，数据资源日益成为关键的生产要素，数字化制造也成为推动制造业发展质量变革、效率变革、动力变革的重要力量。2019年11月，大全能源从各部门抽调精兵强将组建100余人项目实施团队，引进国内外先进的软硬件系统和工业大数据平台，开始了数字化制造项目的建设。项目团队齐心协力、紧密协作，克服了新冠疫情和实施过程中的种种困难，经历流程梳理、方案设计、系统实现、切换上线四个阶段，于2020年9月全面成功上线运行。

完整的数字化制造体系实现了销售、生产、工艺、质量、设备、安全等生产全要素的闭环管理。以往分散在各个生产流程中的"信息孤岛"，通过设备互联实现工业环境下人、机、物全面互联互通，实现生产全过程的实时管控。同时系统对生产过程中的业务规程进行固化，确保所有业务都按照规程严格执行。通过操作流程和工艺流程串联，人机料法环等全面进入线上运行，形成一个有机的整体，以数字化的形式有序地运行在系统之上。

如今，企业已经实现了高度的自动化与数字化，5G技术应用到生产过程中。工厂中

的大多数操作都由计算机完成，人工负责监控——凡有管道、有阀门，所有需要控制的地方，都安装了感测器，传递数据供监测分析。新疆工厂有接近2万个控制节点，每一个节点运行都由数据表达，展示在计算机系统里，实时监控。这些，都反映在中央控制室的"中枢神经"中——实时显示传感器发来的各种数字、图表、曲线，各个生产环节由温度、速度、传输数量等数字反映，只要显示与规定不符，系统就会发出报警。

数字化实施对质量的稳定性起到了重要的作用。比如，以前每次质量出现波动，都需等技术人员定时采样分析后才能发现。然后根据现象去分析原因，基本是事后控制，响应效率较低。在问题解决前，质量将持续存在波动。实施数字系统，通过在线质量监测设备实时监控重要的运行参数，一旦某个参数出现异动，系统会自动判断，并根据已经植入的程序进行调整，大部分的异常可以得到及时处理。同时会推送给相应的技术人员，进行双重管理，极大地加快异常处理效率——质量稳定性提升了20%以上，成为大全能源高品质的坚实基础。

大全能源中控室

一年多生产全流程的数字化运营，形成了海量的运行数据，大全能源组织利用大数据计算等先进技术，对生产数据进行建模运算，寻找规律，优化生产控制模型，生产运行效率和产品质量得到显著提升。随着运营数据不断积累，大全能源运用新技术深度挖掘数据资源的价值，持续提升公司核心竞争力。

大全能源是行业中第一个实现数字化管理和数字化制造的企业，用最短的时间创造了"数字制造"的奇迹，巩固了大全能源的行业地位，为中国的数字制造打出了样板，为未来实现"数字化制造到智能制造"的全面转型、升级打下了坚实的基础。

三、乘"市"而上，绸缪未来发展

多晶硅行业还是典型的资本密集型行业，因为多晶硅生产前期投入较高，固定资产投资规模大，动辄需要数十亿元。没有雄厚的资金支持，难以在短时间内实现产能扩张，而没有一定的产能规模则意味着没有话语权。而这，则直接关系着企业的存亡。此外，大规模生产能有效摊薄固定资产折旧等固定成本，并且更易于实现能源使用的集约化，也有利于增加原材料采购、能源采购和物流服务采购的议价能力从而降低采购价格，获得市场竞争优势，因此产能扩张是所有光伏企业的必然选择。近年来，多晶硅行业内龙头企业凭借技术优势、资金优势等，不断扩充优质产能，扩大市场占有率，导致国内多晶硅行业集中度持续提升、行业竞争趋于激烈。根据中国光伏行业协会数据，2017—2019年中国前十名多晶硅企业产量占国内多晶硅总产量的比重分别为76.03%、79.92%、92.11%。根据中国有色金属工业协会硅业分会数据，2020年大全能源等4家产能在5万吨以上的企业产量占国内总产量的76.3%。

为了扩张产能，大全能源登陆资本市场公开募资。

2010年，成立三年的开曼大全能源公司顺利登陆美国纽交所，融资7600万美元，为加快多晶硅扩能技改奠定了资金基础，帮助公司从4000吨产能起步。

2021年，大全能源在上交所科创板上市，募集资金50亿元，募资用途就包括年产3.5万吨多晶硅项目和补充流动资金。

在过去11年间，大全能源的产能增长了接近20倍，2021年公司产量达8.5万吨。硅料从扩产到落地需要一年到一年半的时间，满产需要两年到两年半的时间，大全能源目前很大一部分产能得益于其在2018年"531政策"发布后，出现的新的产能布局。

当时，"531政策"促使行业进入重整期，行业对于高质量产品的需求越发明显，大全能源管理团队判断经过这一轮重整后，光伏行业的未来发展将更加健康，决定乘"市"扩张产能——通过母公司海外募资以及与下游企业签订长期销售订单，大全能源获得了17亿元的启动资金，开始了新疆生产基地的4A产能新建。

为了给扩张产能的下游需求提供保障，大全能源采取了特殊的销售模式。大全能源与客户签订的协议主要由长期供货协议、销售合同/订单组成。针对多晶硅主要客户，大全能源通常与其签订长期供货协议，协议期限通常在1~3年。长期供货协议一般就产品规格型号及定价原则、供货量范围、协议期限、预收款等条款进行约定,每月具体的供货数量和产品单价一般以双方签订的销售合同/订单为准。这样的销售模式不仅为产能提前锁定了客户,也不用太担心价格的波动带来的违约。

2021年,光伏供应链博弈加剧,上游产能无法匹配下游装机需求令硅料价格大幅上涨。面对持续增长的下游需求,硅料巨头纷纷扩产。同年12月21日,大全能源抛出超300亿元投资规模的扩产计划,在包头市投资332.5亿元,建设30万吨/年高纯工业硅项目、20万吨/年有机硅项目、20万吨/年高纯多晶硅项目等。其中,一期项目的开工和建成投产时间已经明确,二期项目将根据市场需求情况推进。

第三节 跳出红海,抢占新高点

在新的高速发展周期里,传统玩家开始了扩产竞赛,新玩家也在大举投资,如此继续,产能过剩已经可以被预见。行业红利在这场竞赛里也将不可避免地日趋减少,能够生存的只会是技术更高、质量更好的生产企业。如何跳出红海,是大全能源必须面对的问题。所幸依赖过去十多年的技术积累,他们已经有能力进行新的选择。

一、多元化起步,助力持续发展

在2021年登陆科创板之际,大全能源宣布将新建年产1000吨高纯半导体材料项目。在同年12月21日的扩产公告中,除了太阳能多晶硅的产能新建,还包括2.1万吨/年半导体多晶硅项目。

在大全能源看来,目前生产的高纯多晶硅主要用于太阳能光伏行业,半导体级硅料项目是公司现有主要业务的延伸,也是对公司现有核心技术的产业化应用,可以使公司的产品结构进一步优化,从而提升公司的市场竞争能力和持续盈利能力。

半导体行业被认为是现代电子信息产业的基础,是支撑国民经济高质量发展的重要行业。国家近年来也发布了多项产业政策鼓励发展半导体行业,包括《国务院关于印发鼓励软件产业和集成电路产业发展若干政策的通知》(国发〔2000〕18号)、《国务院关于印发进一步鼓励软件产业和集成电路产业发展若干政策的通知》(国发〔2011〕4号)等。根据全球半导体贸易统计组织统计,在政策大力支持与下游应用快速繁荣等因素的推动下,

2019年我国半导体行业销售规模达到了1441亿美元，2014年至2019年我国半导体行业销售额年化复合增长率达到9.46%，占全球销售额比例也由2014年的27.32%上升至2019年的35.15%，目前已经成为全球最大的半导体消费市场。半导体级多晶硅作为半导体硅片生产所需的主要原材料，是半导体产业的基础原材料之一。2019年，全球半导体级多晶硅需求达到3.9万吨，同比增长8.3%。在中国半导体产业快速发展的趋势下，配套的硅片产业加快新建与扩产，对半导体级多晶硅的需求增长明显。大全能源布局半导体多晶硅项目，将尝试利用产品多元化，开辟全新的赛道，跳出光伏发展周期，开辟蓝海。

二、填补产业空白，实现进口替代

对于大全能源来说，半导体多晶硅不仅可以提高自身盈利能力，还可以助力我国行业填补空白，实现进口替代。

大全能源部分厂区

当前，我国正在全力推进半导体产业的发展，国家中长期科技发展战略把提高自主创新能力提到一个相当的高度，并已将"核心电子器件、高端通用芯片及基础软件产品"和"极大规模集成电路关键装备及成套工艺"列入重大科技专项进行重点扶持。国家"十二五""十三五"集成电路规划提出要大力发展集成电路产业，尽快建立一个自主创新能力不断提高、产业规模不断扩大的产业体系，对于保障信息安全、经济安全，增强国防实力，推动社会进步，提高人民生活水平，具有极其重要的战略意义和现实意义。

通过多年的技术升级改造和积累，大全能源是目前少数产品质量大比例已经达到电子级标准的企业之一。大全能源希望通过新建半导体多晶硅项目与同行形成合力，共同助推我国半导体级多晶硅的研发与产业化，加快实现半导体级多晶硅进口替代，保障半导体材料供应安全。

  作为一家企业，其最根本的价值不在于创造多少利润，而是能不能助推社会进步。从这个层面来说，大全能源已经迈向了一个全新的发展阶段。

企业家专访

专攻方能建树

—— 专访大全能源董事长徐广福

《样本》：您是在怎样的契机下进入光伏行业的？光伏产业发展起伏很大，在这期间您经历了哪些艰难时刻？有没有想过退出？

徐广福：2007年前后，中国光伏产业已经初具规模，但是在硅料方面还是完全空白的，基本被海外厂商垄断。我们看到了这个机会，希望能够在这个领域建立起自己的地位。

光伏产业历史上一直依靠政府补贴——无论是海外还是国内，光伏补贴政策的调整都会对产业带来很大的冲击。例如，2012年欧洲各国的补贴政策调整，2018年中国产业政策的调整，等等。此外，激烈竞争的产业现状，时有发生的阶段性的产能过剩，都会给企业的发展带来很大的挑战。"立志欲坚不欲锐，成功在久不在速"。我们居安思危，有充分的认知和准备，持续不懈地强化核心竞争力，做好防御风险的准备，加强企业抗打击能力。

好在光伏产业目前已经进入了平价时代，也迎来快速发展时期。未来，政策对光伏的影响将会越来越小。企业的风控就是紧紧把握两点：一是打造核心竞争力，二是控制发展节奏。

《样本》：您认为，支撑大全能源走到今天最重要的因素是什么？

徐广福：专注核心业务、专业的团队运营、现代企业管理制度、合法规范经营、不冒进也不保守，是大全能源走到今天最重要的原因。

大全能源是一家专注于把一件事情做好的企业——抓反复、反复抓，抓重点、抓提高。我们坚持在做好做精的前提下，适度考虑扩展业务。光伏产业好比一项长跑运动，暂时的速度并不是最重要的，企业需要有一个长期的战略思维，需要有取舍。

《样本》：在碳达峰碳中和的时代背景下，光伏业似乎又迎来了一个发展高潮，您如何看待中国光伏业的未来发展？

徐广福：无论是中国还是全球，光伏将成为今后的主力能源，这是一个基本共识，也具备实际可行的条件。光伏的使用成本还将大幅下降,储能技术也将不断成熟,这为光伏在今后的能源领域内担当大任打下了基础。光伏产业依然是一个朝阳产业,今后二三十年都会是一个快速发展的阶段。

《样本》：大全能源能够跻身硅料企业第一梯队,在您看来脱颖而出的核心要素是什么?

徐广福：大全能源的核心竞争力是人和制度。"泰山不让土壤,故能成其大;河海不择细流,故能就其深"。我们广纳人才,并奉行"专业的人做专业的事",让人才在好的制度下与企业共同成长。开曼大全能源在美国上市已经超过10年,作为子公司,新疆大全的企业治理结构和财务披露制度都是符合国际合规标准的,我们的高管团队中也有一些具备国际视野和经验的人员。

好的制度能够最大限度地激发人的潜能。一个人才喜欢在一个公司工作,无外乎看重几个条件：公司的发展前景,个人的发展机会,薪资待遇,企业文化。我们让每个人在他自己的职位上有发展空间,用制度给人才创造良好的工作氛围,让每个人在大全能源不仅看到企业的成长,也看到自己的成长。团队的能力和凝聚力决定企业可以走多远,走多久。

大全能源的生产运营总部在新疆,因为当地有生产资料的资源优势;上海是战略层面的总部,包括销售、财务、法务、投资者关系等,这些工作在上海更能发挥其作用。长三角地区,对于大全能源来说最大的优势是丰富的人才资源、科研力量和快速传播的信息,特别是今后大全能源计划向半导体及硅料发展,则需要更多地关注人才和科研。我们在今后的发展中,将把西部与长三角所在的东部两地优势紧密结合起来。

《样本》：您希望大全能源成为怎样的一家企业?

徐广福：我们希望大全能源和员工都有这样的特点：有长期的价值取向,相对不注重眼前的短期利益;诚信待人、合法依规经营;踏实发展、不投机取巧;诚意合作,利益共享。我们正在朝这方面努力。

《样本》：2021年,大全能源顺利登陆科创板市场,这是继登陆纽交所之后的第二次上市,这对大全能源来说意味着什么?资本市场对于光伏企业的发展为何如此重要?

徐广福：今后二三十年都会是光伏业快速发展的阶段,优秀的企业仅靠自身现金流来扩张,速度太慢,需要资本市场的助力。

一家企业无法左右大环境的变化,它能做的就是预判风险并提出相应的对策。保持自己的核心竞争力,确保资产负债表的安全,做到这两点,企业就会穿越周期,享受行业长期发展的红利。

《样本》：技术的不断迭代，在某种程度上也促使光伏行业不断变局。大全能源是如何进行技术创新和积累的？

徐广福：硅料的技术和工艺，最终体现在产品质量上。大全能源目前是行业里技术工艺和质量领先的企业之一。我们近期已完成了向数字化工厂的转型升级，今后会向智能化工厂努力。技术的创新和积累需要企业有这方面的基因，就是对技术创新的长期关注和投入，对技术工艺难题有攻坚克难的决心。

《样本》：布局半导体多晶硅生产，您有怎样的考量？

徐广福：半导体硅料是硅料行业的珠穆朗玛峰，我们有信心去攀登这个高峰。半导体硅料，特别是高端器件的硅料，目前来说基本上处于海外垄断状态。我们相信中国半导体行业必然会进入一个各环节自主可控的阶段，这是国家的需要，也是我们的机会。引进新的技术和人才，叠加我们在高纯硅料上已有的经验，我们有信心把这些事情做好。

《样本》：2021年，您觉得对于大全能源来说，有哪些收获和遗憾？新的一年又有哪些期望？

徐广福：作为百年未遇之大变局的开端，2021年充满挑战，也充满机遇。我们需要深刻认识可再生能源在全球、在中国的支柱性能源的重要角色，坚定不移地在国家大政方针下为实现中华民族的伟大复兴做出自己应有的贡献。国家已经把方向勾画清晰了，在这个大方向下，企业应该顺势而为，不要逆流而动。所谓绿色发展，首先是绿色，然后是发展。绿色就是降低能耗，使用清洁能源，企业需要牢牢把握这个机遇，制定发展战略。

2021年，我们通过三期A项目顺利实现了硅料产能翻倍增长。2021年12月，我们的三期B项目也顺利竣工并开始投入试生产。我们在产品质量和技术上虽然处于中国第一集团，但与世界顶尖水平之间依然有差距，依然无法满足半导体领域的应用，这个是我们今后努力的方向。在业务层面，首先是争取做到光伏和半导体市场硅料生产的龙头企业，具备最具核心竞争力的成本、技术和质量。在这个基础上，再向相关领域进行有序拓展。在企业治理层面，力争建成现代化企业管理制度，合法依规经营，尊重客户、股东、员工的利益和权利，实现长期稳定地发展。

> 专家点评

技术引领，构筑全球核心优势

　　能源是人类文明进步的基础和动力，攸关国计民生和国家安全。作为一项可再生能源，光伏是能量来源路径最短、储量最大的自然能源，具有取之不尽、用之不竭的特征，且成本低，是全球最有竞争力的发电模式。有光的地方，就能清洁发电。

　　十多年前，中国的光伏业属于典型的"两头在外"——上游的硅料依赖进口，下游的产品销售全靠出口。今天，以大全能源为代表的中国优秀光伏企业，面向世界科技前沿，通过不懈地投入研发，实现技术革新，以极致的降本增效、低成本扩张，穿越行业周期，助力中国光伏发电产业实现全球领跑。2021年，中国光伏制造端产值突破7500亿元，光伏产品（硅片、电池片、组件）出口额超过280亿美元。在此次全球新旧能源转型的科技革命中，中国已经成为光伏发电的全球推动者和引领者。

　　作为光伏行业的基础原材料，多晶硅面临巨大的行业成长空间和较长时间内的高速发展前景。大全能源作为一家领先的太阳能光伏高纯度多晶硅制造企业，一直专注于高纯多晶硅的研发、生产和销售。公司目前已形成年产10.5万吨高质量、低能耗、低成本的高纯多晶硅产能，是多晶硅行业主要的市场参与者之一。大全能源最突出的优势，在于其先进的技术和低成本模式。

　　硅料的技术和工艺，最终体现在产品质量上。大全能源是行业里技术工艺和质量领先的企业之一。公司坚持对技术创新的长期关注和投入，并向数字化工厂不断转型升级，产品质量已经达到电子级，并能够实现N型硅料的批量供货。公司是"智能光伏试点示范企业"，建设有"光伏硅材料开发技术国家地方联合工程实验室""兵团光伏硅材料制造与应用工程技术研究中心""新疆兵团光伏硅材料工程实验室""自治区级企业技术中心"。公司还参与制定了光伏行业相关的国家标准、团体及SEMI标准6项，其中国家标准2项、团体标准3项、SEMI标准1项。未来，大全能源也将向半导体硅料的技术高峰攀登，打破目前高端器件硅料的海外垄断壁垒。

　　在低成本模式上，大全能源具有世界领先的设备和生产工艺，通过技术创新，实现全自动、全循环的闭环式运行高纯多晶硅制造。通过这样的技术优势和管理优势，大全能源有效控制其生产成本，保持了自身在行业中较高的毛利率水平。历史上，光伏产业一直依靠政府补贴发展市场，但随着技术创新、降本增效，光伏产业目前已经进入了平价时代，政策对光伏的影响越来越小，大全能源的低成本扩张模式，在一定程度上重新定义了行业，引领了光伏业未来发展的方向。大全能源董事长徐广福坚信，光伏的使用成本还将大幅下降，储能技术也将不断成熟，这为光伏在今后的能源领域内担当大任打下了基础。光伏产业依然是一个朝阳产业，今后二三十年都将处于一个快速发展的阶段。

我国是一个能源短缺又消耗极大的国家，且能源需求过度依赖他国容易被卡脖子。光伏在全球范围内也成为电力领域碳中和的关键。我国所立的碳达峰碳中和的目标，同样对能源选取的技术路线提出更高要求。根据相关数据解读，要实现二氧化碳排放2030年前达峰，"十四五"非化石能源占比要达到20%左右，到2030年要达到25%。随着光伏发电持续降本提效，其将渐渐替代化石能源，成为未来我国可再生能源的主力军。2021年，大全能源通过三期A项目顺利实现了硅料产能翻倍增长。2021年12月，大全能源的三期B项目也顺利竣工并开始投入试生产，其在产品质量和技术上已处于中国第一梯队。

展望未来，大全能源将牢牢把握绿色发展的机遇，实现全球领跑！让我们期待大全能源，以及中国可再生能源的光明未来！

汤哲辉　安永大中华区审计服务合伙人
　　　　　安永上海党委书记

第六章
守正创新,引领绿色照明
——横店集团得邦照明股份有限公司

- **楔子：**拥抱新世界
- **企业概况：**坚守与开拓
- **创新解读：**

    第一节　直面外部环境形势

    第二节　主动谋变，创变新格局

    第三节　开启二次创业新征程

- **企业家专访：**始于热爱，止于至善
- **专家点评：**勇于创新，发出更绚丽多彩的光

2021长三角商业创新样本

楔 子

拥抱新世界

中国加入WTO，极大地促进了改革开放的进程，开启了中国融入经济全球化与世界共赢发展的新时期。

20多年来，中国参与全球化的深度和广度得到了前所未有的发展，同时也改变了全球多边贸易的格局，改变了全球贸易的重大方向，有利于全世界人民，尤其有利于发展中国家。跟随入世步伐的得邦照明，以国际标准要求自身，直接参与全球市场的竞争，成长为中国照明行业的龙头企业和全球照明行业的重要品牌。

明者因时而变，知者随事而制。面对世界潮流的浩浩荡荡，主动求变、变中求进，成为明智理性的发展之举。2018年12月中央经济工作会议提出，推动先进制造业和现代服务业深度融合，建设制造强国，助推制造业高质量发展。同时，也明确提出了"畅通国民经济循环""促进形成强大国内市场"。也正是这一年，得邦照明深化"制造+服务"双核发展模式，并提出以国际品质回归中国，正式发力国内市场——从主攻国际市场到"全球村"拓展计划，坚持"外贸+内贸"双循环，坚持"得邦制造与得邦服务"双轮驱动。同时，企业积极响应国家绿色化、智能化发展政策，把资源节约型、环境友好型企业建设列为工作的重中之重，积极从单一的节能灯生产企业逐渐转变为绿色照明产品综合提供商——除了专注低碳节能产品研发、绿色设计和制造外，将车载业务作为今后一个时期的重要成长业务和核心战略，助力新能源汽车产业的绿色高质量发展。

新冠疫情的全球蔓延和行业增长乏力带来了全新的危机和挑战。2020年，得邦照明在"用工保障计划"和"供应链保障计划"双重配合下，用最短的时间回归正常生产经营轨道，成为中国行业内最早获准复工的企业之一，率先拉开复产序幕。在提升国内照明行业活力的同时，也为行业贸易复苏注入信心和动力。2021年，以"全球村"拓展计划及背后革新的体系积极应对国际市场挑战的得邦照明，依旧均衡发展，业绩出色。

凭借横店人"国际化视野，以国际化标准思考行动"的格局，得邦照明顺应开放、普惠、共享的全球化过程，延续横店企业文化传承，通过不断拓展新业务内核，聚焦车载业务，迈出二次创业新征程，让企业的发展更加全面、均衡，逐步构建全新的产业格局，让自己成为全球绿色照明市场重要的参与者和领跑者。

> 企业概况

坚守与开拓

横店集团得邦照明股份有限公司（以下简称得邦照明，股票代码：603303）自1996年年底创立以来，始终专注于通用照明行业，并积极向车载零部件领域拓展。产品主要涵盖民用照明产品、商用照明产品及车载系列产品。作为中国照明行业的龙头企业，得邦照明致力于成为中国车载零部件行业的一流企业。

一、通用照明龙头企业

得邦照明专注于照明行业，不仅为全球用户提供优质的民用照明、商用照明、智能照明产品及系统，还通过不断拓展的销售渠道为用户提供需求分析、效果设计、产品定制、安装调试和售后运维等环节的优质服务。目前，在国际上已与80余个国家和地区，近500家进口商、分销商、代理商和渠道商建立了长期稳定的合作关系，出口规模长期位列行业前三；国内市场基本建设完成覆盖全国的线下经销商网络及直营客户渠道。

在通用照明板块，得邦照明拥有民用照明与商用照明两大类产品。民用照明方面，得邦照明凭借高效运营能力和产品迭代管理能力及遍布全球、布局均衡的销售网络，继续巩固全球行业龙头地位。商用照明方面，企业在工业照明、道路照明、教育照明、商业照明和特种照明等领域实现快速发展。

为满足通用照明后续业务发展需求，企业对横店、瑞金、武宁和越南各基地都进行了厂房及产线的新增和升级。为深入贯彻"制造+服务"的双核发展思路，得邦照明增加产品供给链透明度，平衡供需关系、增加调节性库存，并通过不同地区客户订单使供应商生态系统实现多样化。公司不断提高供应链管理及协同能力，优化控制和管理流程，并强化关键部件品自制的垂直供应链战略。同时，得邦照明在发展中建立"效率+柔性兼顾"的产能实现方式和"自动化、智能化、数字化"的制造单元，并积极推进MES、SCM和ERP等信息化管理系统的运用。在品质控制方面，得邦照明通过ISO9001、ISO14001和ISO45001三合一管理体系，实施全面质量管理，并运用多种质量管理工具和质量成本管理方法，打造"完善有效的品控体系"。

同时，得邦照明内生与外延并举，加大研发投入，提升运营效率，致力于打造和优化研发平台，发挥研发对提升产品竞争力的驱动作用，努力构建从"产品开发"到"开发+预研"的研发纵深体系。2021年，企业全年研发投入达1.52亿元。此外，企业始终重视知识产权创新和保护，以创新驱动企业更好地发展。截至2021年年底，公司拥有有效专利474件，其中发明专利72件，实用新型专利294件，外观设计专利108件。

2019年以来，企业积极开展节能减排活动，把资源节约型、环境友好型企业建设列为工作的重中之重，健全环境管理的一系列制度，努力实现企业与自然的和谐相处。深入开展技术改造，致力于研究光的合理运用，为消费者提供专业的整体照明解决方案和配套服务，提供个性化照明方案，以满足用户在不同时间段、不同空间生理需求和心理需求条件下的光环境需求。同时，企业不断研发节能减排的新产品和新工艺，开发出高应用价值、高科技含量、环保节能的绿色照明产品。

凭借20多年始终如一的专注和不断创新，得邦照明成长为中国行业龙头，是国家认定的高新技术企业、国家知识产权示范企业和中国出口质量安全示范企业，拥有住建部颁发的"城市及道路照明工程专业承包一级"和"照明工程设计专项甲级"资质，荣获"'十三五'轻工业科技创新先进集体"称号。不断健全的客户服务体系，为得邦照明积累了广泛的客户群体并树立了优秀的品牌形象，提升了品牌价值——获评2019年、2021年"亚洲品牌500强"并入围2020年"中国500最具价值品牌"；先后荣获中国照明电器行业品牌效益企业、中国轻工业照明电器行业十强及全国电子信息行业创新企业等荣誉。

二、与时俱进，产业新布局

得邦车载业务正式起步于2018年，明确了聚焦"车载控制器+车用照明"的车载业务发展战略，公司专注于车载控制器与车用照明产品的研发、制造、销售和服务。产品目前涵盖前大灯驱动器（LDM）、电池管理系统（BMS）及车灯部件系列产品。

2021年，得邦照明并购上海良勤实业有限公司与武汉良信鹏汽车照明有限公司，成立浙江得邦智控有限公司，成立上海研发中心——上海得邦智控技术开发有限公司，进一步完善产业线布局和多元化客户结构，提高企业在相关领域的核心能力。同时，得邦照明持续推进车载业务板块产能提升，在已有1万级和10万级无尘净化车间，具备国际先进、国内领先的汽车电子生产和品控设备的生产基地基础上，按项目需求不断提升产能。横店基地新投产生产线2条，上海基地和武汉基地积极推进设备智能化提升和扩产工作。其中，武汉基地全新生产车间在2022年第二季度投入使用。

不断地提升技术研发实力和创新能力，为企业持续、快速发展车载业务提供稳固的基石。公司积极组建车载高端研发人才团队，引入业内顶尖人才。上海车载研发中心加快建设，以形成横店、上海双研发基地的布局。目前，企业拥有专业化的研发、供应链、制造和市场团队，与松下、华域视觉、万向、零跑、海拉和三立等公司建立了良好的合作关系。

得邦照明——行政楼

展望未来，得邦照明将按照"做大民用照明、做强商用照明、做专车载业务"的发展战略，遵循"战胜自我，追求卓越"的企业精神和"与时俱进、团队协作、信守承诺、止于至善"的企业核心价值观，来打造"企业核心竞争力"和"可持续发展能力"，并努力前行！

创新解读

第一节　直面外部环境形势

近年来，发达经济体贸易投资保护主义不断升温，全球范围内发达经济体、新兴市场国家之间的经贸摩擦政治化倾向有所抬头，再加上疫情、战争等带来的影响，让整体经济形势处于复杂多变的状态中。

在这样的新常态下，世界离不开中国，中国离不开世界。如何直面外部环境形势，在稳健发展中不断成长，成为诸多产业、企业的大功课。

一、全球贸易新要求，行业迎来新阶段

世贸组织2020年年初发布的数据显示，2019年前三季度，全球贸易实际增速是0.34%，2019年全年贸易实际增速低于0.5%。这也是十年来全球贸易增速的最低值。

2020年年初，新冠肺炎疫情在全球扩散，直接冲击了东亚、欧洲、北美三大生产网络，世界主要经济体都深受影响。在新冠疫情的冲击下，全球生产网络出现断裂、暂停和大幅减少，对物资、人员和资本流动造成负面影响，造成能源供应不足、产品供应紧张、航运不畅、运费暴涨、劳动力短缺等不良结果。疫情加快了全球化结构在深度和广度上的调整，它促使世界各国重新认知全球化以及国际秩序。

2022年2月17日联合国贸易和发展会议（UNCTAD）发布的《全球贸易更新报告》中的统计数字显示，2021年全球贸易额达到创纪录的28.5万亿美元。在2021年第四季度，所有主要贸易经济体的进出口额都超过了疫情前水平，发展中国家的货物贸易增长比发达国家更加强劲。但疫情让贸易形势变得更加多变，尤其是持续的物流中断和不断上涨的能源价格，对贸易增长构成下行风险，缩短供应链和使供应商多元化的努力将直接影响全球贸易模式。

依然处于以规模、价格驱动向质量、创新驱动转换初级阶段的照明行业，在新形势下面临着前所未有的挑战和机遇。2021年上半年，我国照明全行业实现营业收入约3288亿元人民币，同比增长33.8%。其中外销1886亿元人民币，同比增长38.5%，延续近年来的强劲增长势头；内销量约为1402亿元人民币，虽同比增长28.7%，但仍未恢复到新冠疫情

前的水平。

根据高工产业研究院的预计，2022年中国通用照明市场增长仅1.67%，国内通用LED照明市场的渗透率已达90%。为此，越来越多的LED照明企业已开始将目光投向车用LED、健康照明、植物照明、深紫外LED等照明细分市场。近年来的全球新能源智能汽车浪潮，带动了汽车产业链上、下游企业的发展。尤其是新能源汽车普遍搭载的LED车灯，成为国内照明企业开发车用照明领域的目标市场。中国目前处在新能源车领域的第一梯队，2021年新能源汽车产销分别完成354.5万辆和352.1万辆，同比均增长1.6倍，市场渗透率为13.4%，同比增长8%。在这场激烈的市场竞争中，众多LED照明企业纷纷发力，以自身优势深入车用照明领域布局，加快进入新能源汽车产业链的步伐。

二、助力绿色低碳发展

2015年，《中共中央关于制定国民经济和社会发展第十三个五年规划的建议》提出，坚定不移地贯彻创新、协调、绿色、开放、共享的发展理念。

碳达峰碳中和是未来中国经济社会发展的主基调。"双碳"目标的提出对全社会各行各业的绿色低碳提出了新要求。家电产品作为居民第二大消耗能源，其在居民碳排放占比中高达30%，这意味着家电行业在未来数年内会率先被纳入碳中和履约周期。要完成"双碳"目标，就要从碳排放源头上解决问题——减少碳排放量、降低能耗。

灯具照明产品作为家电产品中的重要类别，其制造产业链也将在国家层面的推动下，迎来"绿色化""可持续化""低碳运行"的行业变革。要实现碳中和，就需要从产业链的源头开始行动。LED作为迄今为止最高效的人造光源，光电转化效率高，在替代传统的白炽灯、节能灯、高压钠灯过程中可以直接实现减碳目标显著的节约电能作用。国家半导体照明工程研发及产业联盟的数据表明，中国照明占电力消耗的13%，相当于全国能源消耗的6%。与传统光源相比，LED使照明能耗减少50%～75%。相关数据显示，LED照明转型能帮助世界各国到2030年降低至少55%照明产生的碳排放。

同时，LED照明技术的不断进步推动了成本的大幅下降，LED照明市场在过去十多年迅速增长，带动照明产业整体规模快速扩张。专注低碳领域的节能照明产品成为市场主流，以光伏产品为代表的各类离网型照明产品、LED照明产品、智能节能照明产品的市场需求日益增加。此外，LED照明的智能控制还将带来二次节能。

数据显示，2021年照明行业产品结构调整步伐持续加大。LED产品生产占比达70%以上，一体化灯具占比接近70%。LED芯片技术和制程、LED光源制造和配套产业的生产制造技术迭代迅速，更新换代的增量市场持续增多，除传统的照明应用领域之外，智慧灯杆、植物照明、紫外发光二极管（UVLED）、可见光通信等新兴应用领域也不断增多，带来新的市场需求增长点。在非功能性照明领域，我国推动文化旅游、新能源汽车、新型信息显示等举措，将带动LED在显示、车用照明、景观照明等市场持续增长。以LED汽车灯为例，耗电仅相当于普通汽车灯泡的1/10，能更好地节能，并保护汽车电路不被过高的负载电流烧坏。而且随着汽车内部信息显示的需求不断增长，基于Mini/MicroLED等的新技术显示终端，将逐步应用于汽车内部的中控显示、抬头显示（HUD）、控制娱乐系统等方面，大大提升人与汽车、公路环境的信息交互能力。随着新能源汽车的占有率不断提升，以及未来无人驾驶技术的发展，LED在汽车内外部照明中有广阔的应用空间。活跃的市场不仅让企业迎来新机遇，也成为行业实现节能减排的重要抓手。

第二节　主动谋变，创变新格局

过去20年，中国对世界经济增长的平均贡献率接近30%，并以自身稳健发展成为世界经济增长的"动力源"和"稳定器"。过去10年，"中国制造"向"中国智造"转型，我国成为全球第一货物贸易大国。过去8年，中国外贸的"朋友圈"不断扩大，已成为50多个国家和地区的最大贸易伙伴、120多个国家和地区的前三大贸易伙伴，为全球开放合作和世界经济复苏注入了强劲的动能。

新时期，提高统筹利用国内国际"两个市场""两种资源"的能力，促进内贸和外贸、进口和出口协调发展，是构建新发展格局、实现更高水平开放的必然要求，也是产业和企业积极响应政策号召、市场需求面临的新机遇与挑战。2018年，已然是中国LED照明产品出口排名第三的得邦照明，宣布正式发力国内市场，坚持"外贸+内贸"双重投入，坚持"得邦制造与得邦服务"双轮驱动。

在过去的5年里，得邦照明紧紧围绕"做大民用照明，做强商用照明，做专车载业务"发展战略，通过对业务模式、组织架构与人才建设、企业文化、产品研发、生产"智"造、基地建设等进行的主动变革，连续4年实现效益增长。在进一步扩大国际市场份额和效益的同时，打造了企业核心竞争力和可持续发展能力，畅通内、外贸，构建国内、国际双循环良性发展、相互促进的新格局。

一、"全球村"拓展计划，助力市场突围

2021年，得邦照明营业收入再上新台阶，达到52.73亿元，同比增长16.98%。实现归属上市公司股东的净利润3.28亿元。其中，照明业务板块实现营业收入47.17亿元，增长26.67%；车载业务板块实现营业收入2.81亿元，增长191.53%。

早在2017年，得邦照明就深切感受了全球通胀上升、产业链和供应链通畅稳定难度加大等新常态下的国际贸易新局势、新挑战。为了逐步降低对单一市场的依赖性，实现自身的均衡、高质量发展，得邦照明将"欧洲、北美、南美、亚太各大区域得到均衡发展"作为企业国际市场的重要指导思想，融入业务拓展中进行创新探索。2018年，企业主动推进"全球村"拓展计划，并宣布以国际品质回归中国，正式发力中国市场。得邦照明尝试根据不同市场的需求特性和供应要求等要素，探索以高品质、高性价比的产品和优质的服务实践，实现其在全球各大区域的均衡发展，不断提高核心竞争力，获得新业务机会。这一年，初尝变革模式"红利"的得邦照明，照明灯具业务取得显著增长，占比首次超过40%。于是2019年，得邦照明全面推进"全球化均衡发展"和"战略核心客户深入发展"的策略——以构建"大国际"格局开创海外业务新局面，有效利用全球资源，稳步推进境外生产基地、研发中心建设，形成全球产业链体系和全球营销服务体系，进一步巩固了自身的产业地位，海外业务也实现了稳步增长。

2020年以来，海外疫情此起彼伏，困住了公众出行的步伐，也改变了人们的生活方式。得邦照明因坚持贯彻"巩固核心客户"和"全球化均衡发展"市场策略以及"全球村"拓展计划，得以快速响应——率先布局"防疫"及"宅经济"衍生而来的产品市场，快速判断国际照明市场消费趋势，强调用户需求的获取、解读和转化，实现了自身业绩的逆势增长。

2021年，虽然海外市场不同地区受疫情影响出现需求侧下降的情况，但"全球村"拓展计划和"战略客户精准服务"策略显现的成效发挥了作用，让企业经受住了考验。2021年上半年，得邦照明营收同比增长18.13%，在原材料持续上涨和部分元器件短缺、海运费用居高不下且集装箱一箱难求等困难局面下，出口实现营收18.08亿元，相比2020年同期增长了20.5%，美洲区域和欧亚区域实现了大幅增长，并在原有核心客户和新客户方面均取得了较好成果。

随着公司扩大国内营收产品线，近5年来得邦照明海外营收占比持续下降，从2016年的85%持续下降至2021年的不到70%。中国市场已经占据公司总营收的30%左右，成为全球最大的单一市场。紧紧把握市场和政策的得邦照明，以敏锐的嗅觉和果敢的革新，根

据企业自身特色实现市场端的内外贸融合发展，以全球市场扩容的确定性跨过不断变化的百年未有之大变局的"不确定"，践行着企业均衡、健康的发展策略，巩固并提升自身价值和产业地位。

二、中台能力，激发组织动能

基于"全球村"拓展计划深耕需要，更基于照明产品区域性、零散性、多样性的特点，行业精细化分类、市场的逐步分化等趋势，得邦照明从2017年开始，着手构建支撑业务策略的中台式"平台服务"模式——不重复造轮子，把复用共享的要素提炼出来，变成一个可以被其他业务单元引用的基本能力，为前端的业务赋能。

遵循照明产品"健康和智能"的发展趋势，得邦照明从"制造思维"转变为"用户思维"，洞悉用户需求，提高用户满意度。凭借敏锐的市场嗅觉，企业意识到定制化的优势，开始对自身产品规划做出调整，确定以客户为中心的"中台战略"。分公司在前端通过调研确认市场需求，并梳理出不同客户的特点，对市场做出定位后，确立业务导向，并对各个国家和地区的订单实行智能化、分区化管理，统一调配，直面全球市场的竞争。随着不同地区订单的增加，定制化服务的优势也逐渐凸显。

这样的战略，更需要企业的核心管理团队对产品的技术研发、生产和销售有深刻的理解，在管理、技术、生产、销售、财务等方面各有专长，各司其职、优势互补，才能在保证企业各项业务的协调和全面发展的同时，激发组织创新能力。

"积力之所举，则无不胜也；众智之所为，则无不成也。"为此，得邦照明专门革新组织架构，成立事业部制，进一步实行扁平化管理，并组建了拥有近500名技术研发人员、使用面积超过1万平方米的研发中心。在这个平台上，根据产品的特点，针对各领域和客户的不同需求，组建了30余支研发团队，进行产品的深入研究和开发，为全球的多元化市场需求提供及时响应。一个个平凡的得邦人，组成了不平凡的英雄团队。为进一步强化以人为本的核心作用，得邦照明构建了"一个中心，三个构面，一个机制"的人力资源发展体系，建立了完整的人才梯队培养体系，持续引进公司所需各类人才，发挥得邦学院的人才培养机制作用，为公司业务发展提供后备人才支持。

"中台战略"与"全球村"拓展计划互相依托和成就，共同形成符合得邦照明自身特色的创新型运营体系，构建核心竞争壁垒。再依托专业化的"得邦制造"体系，以及不断开放和壮大的生态圈平台，得邦照明正在为全球客户提供专业化服务，并努力跻身为中国照明行业最优秀的领军企业。

得邦照明人才培养计划——磐石计划

三、研发驱动,构建垂直供应链

坚定的研发投入、优质的生产及品质管理能力使得企业多年来的产品不良率始终保持行业较低水平,也助力得邦照明品牌优势在全球的构建。

在制造及供应链管理方面,公司不断提高供应链管理及协同能力,优化控制和管理流程,强化关键部件品自制的垂直供应链战略,并积极推进PLM、WMS、MES、SCM和ERP等信息化管理系统的运用。尤其在品质控制方面,通过ISO9001/IATF16949、ISO14001和ISO45001三合一管理体系,实施全面质量管理,并运用多种质量管理工具和质量成本管理方法,打造"完善有效的品控体系",实现供应链的高质量发展,成为"全球村"拓展计划的坚实后盾,助力企业"制造+服务"双核发展。

在数字化转型成为"新常态"的今天,除了在生产上严格把控产品质量外,得邦照明也持续强化生产线的工序自动化和精细化管理,有效推进智能制造,推进产业链垂直整合及建设,打造自动化、智能化、数字化制造平台。2020年11月,得邦照明因持续深耕健康生活产品和智能应用系统的研发、生产与服务,不断展现"硬科技"的"软实力",为用户创造更大价值,获得"2021年长青奖·AIoT硬科技可持续发展贡献奖"。

同时企业也开始通过新技术、新产品来寻找新的发展空间。通过"效率+柔性兼顾"的产能实现方式,和"自动化、智能化、数字化"的制造单元聚焦照明主业,聚焦低碳研发投入，走产业优化升级之路，为企业在新发展格局中行稳致远打下坚实基础，开拓了广阔天地。

为进一步满足业务发展需要，得邦照明充分利用"院士专家工作站""博士后工作站"和院企合作等科研平台打造并不断优化研发平台，发挥研发对提升产品竞争力的驱动作用，努力构建从"产品开发"到"开发+预研"的研发纵深体系。

得邦照明"院士专家工作站"签约

在通用照明领域，得邦照明根据照明产品的特点，针对各照明领域和客户的不同需求，组建了30余支照明研发团队，进行产品的深入研究和开发。在车载业务领域，聚焦车载控制器和车用照明产品的研发团队已经初具规模，包括拥有电路、软件、结构、模具、热学和光学各项能力的专业人才队伍。得邦照明还同步着手建立上海车载业务研发中心，作为车载业务研发能力持续提升的"加速器"。

与此同时，公司持续提升产品智能化、高端化和定制化能力，重点推进车载照明、智慧照明、按需照明等的研发投入。加大内部人才培养及外部人才引进力度，完善公司技术研发和产品创新激励机制，全方位提升公司技术研发和产品创新能力。借助技术研发和产品创新，以及在进行产品设计时充分考虑产品的性能、质量、开发周期和成本，优化各有关设计因素。同时，将制造过程中对环境产生的负面影响降到最低，将创新节能技术、新一代数字技术与照明行业深度融合，实现节能产品开发，有序引导客户消费结构向清洁、绿色、低碳转型。

四、从"产品+"走向"服务+"

以"国际品质回归国内"的得邦照明对市场的变化和产业价值的思考，始终贯彻"制造+服务"的双核发展思路，提升企业持续发展能力和核心竞争力，从产品制造向服务型制造转型。一方面积极协同与客户、伙伴共同成长，在向高标准看齐的同时，扩大"中国标准"的国际影响力；另一方面以"服务+"模式积极探索，形成具有得邦特色的服务解决方案，参与美好生活建设，赋能社会，直面全球竞争。

2017年上半年，公司紧紧围绕中长期发展战略，开始执行"制造+服务"双核发展模式。通过不断提高客户满意度，开展各项业务，公司实现了各项业绩的快速增长。

2018年，得邦照明继续深化"制造+服务"双核发展模式，并提出以"国际品质回归中国"，正式发力国内市场，坚持"外贸+内贸"双重投入，坚持"得邦制造与得邦服务"，让企业的发展更加全面、均衡。为进一步提升核心竞争力，得邦照明通过有机地融入优质客户的产业链，以及凭借对下游行业客户和市场的深刻认识，实现了与客户共同开发、共同制定产品的修订方案，从而有效地提高了公司的整体服务能力，在竞争中赢得了优势。2018年5月，公司荣获松下电器集团100周年"最优供应商奖（照明BG）"，为唯一一家获此殊荣的非日本本土供应商。

2019年上半年，面对错综复杂的国际形势，公司根据照明行业发展趋势，以"提升客户满意度"为核心工作目标，贯彻"制造+服务"的双核发展思路，全面提高企业综合实力。这一年，企业服务领域的一大核心——照明工程业务范围从以浙江为中心，逐步由华东区域扩展至华南、西南等区域，收入同比增长74%。公司承接的2019年中国北京世界园艺博览会中国馆项目泛光及景观照明工程获"2019北京世界园艺博览会照明工程贡献奖"。

2020年，企业在通用照明领域致力于"为全球用户提供优质的消费照明、专业照明和智能照明产品及系统，同时通过公司不断拓展的销售渠道为用户提供需求分析、效果设计、产品定制、安装调试和售后运维等环节的相关服务"，提升自身的市场竞争力。在照明工程业务板块，依托"照明工程设计专项甲级资质"和"城市及道路照明工程专业承包一级资质"，不断改进方案，涵盖了设计、产品提供、安装调试及售后服务的全产业链能力，逐步发展紧密共享型合作伙伴，持续打造高质量照明工程。仅2020年上半年，公司陆续中标云南建水项目，多个智慧灯杆项目和教育照明项目，不断扩大市场份额。企业旗下的得邦公共照明、特优仕商业照明、得邦车用照明分别在夜游经济和智慧灯杆领域、商业照明领域、智慧照明领域和车载照明领域不断拓展。

2021年9月，得邦照明与国网浙江综合能源服务有限公司、国网（金华）综合能源服务有限公司签署战略合作。在未来，三方将联合探索各种灵活有效的合作方式，充分发挥各自优势，统筹兼顾经济和社会效益，在互惠互利的基础上，落实光伏发电项目的技术合作，推进市政照明类综合能源服务项目改造，并逐步开展智慧城市、建筑节能照明、智慧校园节能改造等项目的合作。

无论是产品的增值服务，还是服务型的系统照明工程业务，不断拓展自我边界的得邦照明，内外贸融合发展，持续优化架构，从产品+走向服务+，实现对自身的体系化、专业化全线赋能。

第三节　开启二次创业新征程

横店集团始终将"创新创业"精神镌刻在文化基因里。作为横店系的企业，得邦照明的身上烙印着横店人矢志不渝的创新创业精神、精益求精的工匠精神、敢为人先的改革精神，并逐步沉淀为企业文化，凝聚成企业的核心竞争力。

得邦照明过去多年在车载市场上的探索和在产业生态上的优化，正一点点释放"稳健式"发展和创业积累的能量——从无到有、从量变到质变再到全球竞争，不断突破自身的舒适圈，以从"新"开始的大无畏勇气开启创业新征程。

一、持续发力车载新引擎

早在2018年，得邦照明就将目光投向了车载照明领域。这主要基于两点原因。首先，从技术层面而言，车载业务与得邦照明业务具有较高关联性，车用照明属照明行业的一个细分领域，在控制系统、光学、电路、结构等方面存在人才和设备基础。同样，车载控制器同智能照明产品驱动器的制造研发亦属同一学科，在技术上具有相关性。其次，我国仍然处在战略机遇期，数字技术革命、绿色转型都蕴含历史性机遇。实现碳中和的愿景意味着我国经济增长与碳排放要深度脱钩，将带来巨大的经济结构性变革。

破立之间，挑战与机遇并存。而此时新能源汽车的出现带动了汽车行业的技术创新，加速能力重塑，给中国汽车产业带来"弯道超车"的可能性，让中国与全球市场站在了几乎同一水平的起跑线上。庞大的中国市场和全球绿色发展潮流，让中国单独在汽车行业发展新能源是一种迫切而必要的行为或趋势，也由此带动了上游零部件企业的技术升级和转型。在改变原有供应格局的同时，为得邦照明拓展车载领域提供了难得的"战略窗口期"。

秉持"与时俱进、同生共长"的理念，得邦照明发力车载业务，并将其作为今后一个时期的重要成长业务和核心战略。

自2019年以来，得邦照明在车载照明领域不断尝试新技术、新设备、新方法以提升制造效率。通过优化产品质量强化得邦照明在制造行业的地位，不断扩大包括电路、软件、结构、模具、热学、光学等各项技术能力的车载控制器和车用照明产品研发团队，努力打造企业在车载业务领域的核心能力。

得邦照明横店车用照明工厂

2019年，公司与松下达成深度合作，顺利量产首批车载照明车灯控制器（LDM）产品供应日系主机厂客户。2020年，兴建了国内该领域最高标准的数字化净化车间，获得日系主机厂的全套准入认证，并批量进入日系车市场。

2020年，得邦车载业务实现营收0.93亿元，同比增长超过400%。前大灯控制器车间产销两旺，目前已投入及在建的生产线已达6条，并顺利通过若干新客户审核，为后续业务发展奠定了基础。

2021年上半年，得邦照明加强在车载业务上的产品线布局。汽车前大灯控制器LDM业务继续保持高速增长，电池管理系统BMS控制器项目开拓也取得重要突破。公司重点推进了车载控制器车间的智能化改造和扩建，为后续业务持续增长提供产能储备。

2021年，得邦照明车载业务板块迎来新成员——公司二季度正式并购上海良勤与武汉良信鹏，以不断提高企业在车载领域的核心能力。目前，上海和武汉基地正在顺利融入得邦企业运营体系,并大力推动研发、设备、管理、环保等系统的全方位升级,以有效保障新项目、新客户的获取。未来,得邦将抓住智能汽车变革窗口期,持续发展车载控制器业务,并不断推进车载智能照明产品的广度和深度。

二、完善布局,开启绿色未来

2021年是得邦照明新一轮五年战略规划的开局之年,也是企业成立25周年。得邦照明对自己的期望是,立足长远,打造一个可持续发展的、对客户更有价值的企业。为此,企业在研发力、制造力和客户服务能力三个维度持续投入、不断提高,也从客户需求和业务需要出发,优化人、财、物的资源配置,确保公司战略的有效实施。

2021年,得邦推进了幅度最大的一次组织重塑,其主要目的是依据适当的管理逻辑推进符合公司现状、各板块行业特征及发展趋势的管理活动。

在人才供给方面,企业采取更加有针对性的策略,根据自身特色开展"用合适的成本,取得合适的人才,发挥极致的能力"的实践探索。一方面,企业加速核心管理团队的培养,特别是"经营型人才"的梯队建设,为得邦照明后续的可持续发展源源不断地提供将帅之才;另一方面,更加强调团队领导者坚持"洞察内外部环境、独立分析思考与自我审视"的工作方法,对外向优秀企业学习,对内分析不足,定期完成内部分享与共识,制定改善计划并实施。企业希望,通过调动一批人、培养一批人、引进一批人,助推更多团队成员一起成长,提高整个团队的战斗力。

当节能降耗成为新时代的必答题,企业的价值就不仅仅取决于商业模式的成功,更取决于其社会责任和担当。作为一家有担当的企业,得邦照明更是积极从单一的节能灯生产企业逐渐转变为绿色照明产品综合提供商。通过研发与制造绿色低碳照明产品、优化现有产品设计和生产工艺、在生产过程中节能减材降耗、加大新型材料应用力度等一系列措施助力国家照明行业绿色低碳发展目标的实现。在技术研发领域,公司将进一步推广使用LED照明产品,提升高效照明产品的市场需求,开展绿色设计和绿色制造,探索各类可再生资源和可回收生产资料在照明行业的应用技术。例如,在教育照明领域,不仅通过了教室优质照明光环境认证和五星级售后服务认证,还获得了中国节能产品认证、中国环境标志产品认证等,其提供的智慧校园照明解决方案,不仅能有效保护学生视力,还有节能降耗、绿色环保的功用。据测算,与改造前相比,使用护眼教室灯和护眼黑板灯的教室,电耗下降约50%。目前,已经在浙江、安徽、江苏、山西、新疆等地参与了1000多所学校、约3万间教室的照明环境改善项目。

得邦照明计划在2023年前推出针对按需照明、智能照明、健康照明相结合的人因照明控制系统解决方案，紧跟物联网及智能家居行业的发展趋势，推出智能、健康的深度照明场景全系列产品，促进形成"投资于绿色、投资于增长、投资于未来"以及绿色低碳"双循环"的新发展格局，持续为经济与社会发展贡献力量。

立足新发展阶段，得邦照明将乘势而上。积极抓住发展机遇，助力制造产业核心技术自主化、产业基础高级化、产业链现代化，充分运用"生态+"智慧。在打造以创新研发为基础的高效供应链体系的同时，加速构建互联互通的产业生态，为促进制造业转型升级、促进经济高质量发展做出更大贡献。

> 企业家专访

始于热爱，止于至善

——专访横店集团得邦照明股份有限公司董事长倪强

《样本》：您认为照明行业未来会有哪些新的发展机遇？

倪强：目前，全球照明产业链正向中国转移。2021年出口额超650亿美元，同比增长24.5%，创历史新高，产品出口全球220余个国家和地区，全球市场占有率达60%以上。

随着照明产业逐步向绿色照明、环保、智能方向发展，我国照明产业也随之迎来发展机遇。未来，照明的发展方向将从数量优势向质量优势转变。得邦照明将积极贯彻落实中央提出的"双碳"目标，建设性参与全球环境治理，为实现中国可持续发展贡献得邦智慧和得邦方案。

2022年整个行业产业链都在自我修复，有可能会回到疫情前的状态，尤其是国外海运、港口以及经济秩序正逐步向好发展。2022年，我们将按照"做大民用照明、做强商用照明、做专车载业务"的五年战略规划，强调学习、协作和开放，共同建设新得邦。得邦人勇于克难攻坚、开拓前进，不断求变求进，为"十四五"起航奠定良好的基础。

《样本》：如何诠释得邦照明践行社会价值？

倪强：横店集团坚持"共创、共有、共富、共享"的核心价值观，几十年如一日地带动横店百姓实现共同富裕。就像徐永安董事长在《企业的真正价值在于实实在在的社会担当》中讲的那样：45年的创业发展，形成了横店集团特有的价值贡献模式。它不仅直接体现在税收、就业上，还在带动区域产业的兴起、城市面貌的改变、百姓生活的改善、地方品牌的塑造与辐射上发挥着巨大的作用。

得邦照明作为其中的一分子，始终秉持着集团的价值理念，在产业赋能、创新引领、品牌塑造、社会担当上发挥自己的作用。人工照明改变环境，灯光设计创造光的未来。光环境设计应与自然相融合，同时关注人与自然生物的规律，尊重建筑原初设计的诉求和价值。光应该是符合生态学的，得邦照明倡导绿色、低碳、环保以及减少能源消耗，同时尽可能降低或避免因光环境变化对自然生物与动物的影响。这也是顺应生态学规律的体现。

未来，我们将把资源节约型、环境友好型企业建设列为工作的重中之重，努力实现企业与自然、环境的和谐相处；研发新产品和新工艺，不断开发出高应用价值、高科技含量、环保节能的绿色照明产品来回馈社会、回馈消费者。

《样本》：您如何理解"创新"对于得邦照明的意义？

倪强：始终在创新创业的路上，是横店人镌刻在骨子里的文化基因，也是成长的动能。

得邦照明在创新方面以现有核心能力为基础，并延展关联性的能力。第一，积极洞察外部环境，并自我审视自身优劣势，做正确的选择；第二，在企业内部，根据选择做好组织和资源的配置。所以，不论是"全球村"市场拓展计划，还是组织变革，我们始终围绕核心能力以均衡和高质量发展为目标，稳步推进革新。

面对未来，我们选择乐观，与这个全新的世界做朋友。这就要求我们始终以谦逊的心态不断学习，以洞察自身、洞察产业，大胆前行。

《样本》：长三角一体化发展上升为国家战略3年来，得邦照明在长三角一体化发展中如何发挥优势、锻造长板？

倪强：单打独斗的时代早已过去，协力创新才是目前最好、最务实的成长之路。长三角一体化发展是国家战略所向，也是民营企业发展机遇所在。对于得邦照明而言，长三角无论是从科研氛围还是世界级企业资源这两个角度来说，都是非常有吸引力的。高密度信息和高水平科研成果集聚，都有助于我们思考、践行怎样能够更好、更高效地进行协同合作，甚至是跨领域的。得邦照明将车载照明作为未来动力新引擎，而长三角地区新能源汽车市场销量份额最大。未来，深度融入长三角一体化发展进行布局建设是必定之举。

在长三角一体化发展进程中，民营企业既是主体，又是受益者。作为长三角民营企业的一员，得邦照明将乘着"一体化"的东风，继续发挥浙江数字经济、民营经济、绿色经济等特色优势，积极参与企业合作，参与国际竞争，成为长三角一体化发展的重要推动力量。

专家点评

勇于创新,发出更绚丽多彩的光

自从爱迪生发明了电灯,人类开启了划时代的照明世界。LED作为迄今为止最高效的人造光源,让光的价值不断提升。尤其是随着科技进步与创新,LED不断打破人们想象的边界,融入新能源汽车等战略性新兴产业中,创新出更绚丽多彩的未来。

LED产品光电转化效率高,能耗上与传统光源相比减少50%~75%,产品的更新迭代实现了减碳目标,成了照明产品的"宠儿"。中国早在《国家"十二五"科学和技术发展规划》中就力挺LED照明,并进一步推动绿色照明。时至今日,中国LED产品生产占比达70%以上,中国也快速发展成为该产业的全球第三大市场。其中,有中国扩大内需的作用,也是中国扎实推进创新发展、协调发展、绿色发展、开放发展、共享发展和安全的成果。以得邦照明为代表的企业深入开展技术改造,致力于研究光的合理运用,在持续的创新研发中推动成本的大幅下降,在产业链的研发、制造、应用、需求等端口上不断努力,带动了照明产业整体规模的快速扩张,共同提升了光的价值表现。

作为中国照明行业的龙头企业,得邦照明的出口规模长期位列行业前三,占据民用照明领域全球行业龙头地位。2018年开始提出以国际品质回归中国,正式发力国内市场,坚持"外贸+内贸"双循环,坚持"得邦制造与得邦服务"双轮驱动,逐步构建全新的产业格局。与此同时,公司紧跟数字经济发展机遇,利用资源整合优势,升级产品形态,丰富应用场景,进一步提升企业的综合服务能力。为进一步强化核心竞争力,得邦照明还持续强化创新,致力于打造和优化研发平台,努力构建从"产品开发"到"开发+预研"的研发纵深体系,发挥研发对提升产品竞争力的驱动作用。同时,企业还充分利用"院士专家工作站""博士后工作站"和院企合作等科研平台,开发出高应用价值、高科技含量、环保节能的绿色照明产品,并推进产品高端化、个性化和定制化,为消费者提供专业的整体照明解决方案和配套服务。尽管突如其来的疫情和增长乏力的行业现状带来了新的挑战,得邦照明仍取得了不俗的成绩。自2018年至今,连续四年效益增长,尤其是2021年营业收入再上新台阶,达到52.73亿元,同比增长16.98%。

绿色低碳已经成为世界经济发展的潮流和趋势。中国庄严承诺,二氧化碳排放力争于

2030年前达到峰值，努力争取2060年前实现碳中和。得邦照明2019年以来就积极开展节能减排，把资源节约型、环境友好型企业建设列为工作的重中之重，健全环境管理的一系列制度，努力实现企业与自然的和谐相处。企业一方面遵循照明产品"健康和智能"的发展趋势，专注低碳领域的节能照明产品研发，并开展绿色设计和绿色制造；另一方面让自己成为全球绿色照明市场重要的参与者和领跑者，坚定地将车载业务作为今后一个时期的重要成长业务和核心战略，助力新能源汽车产业的绿色高质量发展。在中国提出"双碳"目标的新时代，回看企业过去一个历史阶段在产业生态、绿色低碳发展上的投入和创新探索，尤显可贵。

绿色低碳高质量发展是我国"十四五"生态文明建设的重要内容，更是节能环保产业发展的战略方向。绿色生产、低碳生活是我们对美好生活的向往，期待以得邦照明为代表的企业勇于创新，坚定研发投入，推动更深度的绿色设计和绿色制造，以更绚丽多彩的光，照耀人民更美好的生活！

林　环　上海长三角商业创新研究院创始理事、研究员

第七章
创新医疗价值生态
——微医控股有限公司

- **楔子**："触手可及"的医者仁心
- **企业概况**：数字医疗服务中国样本
- **创新解读**：

  第一节　全民健康新时代

  第二节　平台共生，领跑数字医疗时代

  第三节　价值引领，赋能产业生态

- **企业家专访**：让世界看见"中国力量"
- **专家点评**："创新共同体"的践行者

楔 子

"触手可及"的医者仁心

"以高尚情操，行仁爱之术，无愧于天地，无愧于内心。"医者的精神和理念，不分国界地域。根据弗若斯特沙利文数据，自2010年创立至今，微医已成长为中国最大的数字医疗服务平台，同时还运营着迄今为止中国最大的预约诊疗平台，并因此带动了大健康产业的集聚效应，探索引领了数字医疗行业的发展方向。12年里，微医创新性地将科技网络与医疗服务方、支付方、供应链等进行深度整合，打造出覆盖面广的智能医疗体系，并在技术研发上不断创新提升，一步步打破传统，让民众可以更好地掌握健康状况，更有效地获得医疗帮助。同时，微医探索落地了"数字健共体"模式，构建了线上线下服务闭环，为老百姓提供从预防、诊断、治疗到康复一体化的服务，切切实实、坚持不懈地实践着创办人的诺言："这辈子但凡我还能做一件事，那就是用自己熟悉的IT技术，让老百姓看病就医能更方便一点。"

面对新冠肺炎疫情的巨大挑战，在数字医疗的漫漫长路中一直充当着探路者和先行者角色的微医，及时响应，主动担当，开辟线上抗击疫情"义诊服务"，快速建立"微医全球抗疫平台"，集结来自全国近万名资深医生进行空中连线，支援全球抗击疫情，让数字+医疗的产业价值一点点得以实现，社会价值一点点得以验证。在此期间，两个公益抗疫服务平台每天2次向国家疫情防控指挥部同步提供数据，成为国家防疫进程中一个非常重要的观测点。微医开创的公共卫生和医疗救援新模式，不仅为全国抗击疫情做出了重要贡献，也为全球抗击疫情提供了"中国服务"和"中国经验"。

微医通过数字的链接让医疗服务变得更加"触手可及"。微医助力全民健康新时代，也引领中国数字医疗的发展助力全球健康事业，让中国创新的价值和力量出海，让无处不在的中国医者精神惠及全人类。

> 企业概况

数字医疗服务中国样本

微医控股有限公司（以下简称微医）总部位于中国杭州，始终秉持"您的健康，我们的责任"（Your Health，We Care）之使命，以技术和创新为驱动，为医疗服务方、支付方、供应链等各参与方赋能，实现线上线下医疗资源的深度整合，提供覆盖多个场景的线上线下一体化数字医疗和健康维护服务，增进医疗服务的可及性、有效性和可负担性，并提升中国医疗健康服务体系的整体效率。

在企业近3000名员工中，30%为包括工程师、程序员以及计算器和数据专家在内的研发人员，拥有丰富的顶级互联网公司研发经验，已获得和申请中的专利与计算机软件著作权超470项。同时，为数众多的运营、客服、全科医生、健康管理师等各领域专业人员，也让微医的数字医疗服务能力成为业界标杆。凭借深厚的数字化技术能力、成熟的互联网及医疗行业运营经验，搭配企业管理、技术研发、医疗服务等全方位的人才储备和多维度创新发展，微医快速成长为数字医疗服务行业的领军者。

一、构建数字医疗服务平台

微医主要业务为医疗服务和健康维护两大类。截至目前，已连接了全国7900多家医院，其中包括中国95%以上的三甲医院；拥有33家互联网医院，其中18家打通了医保结算，互联网医院数量及其打通医保的数量均居全国第一；已连接超过30万名注册医生和2.6亿名注册用户，2021年平均月付费用户超过3200万。以互联网医院数量及数字医疗问诊量计算，微医是目前中国最大的数字医疗服务平台，同时亦运营着中国最大的预约诊疗平台。

2010年，创始人廖杰远凭借在人工智能领域十余年的经验，带领团队推出线上预约平台"挂号网"。2015年，"挂号网"升级为"微医"，并在乌镇成立中国首家互联网医院——乌镇互联网医院，开启中国在线复诊、电子病历共享、电子处方等新探索。随后，微医以互联网医院为支点，持续探索创新。

2017年设立了全国第一个互联网医院服务中心，并于次年推出了互联网医院赋能的

"流动医院",建立中国首家专注于慢病管理的互联网医院——微医泰山慢病互联网医院。微医在协助三明药品改革过程中创建的数字医药交易平台(厦门海西医药交易中心)承建了国家医保局全国药品和医用耗材招采管理平台,并受三明采购联盟(全国)独家委托开展药品耗材跨区域联合采购,成为中国最大的医药交易平台之一。

2018年11月,微医携手海西医药交易平台、易联众发布全国首个"三医联动"综合改革平台,并助力福建省厦门市落地全国"4+7"城市药品集采改革首单。2019年,收购泰安药房并推出中国首个可由医保直接结算的市级数字化慢病管理服务,获得山东省泰安市医保局认可。2020年4月,开出了首张医保电子结算单,真正意义上实现了"医药保"闭环的服务体系。2021年11月,与三明市医疗保障局签署三明采购联盟(全国)委托合作运营协议,持续迭代升级三明采购联盟(全国)平台,实现药品耗材联采、结算、支付、供应、监管等全流程智慧化药品(耗材)交易。

乌镇互联网医院

在不断引领中国医疗服务行业的数字化进程中,微医不仅在国内占领行业高地,更代表中国在国际上屡创佳绩。2019年、2020年微医连续两年蝉联美国知名数据智库CB Insights发布的数字健康独角兽企业150强榜单全球榜首;2020年国际知名科技媒体《麻省理工科技评论》发布的年度"50家聪明公司"榜单,微医作为中国唯一一家数字医疗企业入选,成为最智能的50家公司之一;2021年微医以数字化构建中国式健康管护体系的数字医改创新实践,入选"2021年度APEC中国数字经济产业示范样本50"。

二、智能医疗再进化

作为数字医疗的先行者,微医的互联网+医疗健康创新模式开创了中国数字健康产业新时代。通过互联网医院的赋能,微医创造性地提供了覆盖多场景的数字医疗和健康维护服务,如数字化医疗咨询和诊断、会员式健康管理服务和数字化慢病管理服务,以满足用户多样化的医疗需求。

在发展历程中,微医不仅率先完成了中国首例互联网医院诊疗服务的医保在线结算,还推出中国首个由公共医疗保险直接结算医疗费用的数字化慢病管理服务。微医更是成立了中国首个由互联网医院牵头的省级数字健共体,连接当地基层医疗卫生机构,联动大型医疗机构和公共医疗保险体系,实现区域内医疗资源、责任和利益共享,提供基于价值的数字医疗服务。

如今的微医不仅是中国最大的线上预约平台,还是全国一流的线上+线下一体化数字医疗服务提供商,为用户提供包括医疗服务和健康维护服务在内的全面数字医疗服务,满足用户线上线下的医疗健康需求。

微医还积极承担社会责任,深入各地一线,通过"流动医院"将数字医疗服务和经过"特殊改装"的云巡诊车、云巡诊包等创新性相结合后,为基层提供"村头问诊、云端看病"的创新服务模式。同时还帮助15个省152个县市(区)搭建了数字化抗疫平台,并在湖北武汉、天津、山东泰安等地,实现慢病复诊购药的医保在线支付,保障常态化疫情防控条件下的患者用药需求。

未来,微医将进一步扩大数字医疗服务的普及度,提升该服务在所有已覆盖城市的渗透率,继续利用技术和数据分析能力,提高数字医疗服务效率。同时,通过携手健康产业合作伙伴,持续发展扩大用户群、拓展服务项目、提升技术领先性,并且升级平台,实现更为优质的智能医疗环境,打造"就医无距离,资源更均匀"的新时代数字医疗企业,持续推动中国医疗服务行业的数字化进程。

> 创新解读

第一节　全民健康新时代

2018年，国务院印发的《关于促进"互联网+医疗健康"发展的意见》中称，中国的互联网+医疗进入高速发展期，如今已处于全球领先水平。

对于中国来说，如何将互联网技术照射进医疗领域也是一道考验全体医疗技术人员和行业参与者的难题。至此，一场线上启动、线上变革、线上运用的数字化医疗改革拉开大幕，一场中国引领的科技医疗改革运动成为影响全人类的重大事件。

一、数字赋能，助力全民健康

相关数据统计显示，2000年至2018年，中国65岁以上人口数量从1.26亿增加到2.49亿人，老龄人口占比从10.2%上升至17.9%，增长超过同期世界平均水平的两倍。预计到2050年，老龄人口将达到3.29亿人，占比达23.6%。老年人口疾病发生率相对较高，以糖尿病为例，60岁以上老年人的患病率是30岁成人的3倍以上。按2017年上海市常住人口统计，人口占比不到20%的老年人，门急诊人次占全市总量的52.2%，是医疗资源消耗的主体。

2016年8月全国卫生与健康大会上，习近平总书记强调，要把人民健康放在优先发展的战略地位，加快推进健康中国建设，努力全方位、全周期保障人民健康。而在国家《"十四五"卫生健康事业发展规划》及《中共中央、国务院关于深化医疗保障制度改革的意见》中，提倡建设数字中国、促进区域协调发展、促进人的全面发展，并将医疗思维由"以治病为中心"转向"以健康为中心"，数字医疗成为医改事业的重要抓手。

《中国互联网络发展状况统计报告》显示，截至2021年12月，我国在线医疗网民规模达2.98亿人，互联网就医需求不断增长。许多人开始尝试在互联网医院平台复诊、开药，免除了奔波医院的辛苦，越来越多的患者从远程医疗中受益。尤其是新冠肺炎疫情以来，互联网诊疗已经成为保障全民健康的强大力量之一，在5G技术、远程医疗等创新科技的辅助下，数字医疗正在发挥越来越大的作用。

传统医疗服务通常受限于特定时间（医院或诊所营业时间范围）和特定空间（公立或

私立医疗机构），而互联网通过"连接"，打破医疗服务的时空边界，提高医疗资源的供给效率。对病患而言，可以随时随地享受在线医疗服务。尤其在小病、常见病、慢病的问诊和寻医求药方面，通过"在线"就可以得到解决，既节省了病患就医成本，也在一定程度上起到对线下有限医疗资源的分流作用。

中国自2014年以来就一直在探索远程医疗路径，其中包括发布一系列相关规定来推动远程医疗的发展。这些规定不仅使数字医疗相关的法规更加清晰，还扩大了远程医疗的报销范围。随着这些政策的落地，数字医疗方式逐渐被广泛采用。截至2019年，中国已经有94%的医疗专业人员使用如电子病历和远程医疗等相关远程医疗工具。尤其在新冠肺炎疫情期间，数字医疗更是发挥了重要作用。2020年4月1日，世界卫生组织（WHO）特地发表了一份关于加强医疗系统，防控新冠病毒的技术指导文件。文件中指出，远程医疗可作为医疗服务的替代模式，以确保基本医疗服务的持续运行。

在国家政策的推进下，以微医为代表的数字医疗行业正通过"互联网+医保+医疗+医药"的综合服务体系，为全国各省市城乡的慢病患者、困难群体、老年人等提供多层次、多样化的服务，打破传统受限于地域和时间的医疗模式，让健康照护和疾病救治从院内走向院外、从线下走到线上、从单次变成周期、随机成为专属，落实全民健康保障体系。

二、深化布局，推动优质资源下沉

医改，是一个世界性难题。美国的医疗投入占GDP的15%～17%，仍没有解决好这个问题；日本、加拿大等国投入约为GDP的10%，但仍有效率上的问题。作为新兴经济体，中国目前对医疗卫生事业的财政投入快速增加，但与人民群众对医疗服务日益增长的需求仍有差距。尤其在中国的广大农村地区，"跑路几千里、排队几昼夜、就诊几分钟，花费几万元"的情况至今仍然存在。目前，我国农村卫生体系存在卫生资源总体供给不足、医疗服务效率低下、医疗服务质量和水平有待提升、患者就医负担不断加重等突出问题，而最大的问题在于基层医疗人才资源极度匮乏。

以医学影像为例，目前我国基层医学影像专业人才数量紧缺的现状与基层庞大的诊疗检查需求形成强烈矛盾，成为制约我国医疗资源均衡发展的重要瓶颈之一，也是造成偏远地区百姓"看病难"的主要原因之一。有数据表明，目前我国医学影像数据的年增长率约30%，而医师的增长率只有4.1%。据统计，2016年放射科医师已达15.8万人，而中国一年总就诊人次就已达75.4亿，其中很大部分有医学影像检查需求，但受制于放射科医师人员不足，仅约5亿人次得到了影像检查，相当于每位医师当年平均服务了3000

多人次患者。一方面是大三甲医院放射科医师每天疲于海量的影像检查工作，另一方面是基层放射科医生难以获得专业的指导培训，使大型医院与基层医院之间的医疗技术水平差距不断拉大。央视网调查数据显示，全国有87.73%的网友认为，三甲医院集中了优势医疗资源，会更受患者青睐。"在条件允许的情况下，选择最好的医院和医生"是人之常情，事实上，"三甲情结"本质上也体现了人民群众对更好的医疗健康服务条件的向往。

党和政府坚持将人民群众的健康摆在首位，紧密围绕数字医疗业进行了科学宏大的布局，陆续出台了《促进大数据发展行动纲要》《关于促进和规范健康医疗大数据应用发展的指导意见》《"健康中国2030"规划纲要》《"十三五"深化医药卫生体制改革规划》等顶层规划设计和指导意见。其中，《关于印发全国医疗卫生服务体系规划纲要》首次明确新兴数字技术的引领作用，积极保障其融入国家医疗卫生服务体系之中，不断协调其与机构、床位及辅助医疗资源的配置应用布局。

从医疗供给侧出发，结合互联网、人工智能、5G等新兴技术，进而实现医疗资源的"连接""提效""下沉"，或成为破解医疗供需失衡问题的方向之一。尤其是在5G通信、人工智能、大数据处理等新技术广泛应用的大背景下，互联网诊疗已成为一种全新的诊疗模式——这种创新的诊疗方式将过去很多的"不可能"变成"可能"。以5G技术为例，以往传输1GB的影像图片可能要用1个小时，现在只需3～10秒即可完成，除此之外，影像质量大幅提升，高清的4K分辨率图片足以用于诊断。远程医疗中，这种飞跃将会给患者带来巨大好处。比如，在北京的专家可以通过5G技术，实时为大凉山地区的患者问诊，甚至还能直接远程参与到手术室内对病变组织进行快速病理诊断，以确定下一步的治疗方案。

有了互联网赋能，线下可以通过建立紧密型县域医共体，在每个县组建总医院，整合医疗卫生资源，健全健康绩效考核评价的机制，引导医疗卫生工作重心下移、资源下沉，促进医防协同，建立健康"守门人"制度。同时，将医保基金、基本公共卫生服务经费和政府补助经费，打包给总医院，结余留用，合理超支分担，实现"治未病""大健康"的健康管护体系。

数字医疗的深化布局正在整个医疗行业迅速展开，而在智慧化推动下，各种硬件、软件、数据、人力等方面的资源也快速下沉到各个角落。"资源下沉"，托起了"人民至上、生命至上"。

第二节　平台共生，领跑数字医疗时代

从2020年起，在新冠肺炎疫情的冲击下，线上医疗分类筛查，线下就近送药照护，大幅减少疫情期间的医疗耗损和接触风险，这也让数字医疗产业迎来巨大机遇。在国家《"十四五"卫生健康事业发展规划》中，建设数字中国、促进区域协调发展，成为数字医疗产业未来规划的重中之重。数字医疗成为新时代的创新引擎。

依托在互联网医疗领域的深厚积淀，以及人工智能领先优势，微医建设由端（应用终端）、云（数据连接）、脑（智能）三部分组成的微医数字医疗健康服务体系，通过触达社区和家庭各个应用场景的智能终端，居民可以随时随地享受微医云上连接的全国7900家医院、30万名医生的医疗服务资源和基于互联网、物联网、人工智能等新兴技术所提供的智慧服务，使得优质的医疗资源下沉到基层和社区，服务延伸到家庭，并且为每一位居民创建基于结构化、动态、连续的全生命周期数字健康档案和数字健康画像，作为实施全程健康管理的基石。打通"医、药、保"服务闭环，最终实现支付和履约的"双轮提效"，推动健康管护组织落地。

一、三大板块，云端大脑，构筑技术壁垒

目前，微医的核心业务覆盖微医疗、微医药、微医云三大板块，这也使得微医成为行业内唯一覆盖"互联网+医疗健康"全产业链的数字医疗服务平台。在这个平台中，用户能享受优质医疗健康服务，各地药品采购部门能实现跨区联合集采，这使得药品价格有效下降、流通效率明显提升。更重要的是，通过这个平台，能够智能控费、提升医保使用效率，"医、药、保、数"都得以实现，而这些卓有成效的升级背后是微医在构筑自身技术壁垒的持续投入。其中人工智能方面的"产学研"投入，让微医在行业内的领先优势得到不断巩固。

人工智能是全球竞争的技术制高点。推进人工智能技术在医疗健康领域的应用，对于加快重大疾病防控技术突破、占据生物医学相关新兴战略性产业发展的主导权、优化中国医疗服务体系具有重要意义。

对人工智能优势有深刻理解的微医早已开始加大投入。2017年3月，微医向浙江大学教育基金会签约捐赠1亿元，支持浙江大学睿医人工智能研究中心发展，致力于

通过"产学研"一体化模式,打造中国自主知识产权的医学人工智能引擎。在人工智能上持续投入,也让微医尝到了技术升级的甜头。以微医开发的医学人工智能应用"睿医智能医生"为例,其在眼底病、肺小结节、骨龄检测等十余个专科领域取得突破性进展,其中糖尿病视网膜病变2分类检测报告准确率达93%、特异性达98%,集成该应用的智能眼底相机已完成Ⅲ类医疗器械临床试验,是国内最早申请注册的医学人工智能产品之一。

持续加高技术壁垒的创新,微医还探索了以"悬壶台"中医辨证论治系统为核心的"华佗智能医生",其将中医名方全部收纳,经过沉淀"病→证→法→方"的智能化、标准化路径,能帮助基层中医师实现"会辨证,敢开方"的目标。目前,这套系统已在全国1900多家中医医疗机构投入使用,完成超560万人次的辅助诊疗,成为全球范围内应用最广

悬壶台辨证论治系统
获2017年全国基层卫生信息化应用大赛一等奖

的"云端中医大脑"。2020年12月,微医华佗云平台凭借中医数据化、智能化、专病化等应用实践创新,以及对中医药领域的突出贡献,荣膺中医药天池大赛的冠军。

至此,微医以其数智化能力、浙大睿医AI能力以及现有成果与医院临床及科研经验进行结合,将数据挖掘、图像识别、语音交互、认知计算技术等与医疗场景融合,逐学科、逐病种形成数字化专病诊疗系统,各专病数字化系统在应用中融合升级为"数字医学大脑"。"数字医学大脑"持续吸收先进的临床经验,通过医生终端连续支持市县、基层医生的标准化诊疗,诊疗、随访数据返回"数字医学大脑"进一步优化诊疗路径。这对提升中国基层医疗机构诊疗能力、促进不同区域间医疗同质化有重要意义。目前,微医已经建立了强大的数字医疗服务平台。该平台由云计算基础架构、智能数据处理平台及智能解决方案应用组成,具有独特的数据应用和分析能力,并且拥有严格的数据隐私和网络安全政策,建立了全面的防御系统来保障平台的运行。目前,平台已广泛整合医院信息系统(HIS)、实验室信息系统(LIS)、医生院内和移动工作站、智能医保监控系统、医保电子凭证、医保和商业健康保险结算系统等多个医疗服务系统,有助于医疗服务方提高医疗服务效率,并提供卓越的用户体验。通过这种连接可以实现主要数据库的区域性互联互通,

有助于提升数据分析能力，改善产品和服务项目。

作为数字医疗企业，微医充分发挥自身优势，一方面运用新技术，让城市优质医疗资源便捷、高效地下沉到基层；另一方面加大投入、因地制宜，通过"数字健共体"的建设，持续为全社会提供更多优质、高效、可及的数字医疗和健康维护服务。特别是在抗击新冠肺炎疫情、推进"六保""六稳"、助力脱贫攻坚等方面，充分展现了企业的社会责任与担当。

二、四大升级，实现全程全域共享

2015年，微医创建了全国首家互联网医院——乌镇互联网医院，通过全国范围内规模化连接医生和患者，有效突破了医疗服务的时空限制，让基层、农村和偏远地区的老百姓在家门口也能问诊大专家。

微医积极探索"互联网+医疗健康"服务模式，通过推动医学人工智能等领域发展，提升老百姓医疗健康获得感、提高医疗健康体系服务效率、促进医疗健康产业发展四大升级，实现全程全域共享。

1. 首创一站式慢病服务数字平台

在慢病管理方面微医已有多年的累积，包括应用场景、产品合作开发等。除了持续关注以慢病和常见病为主的病患人群，亦会针对如糖尿病等个别病种进行深入开发，提供包括医疗服务、医疗保险、商业保险、健康管理的一站式平台服务。联合各级医疗机构，开创性地打造了互联网慢病医联体，开展线上复诊、在线处方、医保在线支付等服务，实现对慢病患者的全流程管理。

2019年，微医以泰山互联网医院为载体，与山东泰安17家二级以上公立医院、88家基层医疗机构共建互联网慢病医联体，覆盖564万居民人口并承接了22万慢病患者复诊购药和管理服务，成为国内首个城市医保部门直接购买数字化慢病管理服务的模式创新。该模式不仅通过打通慢病管理线上线下全流程，形成慢病"防、诊、治、管、健"的管理闭环，为区域内患者提供更加公平、可及的慢病复诊、购药、报销、数据管理和数字化干预处置等服务，而且还通过数字化的流程管理和医保智能监控，有效地节约了医保支出。

调研数据显示，仅1年时间，当地慢病患者单次人均就诊时间就从2～3小时减至30分钟，单次处方金额较2019年下降12.7%；而医院门诊压力则下降15%～25%，慢病医保支出实现有效节约10.2%。

"泰安模式"因其开创性的"互联网+医保+医疗+医药"实践且成效显著，在山东全省16个地市正加速复制落地。这不仅让数字医疗的应用体量大幅提升，也激发了数字医疗在助力医保支付方式改革等更高维度上发挥开创性的价值。

泰山慢病互联网医院

2. "三医联动"，开创医保新模式

2020年，由微医作为主要发起和运营方的山东省互联网医保大健康服务平台启动运行，开出全国首张平台型互联网医院的医保电子结算单，第一次真正打通了互联网医疗、医药、医保"三医联动"的全流程。数字赋能更进一步聚焦到为支付提效率的层面。

同时，山东省互联网医保大健康服务平台正逐步为医保统筹区的参保人建立起全生命周期的数字健康画像。这有效解决了商保面临的投保人健康数据缺失，投保后健康管理配套资源与服务不足，理赔流程复杂等问题，为实现医保商保一体化奠定了基石。经过用户授权或申请，商保机构可以基于居民数字健康画像，在事前精准设计开发定制化、高性价比的健康保险产品，在事中配套健康管理服务，以及在事后进行高效理赔结算。

此外，平台还着力打造涵盖就医全流程链条的监管体系，实现基于大数据应用的实时监控、智能分析、双重稽核、智慧管理等多维度的智能控费，帮助政府和医疗机构实现了医保的全流程监管。不仅为老百姓守护好"看病钱""救命钱"，还通过数据互联互通为参保人建立起数字健康画像，并通过平台连接医院，助其完成从咨询、诊断、治疗，到健康检查和分析、开方、药品服务等完整流程。

同年10月，由山东省医疗保障局、济南市医疗保障局共同指导，山东省互联网医保大健康服务平台联合国内10家保险公司共同推出的区域型补充医疗保险产品正式发布，当年投保人数即超过71.7万。这也是数字医疗行业响应国家政策，协调相关参与方探索多层次医疗保障制度体系，实践补充医疗保障、商业健康保险与健康管理深度融合发展的创新实践。

3. 双管齐下，重构基层医疗服务生态

微医以云端科技满足民众医疗所需，以流动医院深入下乡、健康社区共建和数字化医疗共享，有效地帮助末端城乡的医院和民众。通过数字化重构基层医疗服务生态，推进医疗资源均匀优化，赋能实现"惠政""惠医""惠民"。

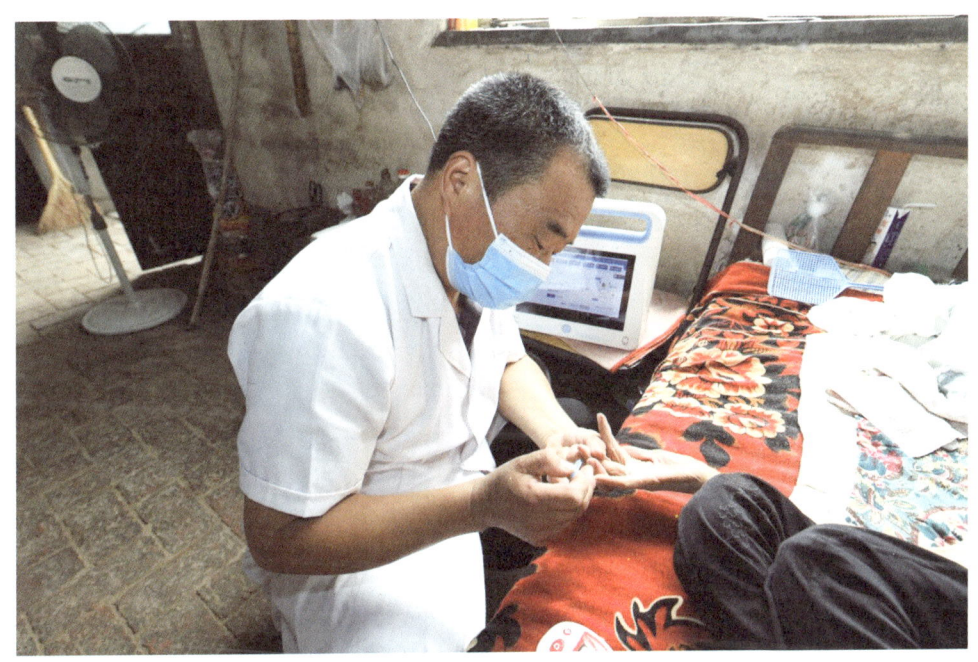

村医使用云巡诊包服务村民

微医以"流动医院"为代表的基层服务升级，利用互联网、物联网、大数据、云计算和人工智能技术，以"车、包、站"（包括云巡诊车、云巡诊包、医卫工作站）的新组合形式，与当地公立医院、基层医疗机构联动，为基层民众提供涵盖检查、检验、诊断、处方、药品、医保结算等完整环节的医疗健康服务，重构基层医疗服务体系。每个"流动医院"都配备了智能诊疗等系统，全自动生化分析仪、B超、心电图、健康一体机等智能设备，能协助完成7大类53小项检查检验，提供100种疾病的标准化诊疗方案，将二级医院的诊疗能力"搬"到了老百姓家门口，患者在村里就能完成常见病的检查检验和基本治疗。如遇复杂病情，则可通过互联网医院连接上级医院专家会诊，有效提升基层医疗机构和医生服务能力。

在昔日的国家级贫困县河南光山，微医搭建了覆盖4家县级医院、21个乡镇、311个

村卫生室的互联网医联体，并面向乡镇投放12辆微医"云巡诊车"，为患者提供健康体检、慢病管理和随访、远程会诊等全方位医疗和健管服务。至2019年5月，全县因病致贫、返贫率从45%降到20.1%，远低于全国44.1%的水平，成功摘帽。目前，微医由助力脱贫攻坚到支持乡村振兴的足迹遍及山西、陕西、河南、甘肃、西藏、四川、广东、福建等全国8省10余市，"云巡诊车"投放数量达330多辆。因利用数字化手段助力健康扶贫的突出贡献，2019年，微医创始人廖杰远先生获得由国务院扶贫开发领导小组组织评选的"全国脱贫攻坚奖创新奖"。在《2020中国互联网企业社会责任报告》中，微医连续两年排名行业第一。

服务来自信任，"健康社区"是微医在浙江"未来社区"项目中走出来的新模式。"未来社区"作为浙江共同富裕示范区的一个载体，健康场景是居民体验感和触达感最强的场景之一。微医作为"浙江省未来社区健康场景：邻里医"的核心指定供应商，通过数字技术和智能应用，实现了"看病治疗在社区、健康管理在社区、医保支付在社区"的社区健康管护组织（HMO）新模式，打通社区医疗健康服务"最后一公里"。

2021年，微医在衢州实现了"医药保"互通；在萧山打通全民健康信息系统，成为首家家医签约的履约单位。通过整合"医、药、保、健、养"相关资源，以社区为管理单元，签订社区居民为会员，线上线下为居民提供家医签约、远程诊疗、健康维护、病程管理、社区养老等服务。

以"健康社区"构建网格化社区责任医疗服务体系，也是微医构建全民健康责任体系中最重要的一环。将优质高效的医疗健康服务下沉社区、园区、企业、院校等场景，赋能分级诊疗，全面提升社区"防、诊、治、管、健"责任医疗服务能力，助力乡村振兴，为共同富裕筑就健康基石。目前已在全国落地33个健康社区，在浙江省服务覆盖范围超过52万人口，荣获浙江省智慧城市建设先进单位。

4. 联采数字化，推动医药服务升级

2021年10月，国务院医改领导小组下发《关于深入推广福建省三明市经验深化医药卫生体制改革的实施意见》（国医改发〔2021〕2号），明确提出"鼓励地方加入'三明采购联盟'"。11月26日，三明市医改领导小组发布《关于推动常态化跨区域药械联合采购倡议书》，邀请各地加入三明采购联盟（全国），建设智慧化药品耗材交易平台。作为三明采购联盟（全国）的运营方，微医利用数字化手段对平台进行赋能迭代升级，不断完善医药集中采购平台功能，为各联盟省市的药品耗材联采、信息化管理和数据互联互通提供有力支撑。

2021年7月28日，微医与衢州市医保局签署战略合作协议

截至2021年12月，三明采购联盟（全国）平台内药品目录品规已从改革初期的1664个增加到2157个，原研及进口药品规由改革前的210个增加至442个；同时，平台已完成6批医用耗材联采，目录已达3.2万多个品规，其中进口质量层次耗材约占36.2%。三明采购联盟（全国）已经形成较完整的药品、耗材采购目录，涵盖临床常用的药品及高低值耗材（含不计费耗材）。微医旗下厦门海西医药交易中心、北方药事服务中心还受药品耗材联合限价三明采购联盟和中国非公立医疗机构协会的委托，将以"量价适配、智能撮合、透明开放"的交易方式，创新开展跨区域药械联合采购工作。以及随着山东与11省（区、市）共同发起的省际中药（材）采购联盟加入三明采购联盟（全国），与三明采购联盟（全国）中药（材）分部合并成立三明采购联盟（全国）省际中药（材）采购联盟，三明采购联盟（全国）作为国家集采、省级集采的补充力量的作用显著提升。

三明采购联盟（全国）正在加速扩容扩围，微医将持续迭代升级联盟平台，实现联盟联采、交易、结算、支付、供应、监管等全流程智慧化运营，以及精准合量、精准结余留用测算、精准联采执行和精准的药事服务，帮助药品以阳光、透明、安全的方式从厂家直达老百姓家里，并带动各地医药产业经济发展。

在四大创新模式的多轮驱动下，微医有了明显的优势，特别是在全域资源的分配和整合上，微医早已一路领先，小步快跑。

三、数字健共体，升级平台价值链

微医积极发挥数字化优势，将商业保险、会员模式、家庭养老等模式作为再扩容的方式，使得资源能被整合利用，从而整体提升医疗服务价值。

从单体的互联网医院，到互联网医联体，再到以人民健康为中心，以医保支付为杠杆，以数字化为手段，以健康责任制为驱动的紧密型互联网医联体——数字健共体，微医在长三角地区以及天津、山东等全国多地开展的数字化医改创新实践，已惠及越来越多的老百姓。

2021全国深化医改经验推广会发布了2020年度"推进医改服务百姓健康十大新举措"，排在第一位的就是由数字医疗主导的医改模式——"天津市基层数字健共体"。其典型经验在于，在一个省级行政区内构建紧密型互联网医联体，并形成卓有成效的数字化健康管护组织——城市HMO体系。

2020年1月，天津市政府与微医签署《数字健康战略合作协议》，达成共建数字健共体等合作，天津市成为全国首个全面启动数字健康建设的省级行政区。同年4月，在天津市卫生健康委主导下，由天津微医互联网医院牵头组建的上接42家三甲医院、下联267家基层医疗卫生机构的紧密型互联网医联体——天津市基层数字健共体建设全面启动。

在数字健共体的建设过程中，数字医疗的技术应用和运营服务价值被充分体现：通过落地云管理、云服务、云药房、云检查"四朵云"平台，在全部成员单位间实现管理统一、责任共担、利益共享、服务同质的运行模式，并由3100位全科医生为350万名重点签约居民提供诊前、诊中、诊后全流程医疗和健康维护服务。

更具突破性意义的是，以慢病管理为切入点，数字健共体已在探索实施医保"整体打包付费""按病种和按人头打包付费"等支付方式，并开始在总额预算管理下根据医疗健康管理质量考核结果，落实"结余留用、超支不补"的激励约束机制。在这种新型健康责任制体系中，基本医保支付方以确定的成本，为健康结果向互联网医疗服务提供者买单，极大地激发了整个医疗服务体系的效能。

经历一年多实践探索，天津市基层数字健共体建设成效卓著。统计数据显示，试点基层医疗机构糖尿病患者规范管理率达76.68%，已达成《"健康中国2030"规划纲要》目标；对管理时间超过3个月的患者样本进行分析则显示，血糖达标率提升了21.58%；而已落地人头付费的4家试点基层医疗机构医保结余率达到16%～31%。随着基层医疗服务能力和民众就医便捷度的双提升，健共体内试点基层医院的门诊量提升了120%。

为满足民众对于高质量医疗健康服务的常态化需求,微医还分步推动医疗服务各个要素的数字化以及互联互通水平,通过落地以人民健康为中心的"数字健共体"开展药耗械联采、智慧医保、分级诊疗、互联网医院、慢病管理系统等医疗数字化基础设施建设的工作。

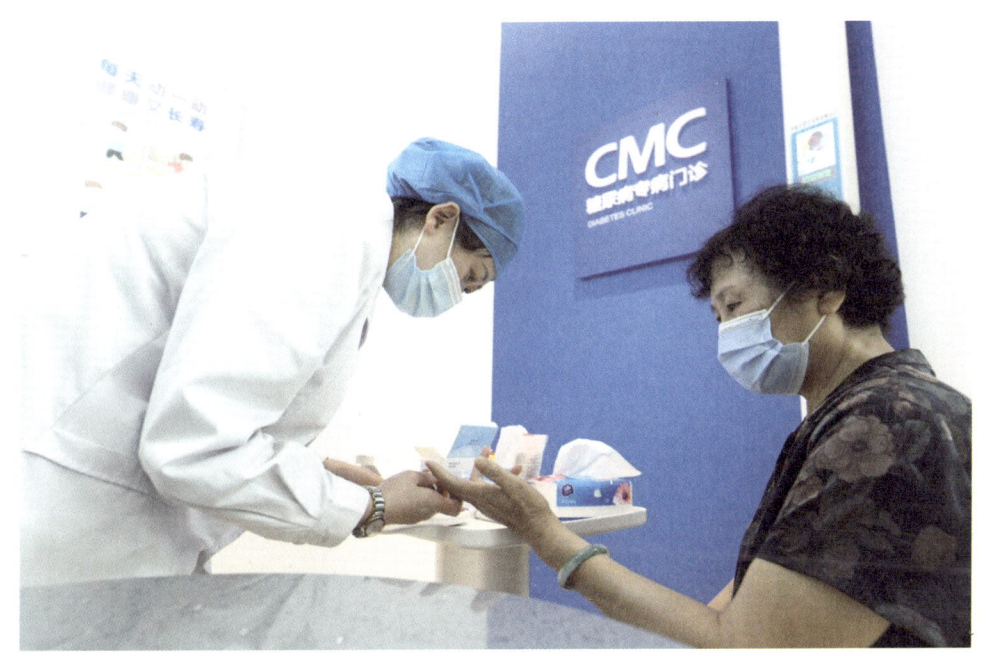

天津市基层"数字健共体"慢病管理

"数字健共体"构建起贯穿线上线下、普惠、共享、均等的医疗健康服务体系,凸显集聚效应,升级价值链,并全面提升区域基层医疗水平,提高百姓健康水平。当大部分人还将目光聚焦在现金流更为充裕、赚钱能力更佳的医疗电商赛道时,微医专注于"医疗服务"的价值创新更值得尊敬。2021年10月,国务院医改领导小组印发《关于深入推广福建省三明市经验深化医药卫生体制改革的实施意见》(国医改发〔2021〕2号),其中16次提到"推进医疗联合体建设",强调要加强对医疗联合体"以人民健康为中心"的绩效考核。这也正是对微医打造"数字健共体"的充分肯定。对于这家企业来说,走的不是一条已经被论证能赚钱的捷径,而是目标长远的荆棘之路——这条路上困难重重,一旦走通,将为中国医疗服务体系带来巨大的提质增效,也将为中国数字医疗产业带来新的发展格局。

第三节 价值引领，赋能产业生态

2020年8月，习近平总书记在合肥召开的"扎实推进长三角一体化发展座谈会"中指出，要深刻认识长三角区域在国家经济社会发展中的地位和作用，大力实施长三角一体化发展、创新驱动，并推进实施统一的基本医疗保险政策，有计划地逐步实现药品目录、诊疗项目、医疗服务设施目录的统一等国家战略。

作为国际领先的数字医疗服务平台，微医致力于打造一个开放的、不断进化的数字医疗系统。围绕着会员这条轴心，建设数字化健康管护体系健康责任制——联合政府共建数字健共体平台，联合企业建会员销售服务渠道和网络，联合医院做专科医联体、慢病医联体。通过医疗服务和健康维护服务形成"双轮驱动"提升整体医疗服务效率，为医保提效率、商保挖潜力，助力建设以城市为中心的服务体系和长三角健康共同体，也加快全球市场的布局和生态共建，积极推动全球数字医疗的进步与发展，以惠及民众。

一、联动协作，打造长三角健共体

目前，长三角的区域一共拥有41个医保统筹区，是我国大健康产业发展的引领区域。经济发展速度快，经济规模大，但行业竞争激烈。作为长三角本土企业，为积极响应数字中国战略和数字化改革号召，并抢先抓取长三角一体化发展红利，微医首先强化企业自身能力，建构"端、云、脑"组成的数字医疗健康服务体系，同时积极谋划长三角战略布局，从2020年6月开始组建长三角区域业务部门，逐步探索出适应长三角市场的业务模式。

2020年9月，上海发起成立了四条产值超万亿的长三角产业链联盟，其中浙江省牵头的长三角数字健康产业链联盟由微医作为理事长单位，应用大数据、人工智能、区块链等技术，搭建"产、学、研、用"的开放平台，充分发挥长三角医疗高地、数字健康全产业链发展的优势，重点打造"长三角健共体"。

起步于长三角，发展于长三角，微医在长三角更是拥有丰富的优质医疗资源。2021年微医业务板块调整升级后，通过全面整合旗下各个业务单元与能力模块，成立四个中心来建设"医、药、保、数"业务基地，形成"业务闭环""能力闭环"和"价值闭环"，彼此之间亦形成生态协同效应。接下来，微医将在长三角区域重点打造两大核心能力，即药械能力和数智能力，重点打磨专科联盟和健康社区两大核心产品。长三角区域是微医业务品类和方向最全的、多样化的区域之一——在创新方面，有结合银行、医保、商保支付的易康付产品；在健康城市方面，有温州的城市健康共同体的建设；在大专家方面，有上海的专病专科业务；在健康会员方面，有中石油、建设银行等健康企业的会员合作；在生态合作方面，有腾讯、华为、碧桂园、华侨城、康佳等优质的合作方。

一个个项目的推进只是微医发展的表象，微医正积极投入并推动慢病管理服务中心、"流动医院"、健康社区、药械集采平台等业务模式的加速落地，以最终实现"提升中国医疗健康服务体系的整体效率"的愿景。独木不成林，健康中国、数字中国和美好生活需要齐心协力、多维度发力。

当前，微医正着力打造区域数字医疗解决方案，在以会员为中心的基础上，基于合作双方业务的差异性、互链性、融合性，与有梦想、有担当的企业开展合作，打造一个全新的大健康生态，实现共赢。以微医现阶段在长三角区域重点打造的专科联盟为例，通过对现有医疗服务资源、供应链资源、生态合作伙伴资源进行重新整合；通过数字化技术帮助医疗机构实现诊前/诊中/诊后全流程管理，让医疗机构在最短的时间内精准获取病源，让患者通过专病会员服务，精准地获得合适的对应病种诊疗路径。将门诊、住院、挂号患者由院内转到院外、线下转到线上、服务单次变周期、随机到专属，从而做优存量、做大增量。微医已经与多个专家团队进行合作，如与华山医院共同打造了肌无力专区、动脉瘤专区、垂体瘤专区，与长海医院共同打造了胰腺专区等多个专病线上服务专区，等等。

微医希望充分利用十余年来在数字健康领域探索的成功经验，将北上广、长三角的优质医疗资源互通融合，与更多生态合作伙伴一道，打造一个完整的医疗健康生态体系，推动数字就医场景由"平台赋能"逐步向"生态构建"跃升，为长三角医疗健康服务一体化的高质量发展添砖加瓦，也为长三角数字医疗的能力和价值体系赋能全球服务。

二、中国力量，服务全球

2020年年初，在疫情防控战打响的第一时间，微医互联网总医院先后上线"新冠肺炎实时救助平台"和"全球抗疫平台"两个公益抗疫服务平台，快速构建疫情防控的"空中战场"。2020年1月26日，微医互联网医院抗疫平台单日访问人数突破1100万；在高峰时，微医互联网医院承担了武汉40.8万名慢病重症患者97%的在线复诊购药需求。

2020年，微医"全球抗疫平台"提供的抗疫服务触达全球221个国家和地区的300余万人，并面向意大利、美国、德国、印度等国的1000余名医务人员分享了中国的抗疫经验，获得中国170多个驻外使领馆的官方推介。微医的抗疫实践也因此受到了国家卫健委、世界卫生组织、哈佛大学公共卫生学院、洛克菲勒基金会等的高度关注和认可。

微医"全球抗疫平台"

在全球疫情的影响下，世界各国均意识到"互联网医疗"是未来的大趋势，更是智能科技要努力的方向。目前，在美洲、欧洲虽皆已有云端医疗平台，但其应用层面、连接端口、覆盖区域、普及状尚有不足。

随着中国的全球影响力剧增，世界上越来越多的医疗从业者对中医有了更多的好奇和探索，因疫情而推展至全球的微医"全球抗疫平台"，不仅接轨国际，助力疫情防控下的全球资源共享，更让其他国家有机会进一步接触并认识到古老的中医文明结合高科技与人工智能后的进步与卓越。微医正以独步全球的医疗平台模式，引领国内产业走向世界前沿。

而且经过全球疫情一战，世界看见了一个深耕于中国的数字医疗力量，正在以其强大的科技与整合能力，给予全球不同层面的优质医疗协助。作为中国数字医疗领军者的微医，自觉担负使命，代表中国数字医疗对标国际健康平台，不仅向世界展现了中国在医疗领域的强大竞争力，接轨全球的医疗资源，而且将传承千年的中医专业知识及各项卓越的疾病研究，推向国际与世界共享，同时亦能网罗各国不同的医疗思维与技术，达到"医者无国界"的互利互助。

企业家专访

让世界看见"中国力量"

——专访微医控股有限公司董事长廖杰远

《样本》：您创立微医的初衷是什么？

廖杰远：2010年，1岁的小侄子罹患"怪病"，我带着他辗转于福建、浙江和上海三地求医。可在经历两次手术之后，却发现竟是误诊，但孩子的膝关节已遭受了不可逆的永久性损伤。作为一个普通的老百姓，在深切地感受到就医的所有艰难后，我就只有一个想法：如果说我这辈子还能做一件事，那就是希望用自己熟悉的IT技术，让老百姓看病就医能更方便一点。

这样一个简单的想法，实际开始运作时才意识到是在翻越一座大山。翻越它有三种方式：第一种是手脚并用爬过去；第二种是开一条能够容纳一人挑担子过去的小道；第三种就是打通一条隧道，让大车小车都能穿行。微医选择了最艰难的第三种方式，在12年的摸索过程中保持坚韧与信念，从挂号服务起，到第一次落锤建立互联网医院，再到医联体、数字健共体、数字HMO……一寸寸艰难打通、一步步往前推进，相信直至把每个环节凿穿之时，这条数字医疗隧道就能见到曙光。

《样本》：在国家《"十四五"卫生事业发展规划》的指引下和疫情防控的不断挑战下，医疗行业也迎来了巨大机遇，微医也持续被投资界看好。您如何看待企业发展与时代背景的关系？

廖杰远：疫情加速数字医疗行业发展，也让数字医疗从"可选项"转变为"必选项"。疫情期间，国家第一次真正将互联网诊疗纳入在线医保支付。2020年，微医在山东济南开出了全国首张互联网医院医保电子结算单，被行业认为是近几年来中国数字健康行业的重要突破。

在"内循环"背景下，医疗行业一方面承担扩大民生保障、进一步为消费松绑的角色，另一方面又是扩大内需的主力军之一。后疫情时代，中国医疗健康领域正进行一场供给侧的结构性改革，核心特征是以数字化推动中国医疗卫生体系的升级和重构。随着民生保障加速覆盖、渗透，以及数字化管理居民健康成为常态，势必进一步激发居民的健康消费热情,为扩大内需开路。一旦健康状况变得"可视",健康服务"一键可得",以健康服务为代表的新消费也将成为拉动内需的一支生力军。

《样本》:自2011年至今,微医现已是中国最大的数字医疗服务平台,并且成为全球范围内应用最广的"云端中医大脑",这对微医来说意味着什么?

廖杰远:在中医数字化方面,借助互联网、大数据、人工智能技术在医疗健康领域的创新优势,微医以华佗云为代表的创新模式积极探索与中医药服务的融合发展,为基层医疗赋能,让诊断更准确,专家问诊更便捷,偏远地区也能进行医学检查。一方面打造中医大数据标准化、智能化体系,推动中医名家智慧的数字化传承;另一方面打通全流程服务闭环,推动区域中医云、智慧中药房、中医药交易中心等创新服务的落地。

《样本》:2021年年末,您在亚洲医疗健康高峰论坛上指出,医疗资源分布不均衡是医疗服务体系面临的巨大挑战,微医的业务能为这种不均衡提供什么样的帮助和解决方案?

廖杰远:通过微医在全国各地的33家互联网医院,以及在天津、山东等地落地"数字健共体"形成的数字化健康管护组织,我们连接了全国大三甲医院和医生的资源,最大限度地满足广大群众健康咨询、在线复诊和开药的需求,也实现了优质医疗资源向基层下沉。同时,我们通过建设数字医疗服务平台,包括推进人工智能辅助诊断系统应用等,也进一步提升了医生服务患者的效率,提升诊断的准确性,提升患者的体验。

在基层,为了真正实质性提升基层医疗的能力,我们通过"流动医院"把7大类53小项的检查检验能力送到基层,真正地实现了"专家来到村里头、医院开到家门口",真正地把优质医疗资源送到了"田间地头"。到今天,我们的"流动医院"正"跑"向全国、在天南地北、在偏僻的乡村,深入具体实质性地提升基层的服务能力。

《样本》:微医提供的公开数据显示,研发投入几乎与当年营收相当,说明微医十分重视研发板块,您如何看待技术研发和创新对于数字医疗行业的价值?

廖杰远:公众印象中在线问诊、处方、审方、配送这些互联网医院的常见功能,看上去就像随处可见的自来水管一样简单的流程,其背后的"基础管网"建设是相当耗费资金的。微医的研发投入主要用在了支撑互联网医院建设运营的技术平台和系统构建、产品开发、系统安全保障以及研发人员开支等。以此为支撑,在全国20多个地市建了33家互联网医院,其中18家实现了与医保系统地打通。

这些研发投入形成的医疗科技系统和产品等的积累,形成了可在未来复用的无形资产,持续推动业务的提效、复制。微医之所以能在全国迅速搭建起规模化的互联网医院矩阵并得到医保机构的认可,正是缘于其前期巨额投入建设数字医疗服务平台所积累的能力。

除此之外，微医建立了9大类累计超84万个标签的医学标签库，并通过关系引擎和知识图谱精准匹配医患需求。临床辅助决策支持系统CDSS覆盖300多种常见病，包含26种慢病详细诊断和治疗建议，结合其研发的云巡诊车、云巡诊包等医疗终端和器械产品，将作为全科医生和家庭医生的在线"教练"，让更多基层医生得到具备专家水平的技术支持，有效地提升了基层医疗机构的诊疗能力，并扩展了医疗服务可及性。

《样本》：微医所属的数字医疗服务细分市场预计在2022年超千亿，在2025年赶超医药电商等其他细分市场，2030年预计达7390亿元，作为行业龙头的微医如何看待这个市场？又将如何引领中国数字医疗产业发展？

廖杰远：中国是亚洲最主要的经济力量，广阔的市场以及正进行的规模宏大的医药卫生体制改革，正推动万亿医健市场的重构和升级。中国正全面推动从"治病为中心"向"健康为中心"转变，这一过程中，数字化已成为中国医疗服务体系升级的引擎，以支付改革为切入点、以数字化为驱动的健共体的落地，正在催生中国式的"联合健康"。

面向1580家三甲医院，97万家基层医疗机构，微医数字健共体将为中国克服地域辽阔、医疗资源不均衡的问题，推动"以健康为中心"的医联体改革。这与国际上的健康管护模式异曲同工，而以天津为代表的"数字健共体"正在推动医联体进入3.0阶段。中国作为全球规模最大的统一市场和人口大国，将在数字化的驱动下，呈现出比美国联合健康或其他国家医疗体系投入更少、发展更快的趋势，这或将成为中国借助"双循环"经济发展新格局实现医疗健康产业弯道超车的一次重要机遇。

微医一直在努力的是什么？概括成两个词就是"创新"和"改革"。我们所有的前进和规划，都秉持着让天下人"健康有道、就医不难"的使命和初心。医改很难，但总要有人去做。我们相信，日复一日地创新与探索，一定会让世界看见"中国力量"。

> 专家点评

"创新共同体"的践行者

"中国制造2025"提出了基于互联网、人工智能的智慧制造新境界，以高素质、高技术、高互联的社会网络和高知识密集型企业为主力军。我们可以看到，一大批技术含量高的"天生全球化"中小型企业正在涌现，企业家们正以其全球视野、全球思维、全球资源，推动着技术创新和商业模式创新的"双轮"由"二次创新"迈向自主创新，实现质的跨越。

难能可贵的是，微医作为中国唯一一家数字医疗企业入选《麻省理工科技评论》发布的年度"50家聪明公司"榜单。在技术创新和商业模式创新的"双轮"驱动下，微医为医疗服务方、支付方、供应链等医疗服务价值链各参与方赋能，实现线上线下医疗资源的深度整合，提供覆盖多个场景的一体化数字医疗和健康维护服务，增进了医疗服务的可及性、有效性和可负担性，并提升中国医疗健康服务体系整体效率的创新实践探索，已得到越来越多的肯定。尤其是当下的疫情中，微医开创的公共卫生和医疗救援新模式，不仅为全国抗击疫情做出了重要贡献，也为全球抗击疫情提供了"中国服务"和"中国经验"，让世界看到了新时期中国医疗数字建设的新探索与新服务模式的建立，看到了中国新兴行业领袖企业的快速成长和蓬勃动力。

我一直强调一个观点，企业家要走的道路，必须跟国家命运、人类命运和科技发展趋势紧密结合。这是我国企业能够充分发挥中国优势迅速走在前列，以及保持发展动能和可持续性的关键因素。在全球新一轮科技革命推动下的新型创新生态体系中，一旦建立了这种能"有效地在经济发展当中起到引领作用"的平台，就拥有了自主发展的引擎。站在新一轮科技革命和我国小康社会建设的新前沿，抓住数字化转型的"机会窗口"，将创新链与产业链更有效地结合起来，是我国众多产业加速上下游一体化发展的有效路径和模式。微医作为数字医疗的先行者，其互联网+医疗健康的创新模式走在了中国数字健康产业的最前沿。无论是从单体的互联网医院，到互联网医联体，再到以人民健康为中心，以医保支付为杠杆，以数字化为手段，以健康责任制为驱动的紧密型互联网医联体——数字健康共同体，还是通过数字化重构基层医疗服务生态，推进医疗资源均匀优化，赋能实现"惠政""惠医""惠民",微医将其创新发展的使命与国家、人类的健康使命紧紧结合,将创新链与产业链有机融合,形成了生态化的"创新共同体",形成了持续的竞争力和高成长性。

中国企业有大量的商业模式创新,非常巧妙地与我国统一大市场的需求和要素进行有机结合,并在充分的市场竞争中形成自己的创新竞争力。在微医的身上,我看到了他们对市场经济规律的深度洞察和把握。无论是在乌镇成立中国首家互联网医院,并以互联网医院为支点,持续探索创新;还是设立全国第一个互联网医院服务中心,并于次年推出了互联网医院赋能的"流动医院",建立中国首家专注于慢病管理的互联网医院;抑或是推出中国首个可由医保直接结算的市级数字化慢病管理服务,获得山东省泰安市医保局认可,并在2020年4月开出了首张医保电子结算单,真正意义上实现了"医药保"闭环的服务体系……种种"第一"的实践,皆是积极结合市场、区域的特性与需求进行创新探索的表现。世界,越来越无边界,产业与企业之间亦是如此。微医的创新,让整个价值链呈现出极度的开放性、包容性,以共同的使命,展现共同的价值,更具包容性地走向价值网络环境中的生态经济。

我们正处于数字经济新范式引领新发展的重大机遇期,而我国的经济体制改革亦到了一个面向高质量发展的重要关头。企业家,正是这场改革大潮中的中坚和先锋。我相信,会有越来越多像微医这样在"双轮"驱动中崛起的创新型企业,它们代表了中国经济蓬勃向上的未来。正是勇立潮头的他们,在中华民族伟大复兴的新阶段,抓住第四次产业革命的重大机遇,不断开创深化改革和可持续发展的新格局,持续站在中国特色社会主义市场经济发展的最前列。

吴晓波 浙江大学社会科学学部主任

第八章
成就卫星导航应用新高度
——上海海积信息科技股份有限公司

- **楔子：** 万里之船，始于罗盘
- **企业概况：** 北斗高精度应用创新领先企业
- **创新解读：**

    第一节　新导航时代大机遇

    第二节　攻坚北斗规模化应用制高点

    第三节　以奋斗者为本，实干前行

- **企业家专访：** 积跬步，服务未来
- **专家点评：** 让安全保护在自己手里，服务世界

楔 子

万里之船，始于罗盘

手上没剑，和有剑不用，是两码事。

1990年，美国GPS全球卫星定位系统第一次以武器制导的形式在海湾战争中大获成功。这场战役，被归结为"GPS的胜利"。全球都从这场现代战争中感受到拥有导航卫星的紧迫性与重要性。

1994年2月，《关于印发〈双星导航定位系统工程立项报告〉的通知》的印发，标志着我国"北斗一号"正式上马。

当要之于终，不宜掣肘于其间。2020年7月31日，中国向全世界郑重宣告：中国自主建设、独立运行的全球卫星导航系统全面建成。中国北斗正式登上世界舞台，开启了高质量服务全球、造福人类的崭新篇章。中国在美国"GPS"、俄罗斯"格洛纳斯"、欧盟"伽利略"之外，开辟出一条具有中国特色的全球卫星导航系统发展之路。

"高精度、高可靠"的全球卫星导航系统及其全面应用，关乎国计民生，更关乎国家政治经济的命脉。随着北斗系统的成熟与完善，"北斗+"和"+北斗"也在蓬勃发展，推动北斗在各行业领域的规模化应用和产业化发展，成为北斗高质量发展的未来之路。

自创立之初，海积信息就立志专注北斗应用端核心产品的研发。"我们研发每一款产品，开辟每一条产品线，最低标准是中国前三，否则不予立项。"海积人凭借着"自主创新、开放融合、万众一心、追求卓越"的新时代精神，梦想不休，奋斗不止，如今已晋级为全球少数几家拥有完全自主知识产权的北斗高精度卫星导航定位高新技术企业。

与国家战略同频共振，放眼高处，脚踏实地，以高标准开展产品研发的海积信息，正与新一代通信、区块链、互联网、人工智能等新技术深度融合，不断将美好的时空想象变为现实应用，深度服务行业与国家的发展，直面全球卫星导航定位应用市场的激烈竞争。

> 企业概况

北斗高精度应用创新领先企业

上海海积信息科技股份有限公司（以下简称海积信息）成立于2011年，致力于成为世界领先的高精度导航定位解决方案提供商。在国家大力推广北斗应用的浪潮中，海积信息始终坚定地围绕北斗系统展开国防建设和民生应用的研发。

耕耘行业，报效祖国，是海积信息不懈的追求。在深刻理解各行各业各领域对于高精度定位、定姿定向、授时、通信等方面的不同需求后，企业建立了全面的自研技术矩阵——可提供高效、高水平、高性价比的高精度核心部件、终端及解决方案，并能够根据具体需求和场景提供专业的定制化服务。

一、全面自研高精尖技术和产品线

作为高精度卫星导航定位核心技术及系统解决方案提供商，海积信息始终坚持自主创新。公司成立至今，成功突破和掌握了多模多频卫星定位天线、5GNR高精度融合天线、短波及超短波通信天线、卫星通信天线、高精度定位核心算法、组合惯导等关键核心技术，已拥有国家发明专利、实用新型专利、软件著作权等核心知识产权100余项。

在组合导航定位、航位推算技术（VDR、PDR）、精密单点定位PPP技术、室内外高精度融合定位等领域，海积信息建立了领先的核心技术体系，形成了完整的高精度导航定位技术图谱。这些关键核心技术和核心知识产权，不但充分体现了海积信息全方位的自研能力，也为企业产品和服务始终处在高水平阶段提供了充分保障。

与此同时，海积信息还建立了全面且极具纵深的产品线，成功研发了北斗一线通天线、高精度螺旋天线、北斗高精度全频天线、智能网联汽车天线、组合导航模块、高精度定位板卡、高精度高动态板卡、北斗高精度手持巡护终端、机场车辆监管终端、北斗船载RD/RN终端、北斗车载高精度终端、北斗高精度形变监测接收机、北斗一体化高精度终端、北斗授时接收机、箭载/星载接收机等上百款高精尖技术产品。

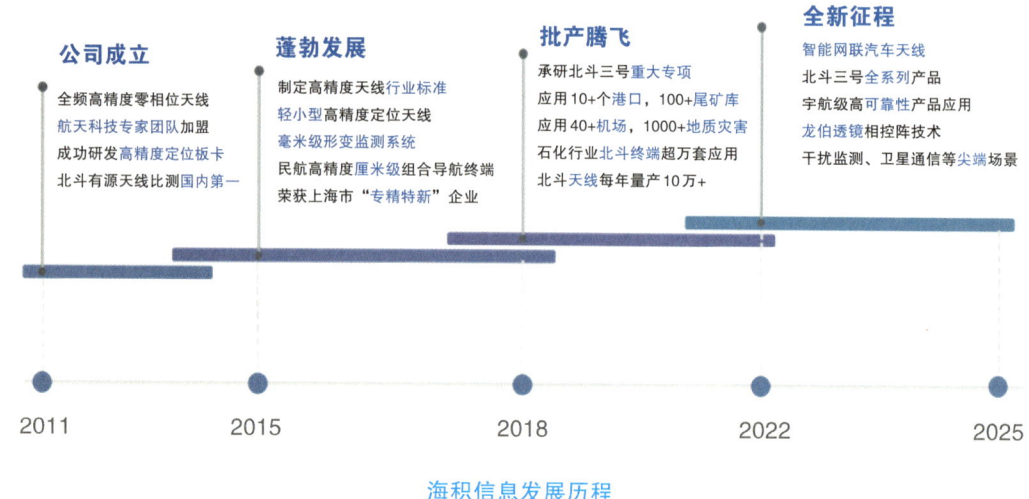

海积信息发展历程

截至目前,海积信息先后参与了国家"北斗二号""北斗三号"卫星导航系统重大专项,承担了上海市"科技行动计划"等20余项国家和省部级科技攻关项目,获得近百项省部级以上荣誉。

企业不仅获评上海市高新技术企业、专精特新企业、青浦区技术中心和专利试点企业,也通过了ISO9001-2015质量管理体系认证及GB/T 29490-2013知识产权管理体系认证。

二、深度构建定位导航多元应用生态

创立伊始,海积信息即站位全球。如今,公司已成为全球范围内拥有"定位通信天线—高精度底层算法—高精度核心器件—终端—系统级解决方案"全产业链闭环的前沿企业。

海积人从一开始就认定,除了技术的原创性和专业性外,构建多元且发散的应用生态,是最大限度发挥技术优势的不二选择。因此,从导航到通信,从行业到民生,海积信息的技术、产品及解决方案可全面满足各行业领域对于位置应用"高精度、高可靠、高可用"的需求,广泛用于汽车智能驾驶、高铁自动化、无人机自动巡航、室外机器人定位、智慧巡检、机械控制、机场车辆监管、船载通信定位、智慧物流、智慧港航、形变监测、城市大脑、飞行器进近、地面引导等民用民生领域。

每年,海积信息对外交付北斗核心部件(器件)超过10万只,交付终端设备超过2万只。公司现有核心客户多元且具有标杆意义,不仅包括中国航天科技集团、中国电子科技集团、中国科学院、中国中车、中国移动等,同时还服务于机场、港口、厂矿、电力、林业、应急救援、交通安全等民生领域。

截至目前，海积产品在应用于国家火箭、卫星的关键载荷，深海导航装置，航空导航通信的同时，也应用于数万架无人机的精确定位，国内近50个机场的地面智慧管控，数万辆北斗农机自动驾驶等。

北斗全球组网，应用全面爆发

技术实力和多元产品，让海积信息得到社会和行业的一致认可，荣获中国北斗二号卫星导航系统有源天线比测全国第一名，连续六届荣获"卫星导航定位科技进步奖"。其中，作为关键载荷服务于我国用固态火箭发射的首颗卫星，赢得上海市高新技术成果转化"百佳"、上海市"引智创新成果50佳"、创新创业优秀人才团队奖等诸多奖项。

创新解读

第一节　新导航时代大机遇

根据欧洲全球卫星导航系统管理局发布的数据，预计2029年GNSS（全球导航卫星系统）终端的销量会达到28亿台套，全球卫星导航产业总产值将突破3000亿欧元（约2.2万亿人民币）。

我国卫星导航定位市场也处在持续高增长中，近年来产值的年增速基本超过15%。以手机为例，目前在国内销售的大部分安卓手机（如华为、小米、OPPO、Vivo等）与应用已经全面支持基于北斗的定位服务，运营商的5G基站也全部采用5G授时服务。

伴随包括中国北斗在内多种全球卫星导航系统的崛起，全球卫星导航市场的持续扩容，以及卫星导航系统应用领域的不断扩大，在国家政策的大力推动下，北斗在智能驾驶、精准农业、高精度测绘、智慧城市等行业接连落地，一个新的导航时代正加速到来。

一、市场高速扩容，北斗产业潜力释放

全球卫星导航系统提供的是时空服务，为全球用户提供全天候、全天时、高精度的定位、导航和授时服务。目前，全球拥有四大卫星导航系统，包括美国的全球定位系统GPS、俄罗斯的格洛纳斯卫星导航系统（GLONASS）、欧盟的伽利略卫星导航系统（GALILEO）和中国的北斗卫星导航系统（BDS）。

随着系统的完善及经济效益的提升，目前卫星导航系统应用服务已涵盖农业、矿业、电力、油气、测绘、电信、海空、渔业、航海、铁路智能交通、车辆信息系统、道路交通管理、气象应用、个人位置服务等不同行业和不同用途，产业持续成长。《2021中国卫星导航与位置服务产业发展白皮书》显示，2020年我国卫星导航与位置服务产业总体产值达4033亿元，较上年同比增长约16.9%。其中，包括与卫星导航技术研发和应用直接相关的芯片、器件、算法、软件、终端设备等在内的产业核心产值约占32%，达到1295亿元。

中国坚持"自主、开放、兼容、渐进"的原则建设和发展北斗系统。从无到有、从有到优、从有源到无源、从区域到全球的中国特色发展道路的中国北斗，已经在500多种元器件和重要部件国产化研制上实现突破，核心器部件达到100%的国产化率。与此同时，

创新融合了导航与通信能力，是目前全球唯一能够进行短报文通信的导航系统，可以在全球范围内为地球表面和近地空间的用户，提供全天时、全天候、高精度的卫星导航授时、短报文通信及国际搜救服务，为经济社会发展提供重要时空信息保障，是中国实施改革开放40余年来取得的重要成就之一，是新中国成立70多年来重大科技成就之一，是中国贡献给世界的全球公共服务产品。

截至目前，与北斗卫星导航系统关联的产品，已广泛应用在交通运输、农林渔业、水文监测、通信系统、救灾减灾、电力调度、城市治理、自动驾驶、共享经济等领域，产生了显著的经济效益和社会效益。

据不完全统计，国内超过700万辆道路营运车辆、超过3万辆邮政快递干线车辆、1400艘公务船舶已应用北斗系统；约300架通用飞行器安装使用北斗系统，占比11%；在森林防火方面，各地部署的手持巡护型终端、北斗应急指挥终端、北斗车载终端等装备共计超过1.5万台套；北斗在智能手机和可穿戴设备上的应用渗透率也在提升，华为、小米等品牌的手机和可穿戴设备已采用兼容北斗的芯片。

2020年7月31日"北斗三号"组网成功后，北斗产业加速发展，被列为国家"十四五"规划及2035年远景目标的重大工程，并要求突破通信导航一体化融合等技术，建设北斗应用产业创新平台，在通信、金融、能源、民航等行业开展典型示范，推动北斗在车载导航、智能手机、穿戴设备等消费领域市场化、规模化应用。在此基础上，国家有关机构和部门先后出台北斗系统应用与产业化政策，加快助力北斗系统对交通运输重点领域、邮政业技术产品体系、营运车船等方面的应用。工信部更是印发《关于大众消费领域北斗推广应用的若干意见》，提出大众消费领域具有产品规模大、辐射作用强的特点，是扩大北斗应用规模、提高应用普及率、培育北斗发展新动能的重要领域，助力北斗系统走向民用各个领域。

可以预见，作为重要的时空基础设施，北斗系统将深刻影响人们的生活，进一步对经济社会发展的各个方面发挥明显的支撑作用。预计到2025年，中国北斗产业总产值将突破1万亿元。

二、高精度应用前景广阔

在新的发展阶段，卫星导航与位置服务产业生态正在发生显著变化，精准时空服务正逐渐成为产业发展的核心方向。随着大数据、物联网、人工智能、5G、区块链等技术的发展，无论车联网还是智能可穿戴设备，高精度位置信息有望成为智能设备的标配。

《2021中国卫星导航与位置服务产业发展白皮书》指出，精准时空服务正逐渐取代目前的位置服务成为产业发展的核心方向，高精度大众化应用创新已成为行业发展的必然趋势。中国高精度定位市场2020年总产值达到110.4亿元，同比增长47.5%。从2010年到2020年的11年间，高精度定位产品年销售收入增长了10倍，年均复合增长率高达26%。

在专业领域，无论是测绘勘探、地理信息、地质灾害监测与预报、精准农林业，还是国防安全等领域，常规使用的定位误差通常要求在米级以下。在消费领域，现在的汽车导航、手机定位、自动巡航等应用只开发了精准时空需求的5%，还有95%基于精准时空的创新应用没有被激发出来。以自动驾驶对于高精度惯性导航的应用为例，此前主要应用于精确制导等特殊领域的高精度惯性导航，一旦用于自动驾驶领域，不仅可以提供更好的不依赖外部信息的自主式导航系统，也将开启一个全新的百亿市场。在电力、精准农业、精细化施工、高精度测绘等细分市场中，高精度器件和产品的销售规模也都呈现出加速增长的态势。

北斗高精度定位技术是北斗应用中关键的支撑技术，可与其他技术相融合，延伸应用在汽车、无人机、形变监测等各种领域。预计在2025年前，北斗产业的位置服务市场容量有望达到7000亿元，其中北斗高精度应用市场可达150亿元。

北斗应用服务已迈入面向全球的新时空服务领域，将加速形成多样化的、行业的、区域的、大众化的系统集成解决方案，推进北斗高精度大众化的技术自主化、系统国产化、应用规模化、服务产业化和市场全球化。

第二节　攻坚北斗规模化应用制高点

55颗卫星，让北斗这个全球最年轻的卫星导航系统，以后发之姿，对标国际领先技术，带来了新的产业繁荣。

作为中国向全世界用户提供全天候、全天时、高精度定位、授时、导航以及通信的基础设施，北斗全球卫星导航系统大规模地应用落地，是成就千亿级产业，让其真正服务全球、服务各个领域的关键所在。

过去10年，诞生于上海、成长于时代的海积信息，背靠北斗系统，坚持自研，始终专注于北斗应用端的技术创新和产品研发。10年来，经过不断加强北斗底层核心技术的研发，海积信息研制了一系列业内顶尖的产品，站到了北斗规模化应用的制高点。

海积人相信，要想抢占北斗应用端的制高点，必须坚持自主创新的发展道路。唯有自主创新，才能实现追赶和超越，走出一条特立独行但充满鲜花的征途。

一、心系北斗，坚定初心

2000年10月31日，"北斗一号"首颗卫星发射升空。2007年4月14日，"北斗二号"首颗卫星发射升空，拉开了区域组网的序幕。2012年，"北斗二号"组网完成。2011年，北斗运行控制中心以及32个地面工作站的建设全部完成。也是在2011年，看到卫星导航市场的科技潜力以及坚信北斗系统必将开启一个新时代的海积信息，应势而生。

从诞生之初，北斗卫星导航系统就开创性地把定位、导航、授时和位置报告、短报文融为一体，这是其他全球卫星导航系统不具备的要素。海积信息，亦立志让每一项技术、产品和功能服务，都饱含北斗特色和中国情怀。

但在导航定位产业自主创新的道路上，困难无处不在。例如，不像其他行业一样可以做标品，必须针对需求定制研发；即使投入了大量时间、资金、资源和人力，也不能保证一定成功；实验条件与实际应用有偏差，必须经过无数次的调试，这个过程看似单调重复但不可逾越。

既然选择了远方，便只顾风雨兼程；选择了这个产业的海积人，选择了与北斗一起义无反顾、并肩作战——产品是，团队更是。正是有了这样奋楫笃行的理念，海积信息的研发团队始终精益求精，致力于全品类天线、新兴行业北斗高精度终端及系统解决方案的研发迭代。

历时一年攻坚，海积信息连续攻破高精度天线、板卡核心技术，开始立足北斗高精度定位的行业前列，成为国内首家集北斗卫星高精度板卡、高精度接收机、高精度特种行业天线及高精度应用系统的研发、生产、销售、服务为一体的高新技术企业。

经过多年的不懈奋斗和攻坚克难，海积信息目前已在一线通天线集成技术、螺旋天线设计技术、抗干扰阵列天线技术、宽带天线技术、相位中心稳定技术、扼流技术、通导一体融合技术等关键技术方面实现重大突破，占领了制高点。其中，一线通天线集成技术可以让集成功率放大发射电路、低噪声放大接收电路与无源天线，用一个端口传输射频信号和供电，应用于北斗车载和手持终端；抗干扰阵列天线技术可以用多个相同的阵元放在特定的位置，构成的阵列波束能很好地抑制干扰，能应用于抗干扰导航定位接收机。

"北斗三号"卫星增加了性能更优的互操作信号B1C和B2a信号，对天线的工作带宽提出了更高的要求，需要采用介质加载的非频变式天线技术实现超宽带、小型化的天线设计。海积信息的宽带技术，可非常契合地解决这个问题。

2015年11月,中国北斗卫星导航系统发布《卫星导航专项北斗基础产品推荐名录》的官方公告,为加快北斗基础产品推广应用,按照北斗专项标准测试评估结果,海积信息研发的"多模导航型天线"进入推荐名录。

一路走来,海积信息的"北斗之心"和"自研之心"未曾改变,而这份勇立潮头的初心,也让企业在时代大潮中获得一系列自立自强的重大创新成果。

二、激活"人财物",筑高"自研墙"

只有不断延展技术的边界,持续创造别人没有的技术专利,方可锻造常青的核心竞争力。如果要总结海积信息过去10余年来在打造技术竞争力的路径,主要可概括为两点:一是用心建立一支"豪华"的研发队伍;二是全力整合包括资金、设备在内的各类资源。

人才是创新驱动战略关键因素。在团队组织建设上,海积信息首席科学家为中科大资深教授,70%的研发人员是来自中国科学技术大学、中国科学院、上海交通大学、北京理工大学、同济大学、东南大学等C9院校的博士、硕士等高精端人才。

想方设法开辟稳定输送优秀人才的通道,是海积信息汇聚众多高素质人才,构建产业核心优势的重要原因。公司研发中心,专门与中国科学技术大学、同济大学、上海交通大学等知名高校建立人才联合培养中心。与此同时,为给人才提供有力的后勤保障,企业除尽力帮助团队成员解决包括住宿在内的生活问题外、还外请专家到公司指导,帮助员工不断学习成长;帮助申请市人才奖励计划,鼓励员工申报高级职称、积极参加培训学习等一系列工作。

兵马未动,粮草先行。人才队伍积累的优势,最终在产品的创新研发和实际应用中体现。技术的创新和产品的研发,离不开基础设备的配置和充分的资金投入。在海积信息,对于研发设备的采购,仿佛操作系统里优先级最高的进程,是被充分信任和优先对待的。

在研发资金方面,海积信息更是尽其所能进行投入。公司自成立以来,每年研发的资金投入占营收的比例均超过20%。预计2022年,公司营收和研发投入皆会迈上新的台阶。

2021年年初,海积信息在上海重新选址,建立独立厂区,设立全新生产线。新厂集生产、物流仓储、实验检测于一体,不仅实现了生产规模的持续扩大,更为海积打造了一个高效、稳定、高产的研产储基地。在西安建立的全新子公司,组建独立研发中心,科研设备配套齐全,作为企业实验中心,还具有承研国家级重点科研项目的能力,大大激活了自身的创新能量。

"人财物"被充分激活后,海积信息的自主研发和应用落地能力也不断得以提升,产品创新力和客户服务力持续强化。北斗行业的独特属性以及自主创新的要求,让海积信息高度重视知识产权保护，积极申请专利，参与重大项目研发，推动研发成果转化。

海积信息通过多年的创新实践，构筑起一道高高的"自研墙"——技术知识产权每年稳定新增数量，无论是通信导航天线领域还是终端接收机领域，海积都有着雄厚的技术积累，形成了强大竞争力。仅2021年，海积研发团队就申请发明专利近20项。2021年，海积信息还成功通过上海市专利试点项目验收，验收结果获评优秀。截至目前，海积已积累了近200项核心技术知识产权。

积极参与政府科技攻关项目，是海积信息发挥"豪华"研发队伍战斗力，实现更好的研发成果转化的重要途径，也锻炼和证明了海积信息的技术实力。截至目前，海积信息获得包括但不限于多模导航型天线（区域信号、民用）、覆盖北斗的多星宽频高精度微带接收天线、北斗接收天线关键技术研究开发、北斗卫星导航核心部件研究及应用、北斗高精度智能驾培驾考应用系统、北斗高精度新材料小型化天线、GNSS测量型天线及射频性能要求及测试方法、海积GNSS高精度实时在线监测预警系统、北斗车载高精度组合导航技术研究和应用、基于复杂场景ANFIS系统的BDS/INS组合导航技术研究与应用、组合导航技术在机场车辆智慧监管中的研究与应用、高精度组合导航终端MG100、基于智能网联汽车的5G NR与北斗高精度多合一融合天线关键技术研发及场景应用示范、北斗RDSS和RNSS天线开发及应用、北斗一线通天线关键技术研究与应用、HG-XMYH1052单B3高增益四臂螺旋天线、海积北斗高精度定位应用服务平台、空气加载GNSS天线关键技术研究、手持无线电通信和北斗三代卫星导航天线研发及产业化、北斗手持导航通信终端研发、测地型GNSS接收机（形变监测接收机）、基于北斗+5G的智能化港口信息系统等在内的20多项政府科技攻关项目。

2021年，海积信息陆续获得中国卫星导航定位协会评定的2021年度卫星导航定位创新应用奖银奖、上海市高新技术成果转化项目百佳、上海市院士（专家）工作站"引智创新成果50佳"等诸多荣誉。这些奖项荣誉，无不显示着海积的研发成果与成长进步。其中，大部分获奖项目或产品都已成熟落地，或批量生产用于各类项目中。

依赖不断筑高的"自研墙"，充分发挥知识产权在企业建设、成长与对外服务中的支撑保障作用，海积信息的产品创新力和技术成果转化不断提高，推动技术与产业的深度融合，让科技成果转化为现实产品、现实生产力。

三、全面创新，深度布局

2020年6月29日5时28分，湖北省黄冈市应急管理局、市气象台发布暴雨橙色预警信号：预计未来3小时，团风、罗田、英山局部有50毫米以上降水，伴有雷电，阵风8~

10 级。

6月29日8时起,海积信息建设的黄冈市地质灾害监测实时预警系统,自动捕捉到英山县某处滑坡监测设备回传的数据发生较大变化,通过自动分析形成预警,并第一时间通知当地。

成功预警湖北黄冈滑坡,是海积信息在对各行业各领域深度洞察的基础上,结合企业自身的技术实力、产品及解决方案,实现的诸多创新应用案例中的一个。过去一年,海积信息继续攻关多个北斗终端/部件,装备石化行业近万套北斗三号终端,交付数千套国家地质灾害隐患点预警预报设备。

从生存到裂变,艰难但自信地站稳脚跟后,海积信息将主攻高精度技术研发和全领域精准应用视为重大战略方向,持续发力。凭借过硬的技术,公司成功突破了一系列技术难关,为上海和全国数字化转型提供基础支撑。

多年来,海积信息的各类产品广受用户好评。2021年里,天线产品年售超过10万件,终端设备年售近2万件,在全国各地成功落地实施近百个解决方案。

海积北斗核心器件助力无人机表演

针对智能交通、形变监测、无人机、大型机械工程等热门领域,海积信息结合自身在高精度位置系统技术上的优势,目前已能够为不同用户提供相应的产品及解决方案。同时,公司联合行业多个合作伙伴,积极拓展数字化时代高精度位置服务的新可能。

全面研发产业链关联技术和产品。海积信息掌握GNSS天线及板卡关键技术,成功研发了基准站天线、高精度测绘型天线、航空型天线、船载舰载等全系列天线产品；拥有高精度射频信号处理技术、基带信号处理技术、多频多模联合RTK处理技术等软、硬件核心技术，为业内极少数掌握高精度核心技术的企业之一。在通过自身技术积累完成行业全品类天线产品高度覆盖的基础上，实现全品类组合式终端设备、终端一体机等的更广覆盖。

全面储备各行各业的解决方案。如在形变监测领域，覆盖地质灾害监测、尾矿库坝体形变监测、矿区地表沉降监测、高边坡形变监测、水利大坝监测、杆塔倾斜监测、桥梁形变监测和建筑物形变监测等各种类型的解决方案；研发高精度组合导航核心算法，在车道级定位、无人驾驶领域、高精度铁路运行监测系统、机械控制系统及机器人定位系统等方面储备了深厚的技术力量，可适时扩展高精度的应用场景，推出更多的创新型高精度解决方案。

2021年，海积信息又推出了普适型形变监测接收机等监测系列终端新产品，针对地质灾害、电力、桥梁、尾矿库、铁塔等不同的场景进行定制化开发设计。

这一系列监测系列终端新产品集合了多项海积自研的技术和知识产权，具备全网通通信（5G/4G）、LORA、可外扩北斗短报文等无线通信；支持全系统全频点；支持前端解算；内置MEMS传感器支持触发模式；内部存储空间大；外扩接口丰富、整机功耗低等特点。

北斗国际应用——萨雷兹湖大坝形变监测

全面布局北斗产业各大市场。海积人始终相信，作为世界第三个成熟的卫星导航系统，北斗系统能够将地理信息与物联网、大数据、移动通信等多种技术进行融合，会成为全球范围内导航和定位的有力竞争者。海积不仅要继续深度服务特种领域，还在不断努力做大民用领域的应用规模；不仅要做好行业应用市场，也在持续采用多种方式深度涉足大众应用市场，用具备高门槛的技术和产品有力占据和牢牢把握用户市场。

以国内领先的集群地——长三角港航产业为例，上海的洋山港、宁波港优势明显，吞吐量全国领先，随着中国首先控制住疫情，经济快速回升，出口增加，港口吞吐效率是港口持续优化的方向，其对于快速装卸货有着较高的要求。海积信息联合合作伙伴，通过北斗高精度定位技术赋能上海洋山港、宁波港的车辆和龙门吊定位，实现智慧化调度作业管理。经过一年多的调试，处理复杂的通信和业务逻辑匹配算法，最终达到了智慧调度和监管的有效结合，实现了效率提升，为港口的智能化发展提供了有效技术支撑。

海积技术支撑的港口码头车辆定位监管

智慧施工是基建单位一直探索的课题，如何通过智能化手段帮助施工提效是建设单位期望所在。海积信息联合合作伙伴为上海建工施工基地提供有效的高精度定位支撑，采用精确的三维空间定位坐标将塔吊、履带吊、人员定位到工地空间坐标系中，通过算法形成防碰撞机制，随时可见的作业位置和塔吊轨迹，极大地保证了塔吊与塔吊、塔吊与履带吊、塔吊与人之间的安全距离，形成有效的防碰撞措施，让施工作业更加安全、高效。

海积信息通过全面且深度的创新、有用有效的技术应用，获得了很多国家级或省市级技术创新和科技成果类奖项。如："北斗二号"卫星导航系统有源天线，荣获比测全国第一名；多模多频高精度天线，收录入《北斗三号民用基础产品推荐名录》；北斗二代RDSS/RNSS手持型天线，荣获我国卫星导航定位科技进步奖二等奖；北斗／GPS／

GLONASS/GALILEO 四星高精度卫星接收天线关键技术，荣获我国卫星导航定位科技进步奖二等奖；北斗高精度智能驾培驾考系统，荣获我国卫星导航定位科学技术奖二等奖；GNSS 高精度接收机，荣获我国卫星导航定位科技进步奖二等奖；组合导航技术在机场车辆智慧监管中的研究与应用，荣获我国卫星导航定位科学技术奖。

第三节 以奋斗者为本，实干前行

近年来，伴随卫星导航产业链下游应用向民用领域快速拓展，以及北斗系统建设推进带来的产业机会出现，大量民营企业开始参与卫星导航与位置服务产业。

面对未来巨大的市场前景和可能更激烈的竞争，海积信息在企业文化、团队建设、技术储备、业务布局等方面已经做足了功课。

一、海纳百川，让员工成为主人

从一个仅几十平方米的简易办公室，到如今办公面积几千平方米、拥有独立厂区、多个城市的分公司、办事处，无一不在见证着海积人的不懈努力。

海积的团队有着超强的稳定性，除了管理团队稳定和团结外，研发团队也大多在海积供职5年左右或以上。整个团队平均年龄约32岁，技术扎实业务过硬，敢拼敢打，可随时补位，适应市场变化；讲究团队精神，可快速响应客户需求，解决突发性问题；目标清晰，齐心协力，有共同的理想目标，可在短时间内攻下难关，不达目标誓不罢休。

海积信息倡导"力出一孔，利出一孔"，坚持发展成果大多数人共享。以此为出发点，经过多年的沉淀与探索，海积信息找到了最适合自身现阶段发展的管理模式——贯彻执行扁平化管理。在企业内部，打破职级的各种障碍，保护和鼓励突破边界的创新行为，让优秀的人能够更好地脱颖而出。企业在管理上充分放权，鼓励员工自我成长，高效率工作，多线程并行共进，提升复合型工作能力。海积信息信任年轻人、尊重年轻人、重用年轻人，始终相信有才干的年轻人会不断给公司创造前进的惊喜。从目前的轮值CEO陆赛赛身上，就可以看到年轻人在海积信息的可塑性、成长性和复合性。

陆赛赛2016年从同济大学应届研究生毕业后即加入海积信息。5年来，从研发工程师，到产品经理，到运营部负责人，统管采购、生产、计划、质量、仓库等，再到被任命为销售管理部负责人，被任命为市场销售总监、总经理助理、科创负责人，再到成为公司轮值CEO。岗位的跨越度与能力的高速成长，充分说明员工和公司之间形成了千里马与伯乐的关系，证明在海积"任何一个有创新突破的产品会得到支持，任何一个不断为公司创造价值的人会受到重视，任何一个为公司带来正向改变的努力会受到鼓励"。海积的目标是，企业目标愿景与个人的目标愿景实现高度的统一。

为了进一步保护和激励自主创新，海积信息制定了实用且完善的知识产权激励制度和研发管理制度。包括《知识产权管理制度》《专利管理制度》《商标管理制度》《著作权管理制度》《研发人员创新激励办法》《知识产权应急管理制度》《研发投入核算体系管理制度》等，以此确保研发人员的工作积极性，以及研发项目成果的产出率、成果转化率和质量。

此外，海积信息还推出了全面的股权激励措施。目前绝大多数员工都拥有公司股份，而且研发部每个人都得到了公司分配的股份。这些股份皆来自公司创始人吉青董事长的个人股份。首先，这可以不涉及稀释其他股东的股份，在保证其他股东利益的同时，也有利于全员股权激励的顺利实施；其次，充分体现公司掌舵者的情怀和决心，以及对于员工尤其是研发人员的高度重视。

海积信息相信也正在打造，让更多海积人未来成为海积的股东，成为海积的主人，让所有人成为企业发展的命运共同体。

二、厚积薄发，一切才刚刚开始

海积信息在坚守自主研发的同时，秉持开放心态，与各方合作，共建卫星导航定位的新局面。2021年海积信息通过各地分公司与办事处、新厂线的接连布局与落子，整合行业地域资源与自身技术资源，直面市场需求，构建全方位服务体系。

作为国内北斗高精度位置服务领域的领军企业，海积信息已位居全球掌握高精度核心定位技术企业前列。未来，海积信息将继续围绕"北斗三号"开展新信号、新功能的技术，开展技术攻关与应用研究，涉及"北斗三号"通导一体化技术（RNSS+RDSS）、北斗融合超短波通信/天通通信一体化融合天线技术、"北斗三号"抗干扰技术、"北斗三号"星载/箭载接收机技术、"北斗三号"高精度+短报文+对讲等多功能终端技术等。在技术积累的基础上，海积信息以部件级模块、板卡、天线为中心，通过接收机、采集器等终端产品，配合系统级配套平台，形成电力通信、交通运输、海洋海事等行业方案应用，形成融合北斗+人工智能、物联网等综合应用。

2021年年末，海积新一代北斗通导一体行业终端问世。该终端是目前市场上较为优秀的一款北斗终端产品，天线与接收机一体设计，外形十分小巧，性能优越，应用广泛，可以非常便捷地固定安装在渔船、直升机、应急车辆等众多装备上。

同时，该终端兼其防水、防雾、防腐蚀，能很好地适应复杂恶劣的环境，具备全天候的北斗双向报文通信功能，卫星通信信号收发稳定，应用区域覆盖中国全部海域，未来可延伸至全球海域。此外，还能定时自动向后台上报位置，即便发生突发状况，后台也可以根据信号轨迹，快速锁定事发区域，十分适用于应急救援、航运、港口码头、边境巡逻等领域，提供稳定的位置与通信服务。

因为海积信息新一代北斗通导一体行业终端本身还具备高精度定位功能，支持北斗短报文模式接收修正数据实现精密定位，在海上石油平台、通航、海洋勘探等领域的应用前景也非常可观。

厘米级的精度、毫秒级时延将会成为5G+北斗导航的标配，并将给很多行业及应用提供有利条件。海积信息于此积极构建基于北斗、5G的应用场景和产业生态，在交通运输等领域开展创新示范应用，助力新一代信息技术产业应用。

随着北斗高精度定位技术的成熟和北斗系统的深入应用，在一些特殊领域，北斗高精度导航定位终端正炙手可热。2022年2月，海积信息潜心研发的北斗高精度智能手持终端机问世。该终端机是行业前沿的手持高精度定位设备，能够实现厘米级定位，可内置北斗短报文模块。

即使在深山茂林、峡谷草原、边境荒漠等极端环境中使用，海积北斗高精度智能手持终端机也毫无问题，可用于石化、地质勘探等特殊行业的巡检人员手持通信定位，专业搜救人员通信、搜救现场定位等。此外，根据用户需求，还可添加北斗短报文模块，从而满足使用者在极端环境下的通信、求救需求。

面对海外市场的巨大机遇，海积人可将驾考驾培等在国内已经饱和的技术应用，以及最新的技术、产品和方案带出国门。

下一个十年，是北斗规模应用进入市场化、产业化、国际化发展的关键阶段，也是海积信息深耕行业做大民用、深耕国内进军全球的新阶段。相信在技术力量与资本的推动下，朝着北斗高精度卫星导航定位核心技术及系统解决方案提供商的目标，继续前进的海积信息将与行业同仁共同打破GPS高度依赖局面，通过充分的市场竞争，成长为主导北斗行业级应用的领军企业。

企业家专访

积跬步,服务未来

——专访上海海积信息科技股份有限公司董事长吉青

《样本》:请您谈谈创立海积信息的初衷?

吉青:成立海积信息是基于对北斗的看好、对技术的笃定和对干一番事业的抱负。回首这10年的发展,我们一直奋斗在一个很幸福的行业中。北斗系统虽然一开始面对的就是世界级的竞争,而且未来竞争仍将非常激烈,但这个领域如同星辰大海,璀璨浩瀚,潜力无限。

北斗系统是中国正在实施的自主发展、独立运行的全球卫星导航系统。作为世界第三个成熟的卫星导航系统,北斗拥有完全自主研发的技术,并在芯片、模块、天线等关键技术上取得了突破。目前,我国已形成包括基础产品、应用终端、运行服务等较为完整的北斗产业体系。北斗应用正从行业应用拓展到大众应用,呈现快速发展局面。未来五年北斗产业规模或有10倍以上增长空间。

在自主创新的过程中,海积信息创造了不少成绩,并且在全球同行业中拥有了世界级的竞争力。但与北斗系统、北斗产业一样,海积信息的每一步都不是一蹴而就、一帆风顺的。我们始终相信,在艰难险阻的逆境中,必须保持精神和心理上的强大和坚韧,用坚定不移的决心取代忧虑和恐惧,永不言弃。只有坚信问题是一定能够解决的,才有可能最终找到解决问题的办法。

有了坚定的信念和扎实的基础研发,让海积人能够从更长远的视角,看待困难和成绩,稳定地提供顶尖的产品和服务。

《样本》:十年沉淀下来,您认为海积信息最重要的企业文化是什么?

吉青:海积信息是一家研发型企业。这么多年来,始终埋头做研发,服务产业。我们始终坚定一个信念,只有把技术攻破了,才有新未来。所以我们的企业文化比较简单,组织管理也是扁平化的。大家朝着既定的目标,分解任务、完成任务为基础要求。这么多年的磨合,海积信息凝聚了一批志同道合的好同事,一起使劲、一起朝前走。在海积信息,我们能收获的不仅仅是薪酬福利及荣誉的肯定,还有技能和知识的提升,以及一群家人般的同事。

作为企业的掌舵者，最有挑战的一件事是，让每位直接下属，在能力和意愿上都强于自己。许多次晚上我从公司离开的时候，看到办公室和会议室的同事们都还在努力工作或热烈讨论，还有同事出差远程登录在计算机上写文档，我真心觉得同事们比我还努力。

海积信息内部一直倡导这样的文化——不鼓励个人英雄主义，而是大家坚定团队作战的集体自觉。我们所从事的事业，是一个系统工程，需要各种各样各个领域的人才一起协同作战，共创未来。

《样本》：您如何理解"创新"的含义，以及创新对于导航产业以及海积信息发展历程的意义？

吉青：对海积信息来说，创新就是企业成长的本质和立足行业的内核。中国用20年的时间走了欧美40年到50年的路，一路都在追赶。如今，中国成为全球GNSS（全球导航卫星系统）仅有的四个会员国之一，成功打破了欧美俄统治的地位，为各个国家提供更多的选择。在这个领域，我国已然有了自己的话语权和主动权。一路走来，虽然摸着石头过河，坎坷艰难，但初心始终不变，走上了自己的特色道路。

于产业而言，导航产业关系着国家的信息安全，更是我国未来的重要战略性新兴产业。尤其是产业的中间段及地面段两个环节，是国家核心基础设施。从这个本质而言，我们的产业几乎就是从无到有发展起来的，其中靠的就是对创新的坚守。

人无我有，人有我优，是包括海积人在内的从业者为之奋斗和参与全球竞争的目标。由于国内的应用场景更丰富，市场蓬勃发展，目前在一些地面终端应用上的技术已经走在世界前列。未来，让海积的创新成果持续服务国内及其他国家的客户，是我们创新的重要动力，也是我们创新的必由之路。

《样本》：过去几年，海积信息在融入上海及长三角一体化发展建设中做了哪些探索？未来，在城市更新与长三角一体化发展的同频共振中，还将有哪些设想和计划？

吉青：海积信息的发展始终与中国北斗产业的发展同频共振。作为北斗西虹桥基地第一批入园企业，海积信息享受了园区产业生态的诸多益处，与园区内很多企业一样在这片沃土上迅速成长起来。

未来，海积信息将在高质量发展的赛道上加速奔跑，为上海增创经济发展新活力、赋能城市数字化转型、提升城市综合竞争力注入强劲动力，为上海的经济与社会发展贡献一份力量。同时，海积信息也将立足上海，辐射长三角，将技术与更多的大众市场需求结合起来，进行多元化的拓展，渗透其他新兴市场领域，共同推动北斗产业创新发展与融合应用。

《样本》：您如何看待行业未来的发展趋势？

吉青：行业正处于蓬勃发展状态，这是有目共睹的。大量民营企业近年来进入我国卫星导航与位置服务产业，市场规模不断扩大，与北斗系统高度关联的下游应用环节发展尤其迅速。目前，北斗整个产业链已全部打通，中国企业已建立了从芯片、板卡、天线，到终端、软件和服务等自主生态链。

随着技术的发展和北斗的全球化，应用服务和行业竞争也在持续走向国际化。"北斗服务世界，应用赋能未来"，在一个以北斗时空信息为主要内容、与北斗系统充分融合的新兴产业生态链崛起的同时，一个基于北斗系统的高精度应用生态也在蓄势待发，"北斗+"的技术融合创新和"+北斗"的时空信息应用同步发力，不断变革生产生活方式和商业模式，不断孵化新应用、新业务、新模式，形成蓬勃发展的新产业生态圈。

国家也密集出台了多项扶持北斗的新政策。在政策持续加码下，加之与物联网、人工智能、5G等多项技术融合，北斗在各个行业的应用正逐步展开，北斗行业应用市场渗透率有望快速提升。对此，海积信息也已经做好充分的准备。虽任重而道远，但我们的理想是星辰大海。

> 专家点评

让安全保护在自己手里，服务世界

海上航行的船只，在北斗船位仪的帮助下，可以穿透茫茫黑夜或雨雾天气，即使没有参照物，也能在浩瀚的水面上准确把握方向。由北斗导航系统控制的播种机，上连卫星，下达田垄，能够自己在地里跑，自动分拣和输送，精准地将种子"放进"翻开的土壤里……这只是目前众多"'北斗'远在天外，'应用'近在身边"案例中的两个，而其背后，是中国卫星导航应用已经进入纵深化和全球化的"黄金十年"。

伴随中国自主研制的北斗卫星导航系统"星耀"全球，中国卫星导航产业也日益强健和繁荣。来自中国卫星导航定位协会的数据显示，相关的企业约达1.4万家。

尽管企业数量不少，且各有特色，但看了海积信息的创新解读，我看到了特别珍贵的技术初心和自主精神。这种初心与北斗的"气质"一脉相承。海积人拥有清晰而坚定的目标，不言失败，不畏艰难，齐心协力，全面培育自主创新能力，并不断用自研成果，服务汽车自动驾驶、无人机自动巡航、室外机器人定位、机械控制、智慧物流等领域。卫星导航是一个面向未来、面向全球的领域，只有自主可控，才能建立一个真正领先的新时空服务体系，高质量服务全行业，并走向世界舞台。

北斗系统是闪耀在苍穹中的"星座"，释放定位、导航、授时及通信等基础能力，而具体的用处，则要通过基于北斗系统研发的各种产品和服务来实现。海积信息的选择和做法是，以"自研产品"全身心融入北斗系统。

不选择自主创新，是不是也可以开发北斗应用？当然可以。不过，只有自主创新才是制胜法宝，才能核心在握，在北斗应用领域构建起全球竞争力。事实上，北斗系统的成熟和成功，唯一的通关秘法也正是"自主创新"。

与北斗人一样，自主创新和系统化创新是海积人的主动选择。在成功突破及掌握多模多频卫星定位天线、卫星通信天线、高精度定位核心算法、组合惯导等关键核心技术的同时，海积信息没有局限在打造单一产品或单一服务上，而是以自研的技术为支点，成功构筑"高精度底层算法—核心器件—终端—系统级解决方案"全产业链闭环，以全球高度，满足各行业对位置应用"高精度、高可靠、高可用"的需求。

卫星要上天，应用要落地。北斗已进入规模化应用的关键阶段，其市场化、产业化和国际化需要更多高精尖的技术产品，需要更多像海积信息一样的创新企业。大家步调一致，心怀使命，追求卓越，融合发展，深度服务人类的生产和生活，大力促进卫星导航产业的综合应用效益。

世界正处于新一轮科技革命和产业变革孕育兴起时期，具有世界性、时代性的技术创新，是其中影响产业变革的关键因素。同时，卫星导航与时空服务的产业生态也在发生显著变化，产业内涵和外延持续扩大。2035年前，预计中国将建成以北斗系统为核心，更加泛在、更加融合、更加智能的国家综合定位导航授时体系，为未来智能化、无人化发展提供核心支撑。更广阔的发展机遇已然铺开，面对新的机遇和全球用户，也需要新一轮的高水平技术攻关，相信有海积信息这般的企业，中国的卫星导航产业一定能够再攀高峰，造福中国及世界各国。

余玉刚　中国科学技术大学管理学院执行院长

第九章
智能驱动售后服务中国样本
——迈创企业管理服务股份有限公司

- **楔子：** 卓越的伙伴
- **企业概况：** 中国售后服务领导品牌
- **创新解读：**

    第一节　全球价值链加速重构

    第二节　科技创新，实现品牌引领

    第三节　贡献"中国服务"的品牌力量

- **企业家专访：** 抱诚守真，不负所托
- **专家点评：** 具有鲜明特色和独特价值的全球供应链服务商

楔子

卓越的伙伴

中国是全球最大的进出口贸易国和第一制造大国,制造业总量连续11年全球第一,工业产出已占全球近30%,有相当比例的工业品输出全球市场。中国企业出海远征以直销经销本地品牌合作等销售模式几乎到达了世界各国。

"对于今天的全球市场,售后服务是建立企业品牌价值之关键。"这样的共识根植于每家立志于长远发展的企业。专注于售后服务市场的迈创股份,紧紧把握市场的供给,从2004年开始专注于供应链管理优化方案及服务,伴随中国制造企业们在海外的攻城拔寨,助力市场的拓展。

随着"一带一路"合作倡议的实施,中国企业也越来越多地进入国际市场。尤其是在海外疫情肆虐时期,中国制造出海企业积极把握时机,乘势甚至逆势而上,积极做好海外市场大发展的内功准备。其中一项重要的功课就是中国制造出海企业全球统一海外售后服务体系的建设。迈创股份紧紧跟随数字化时代的发展,把握市场的需求,与卓越的伙伴同行,以至诚的服务作为他们的共同成长者——对每一个环节都精细把控,不断用创新推动效率升级。从传统的贸易服务方式逐渐转向精细化管理,追求服务功能的深化,利用高效、低成本的IT系统,打通品牌商、OEM厂商、仓库、转运点、服务站、维修厂等各个环节上的数据节点,为备件计划、运营、调拨、配送等服务提供决策支持,以达到为品牌客户实现降本增效的价值。

这种全新、高价值的探索模式,不仅提高售后服务指标的各种达成率及客户满意度,并在此基础上有效管理备件生命周期,减少库存资金占用,最终达到降低售后综合服务成本的目的,提高合作伙伴自身的管理水平和核心竞争力。最重要的是创新变革售后服务市场的商业服务模式,助力售后服务管理行业向专业化、规范化及智能化发展,让数字售后服务的表达与发展有更多元的可能,让售后服务概念从幕后走向台前,极大地促进了中国智能制造与全球的相连。

山路相随步步高,忘怀携手上嵯峨。以"抱诚守真,不负所托"为价值理念的迈创股份,作为品牌的卓越伙伴,必然在融入全球产业链、助力中国品牌全球化竞争中脱颖而出。

> 第九章 智能驱动售后服务中国样本——迈创企业管理服务股份有限公司

企业概况

中国售后服务领导品牌

迈创企业管理服务股份有限公司（以下简称迈创股份）于2004年成立，专注于电子行业的第三方售后外包集成服务，致力于为品牌企业提供以数字化为基础的一站式售后服务管理平台，并兼顾品牌企业生产环节的传统供应链服务。

一、深耕产业厚土，赋能全球品牌

迈创股份利用大数据分析、人工智能等信息技术进行数据处理、模型开发的能力，以此不断提高需求预测的准确性，实现了在不影响终端消费者售后服务体验的前提下，将各级仓库的备件库存保持在合理"水位"；同时，公司通过整合各类资源要素实现售后服务备件及时、准确供应，并通过逆向物流的形式对换下件进行检测、索赔、再制造或报废，保障品牌企业售后服务体系的高效运转。

尤其是在核心的售后备件运营流程建设上，公司在实践中创新性地采用精敏供应链模式——根据智能备件计划，向品牌商或备件供应商购买备件，通过物流、仓储服务网络，向各层级仓库提前推送备件，实现各层级仓库的安全库存配置，保障产品及时维修的需要。当消费者到达终端服务网点提出维修需求时，备件已经提前准备到位，缩短了消费者的等候时间，满足了"一小时维修"等高效维修需求，提高了消费者满意度，强化了自身的竞争力。

18年来，迈创股份从供给侧入手，深耕智能制造的产业厚土——借助互联网、云计算、大数据等新兴技术手段，创新和整合业务渠道，实现传统服务渠道与新兴网络渠道的有效融合，提升服务供给的配置效率和服务水平。目前已与包括惠普、联想、小米、TCL、诺基亚、HTC、浪潮、华硕、美的、科大讯飞、Realme、长虹和商米等在内的数十家全球知名的行业领先企业、中小型创业型企业、跨境电商销售企业间建立了良好的合作关系。

通过多层级仓储体系和自主研发的智能化售后服务管理系统平台，在及时为全球各地授权服务商终端网点提供售后备件的同时，迈创股份搭建的全球售后服务管理网络体系还能够对不同产品类别、不同销售规模、不同销售区域的品牌客户进行服务覆盖，满足品牌客户差异化的售后服务管理需求。截至目前，企业已成功为联想、小米、TCL、浪潮等民族品牌在全球多个国家地区提供服务，助力建立良好的品牌形象。

迈创股份以中国上海为总部管理中心，以中国香港为全球总仓，并在全球范围内拥有3个区域总仓（中国、俄罗斯、波兰），覆盖12个国家和地区的16个区域分仓，支持近60个国家和地区的4000+终端服务网点的服务，累计管理3.8亿台电子设备。2021年未审营业收入达12亿人民币，其中半数营收贡献来自海外及中国港台地区，为近60个国家和地区售后服务业务落地支持运营。

二、售后服务集成专家

企业通过长期以来积累的售后备件需求预测能力，协同整合的备件运营（包括备件采购、仓储、物流、索赔、再制造）、授权服务商、客服中心等各环节资源要素，以单一平台为品牌企业提供一体化服务，协助品牌企业在降低运营成本和管理成本的同时，提高售后服务效率及达成率，提升终端消费者对品牌的满意度。

基于售后服务管理的复杂性，公司通过对品牌商数据、自有系统数据及外部公开数据的深度分析，预测品牌商产品在特定服务区域售后服务的备件需求，依据预测结果制定备件计划，进而执行备件采购、仓储物流等流程并协助品牌商优化售后服务网点布局。

企业高度重视新产品和新技术的开发与持续创新工作，将研发工作作为公司保持核心竞争力的重要保证。不断加大技术开发与研究的投入力度，从而保持公司在技术与服务方面的竞争力——积极将信息系统与人工智能、云计算、大数据分析技术等相关技术与自身业务相结合，并将信息系统开发与升级作为公司提升售后管理能力的重要途径，为各行业客户提供更为精准、全面的一体化售后服务管理解决方案，提高售后管理效率。截至2021年9月30日，公司研发人员占员工总数的10.75%。截至2022年3月，已取得专利证书的专利共24项，其中发明专利1项、实用新型23项，且公司及子公司共计拥有77项软件著作权。

作为我国售后服务管理领域的先行者，企

迈创股份入围2021年亚洲电子信息产业奖

业多年来成果、荣誉不断。2017年度获评上海名牌；2018年《服务商布局"一带一路"供应链管理系统》获中国香港贸发局报道推荐。论文《智慧供应链驱动售后服务创新》入选《供应链青年说汇编》，并成为2018供应链电子商务百家案例之一，同时获评中国电子商务物流优秀服务商，2018中国供应链管理服务十大领导品牌，消费电子行业客户服务满意单位，无线网络安全技术标准创新优秀单位等；2021年入围亚洲电子信息产业奖。相信未来，秉承"抱诚守真、不负所托"理念的迈创股份，作为可靠的全球售后服务合作伙伴，将为更多品牌客户提供数字化驱动的全球端到端专业售后服务解决方案，助力品牌"智"造升级。

创新解读

第一节 全球价值链加速重构

新一轮技术革命和产业变革加快推进全球价值链重构。一方面，越来越多的高技术含量、高品质的中国品牌企业拓展海外市场；另一方面，以研发、金融、物流、营销、品牌为代表的服务环节在全球价值链中的地位愈加凸显，并带领服务贸易市场的新增长。在此背景下，售后服务体验成为企业实现差异化竞争的关键点。此外，受疫情后需求反弹及品牌出海浪潮推动，中国的手机、家电、个人电脑（PC）及服务器行业在全球范围的售后投入规模逐年增长，打造全球化售后服务体系已然是品牌走向全球化尤其是实现全球化的必备能力。

专业的第三方售后服务商可为品牌方提供售后服务全链路赋能，并且在数字化催化下进入3.0时代。这是以数据作为核心驱动，以新一代信息技术与各个行业的全面融合为主线，以更高生产运营效率、更快市场响应水平和更大价值创造为目标，变革产品服务形态、生产组织方式和商业模式的过程，为品牌方提供从售后服务管理、售后网点建立与终端交付、服务商管理与培训、数字化系统建设到全球化落地等核心应用场景的支持。在巩固我国制造大国地位的同时，唱响中国设计、中国创造、中国品牌和中国服务。

一、智能制造驱动全球价值链攀升

综观当今世界，谁占据了价值链的核心环节，谁就掌控了全球价值流向。近年来，新科技革命和产业革命方兴未艾，给世界产业技术和分工格局带来深刻调整和革命性影响。智能制造成为全球新一轮制造变革的核心内容，世界各主要国家和地区纷纷加紧谋划和布局，积极参与全球制造业再分工。

美国制定了《先进制造业国家战略计划》，旨在大力推动以"工业互联网"和"新一代机器人"为特征的智能制造战略布局。作为工业4.0的倡导者，德国意欲主导智慧工厂等工业4.0标准制定。而日本推动"超智能社会"建设则致力于通过发展智能制造及其相关技术，解决少子化、老龄化、资源匮乏导致的各种社会经济问题，以塑造本国制造业的竞争新优势。

这样的技术变革背景下，新的要素是数据，新的基建是算力，新的内燃机是算法。推动传统制造业数字化改造，是我国制造强国建设的重要一环。

2018年6月，财政部、商务部发布的《关于开展2018年流通领域现代供应链体系建设的通知》中，将推动大数据、云计算、区块链、人工智能等技术与供应链融合，发展具有供应链协同效应的公共型平台以及推动家电、汽车零部件、日用电子产品等发展生产服务型供应链作为流通领域现代供应链体系建设的重要内容，并鼓励优势生产企业聚焦研发主业、辅助业务外包，占领价值链高端。如今，中国制造业规模跃居世界第一，增加值在世界占比超过20%，成为全球价值链重要的参与者。在当前国内发展动能转换和国际竞争加剧的形势下，加快发展智能制造，不仅是抢占未来经济和科技发展制高点的战略选择，而且有助于抵消劳动力成本上涨的影响，对打造我国制造业竞争新优势，实现"弯道超车"，迈向制造强国具有重要战略意义。值得一提的是，跨国公司为适应新技术发展要求，加快全球创新战略和资源布局，将售后等环节越来越多地外包给第三方机构，并同其建立长期稳定的合作伙伴关系，以降低创新风险、提高创新效率。这有助于优化全球创新链体系，推动全球创新提速。高质量售后服务能带动高质量产业链、供应链，是构建"双循环"新发展格局的加速器。专业化售后服务机构可以实现工厂、车间、设备、产品、用户之间全流程、全方位、实时互联互通和信息共享，达到研发设计、生产制造、经营管理以及售后服务的高度网络协同。

2020年4月，国家发改委、中央网信办发布《关于推进"上云用数赋智"行动培育新经济发展实施方案》，要求深化数字化转型服务，推动云服务基础上的轻重资产分离合作。鼓励平台企业开展研发设计、经营管理、生产加工、物流售后等核心业务环节数字化转型。鼓励互联网平台企业依托自身优势，为中小微企业提供最终用户智能数据分析服务。截至2021年12月底，工信部统计数据显示，全国工业企业关键工序数控化率、数字化研发设计工具普及率分别达55.3%和74.7%，比2012年分别提高30.7个和25.9个百分点；工业企业经营管理数字化普及率达到70.9%，比"十三五"初期增长16个百分点。解决传统售后模式带来的系列问题，变短板为"潜力板"，推动发展中国家产业升级和跨越式发展。售后服务也提高了各国参与全球分工的可能性，尤其是为发展中国家开发高技术含量工作岗位、扩大新兴产业规模、加快融入全球价值链分工体系创造了条件，从而为它们带来了产业结构快速升级、经济跨越式发展的新机遇。

二、持续释放的服务贸易

新一轮技术革命和产业变革加快推进，全球经济正向网络化、数字化、智能化加速转型、制造业服务化、服务贸易化、贸易平台化、平台国际化等"四化",环环相扣齐头并进。服务化是制造业转型升级的重要方向,那些全球著名的制造业公司,主要是靠全球化生产,更多的是靠定制化和服务化,提供运维服务、金融服务、咨询服务、解决方案等方向。因此,进一步挖掘售后服务隐形价值,助力企业高质量发展、积极参与全球竞争,成为价值链重构的重要一环。

21世纪初,售后服务管理随着PC的兴起而从海外起步,并随着智能手机、智能家居等更多消费电子产品的兴起而蓬勃发展。目前,国外售后服务管理行业已发展得比较成熟,中国应近年来因品牌出海的背景而起,尚处于新兴阶段。

在中国"智"造的潮流推动下,越来越多高技术含量、高品质的中国品牌企业开始拓展海外市场。在进入海外市场的过程中,品牌企业需要在不同国家和地区建立配套的售后服务体系。但由于世界各地的地理位置、法律、经济、用工政策和消费习惯迥异,越来越多的品牌企业在自建之外,选择与专业的第三方机构合作,以提高营运效率、降低营运成本、更加优质地完成海外售后服务落地执行任务,而专业化的售后服务管理的作用也因此越发受到企业和市场的重视。

现阶段,售后服务管理的市场需求主要集中在电子信息相关行业。5G、云计算、人工智能、物联网等新兴技术日新月异,智能手机、个人电脑、智能家居等电子信息产品已成为日常生活必需品。电子信息产品高度的普及率、新产品更新换代周期的不断缩短以及用户对电子产品售后服务要求的提升,促使电子信息成为当前全球售后服务管理市场需求最大、发展最快的行业。以智能手机为例,即使在智能手机趋向饱和的2017年,全球智能手机出货量仍旧保持14.66亿部的较高水平;2020年受新冠肺炎疫情影响,出货量为12.81亿部,同比下降6.55%。但2021年随着疫情不断得到控制,全球逐步复工复产,经济逐渐复苏,出货量为13.55亿部,同比上升5.74%。在此背景下,智能手机企业开始关注全新的售后服务市场空间打造,希望通过售后服务以寻求新的利润增长点。艾瑞咨询2022年发布的《2021年中国第三方售后服务行业洞察白皮书》显示,至2023年,手机售后服务投入规模将超700亿元,且2021—2023年,企业在售后投入上的年复合增长率将保持在10%以上。不仅如此,家电、PC及服务器等电子产品的售后服务市场也保持着稳定的增长——中国家电服务全球范围内售后服务投入规模至2023年超700亿元;中国PC企业在售后服务的投入规模预计至2023年达到268亿,且2021年至2023年投入的年复合增长率将保持在4.2%左右;中国服务器企业对于服务器维修期内的售后服务投入也将继续保持稳定的增长,预计市场规模在2023年达到59亿元,2021年至2023年的复合增长率为11.7%。

此外，我国服务贸易发展面临前所未有的新机遇。从国际看，全球服务业发展推动服务贸易快速增长。全球价值链加速重构，以研发、金融、物流、营销、品牌为代表的服务环节，在全球价值链中的地位愈加凸显，尤其是服务数字化激发服务贸易发展潜力。未来服务贸易将成为我国经济发展的强劲引擎，为经济发展持续提供动能，而以数字贸易为核心的服务贸易创新发展将成为未来全球贸易的发展前沿。

2021年3月，由国家发改委等13部（委）门发布的《关于加快推动制造服务业高质量发展的意见》，提出了"深入开展信息技术、服务外包、售后服务、现代供应链等服务领域标准化建设行动，推动制造服务业标准体系逐步完善"的要求。2021年7月国务院发布《关于加快发展外贸新业态新模式的意见》，也提出了"完善覆盖全球的海外仓网络，支持企业加快重点市场海外仓布局，完善全球服务网络，建立中国品牌的运输销售渠道"的意见，以进一步促进售后服务市场的快速发展。

强化服务贸易品牌建设，积极打造"中国服务"国家品牌，创新服务业对外投资方式，有效推动中国技术、中国标准、中国服务"走出去"。

第二节　科技创新，实现品牌引领

位于上海浦东新区汤臣金融大厦的迈创股份总部里，挂着一块醒目的电子大屏幕。屏幕上显示着迈创股份在全球的运维中心、研发基地、总仓和区域仓，以及维修工厂等覆盖情况，在屏幕左侧则滚动着来自这些部门的实时数据。

通过这些数据，企业根据服务商消耗及销售预测统一做服务备件计划、采购、预先配送等，用最小的有效库存保证服务商的维修备件满足率，将服务备件当日达成率从65%提高到了90%，某些客户甚至能达到95%。

实打实地为客户提升价值，是迈创股份多年来持续专注售后市场，持续不懈投入及与合作伙伴们共同探索成长的成绩，也成为企业成长为行业领先者的核心要素。

一、数字驱动，革新服务模式

售后服务管理是典型的轻资产、高技术含量的现代服务。数据迭代的准确性、从业人员的专业性、售后平台搭建的先进性等都会影响售后服务信息传递的效率。如售后服务管理平台的搭建，其中包括方案设计、采购、库存管理、资金结算、通关物流、信息系统等具体项目，需要公司承担多项职能并进行整合，构建起高效运作、功能完善的售后服务管理平台。这一切的背后，离不开底层技术的开发和支持。

数字化建设是行业趋势已成为共识，完善信息化及智能化程度、提升数据库管理效率、补强物流和迈创售后服务管理信息系统是重中之重。对于企业运营而言，这也是弥补供应链薄弱环节、打破制约效率瓶颈的重要工具。一方面，迈创股份改善售后服务有效供给的质量，针对实体企业日益多元化、个性化的服务需求，从供给侧入手，着力创新业务模式。同时针对实体企业在不同阶段的发展特征和服务需求，打造差异化产品体系，匹配相应的服务模式，为企业提供全面高效的服务。另一方面，迈创股份针对实体产业链各个环节的发展状况和服务需求，完善供应链售后服务体系，针对实体企业的经营状况和服务需求，提高精细化管理水平，为企业提供综合性售后服务。同时，综合考虑实体企业的环境风险和成本，发展绿色服务，带动服务贸易的提档升级，放大全球服务贸易的"中国声音"。为此，从建立初期就高度重视信息化、数字化建设的迈创股份，通过组建迈创研究院及多个研发团队，结合行业特点及实践经验，自主研发了适应全球售后服务管理的数字化、智能化售后服务管理系统支持平台，包括备件预测系统、采购管理系统、全球物流追踪监控系统、维修条码生成系统、售后服务系统、仓库管理系统等，逐步从传统供应链服务模式转型发展成具有高附加值的售后服务管理业务。

迈创股份的成功在于，研发工作紧密围绕公司业务需求——也是客户对顾客服务的需求。真正实现了将积累10年以上的连续性售后服务数据与新技术、新产品的开发与创新相结合，尤其是通过算法的持续迭代及自研搭建的MSP系统、SCM系统、AI中枢塔等平台进一步提高算法以及模型预测的准确性，构建起较高的竞争壁垒，提升公司在售后服务管理领域的核心竞争力。

企业专门成立由业务运营、组织人事、财务等各部门负责人构成的信息技术委员会，协调公司各项信息系统的开发，负责公司研发工作的统筹和开展，促进公司实现数字化驱动的信息系统和企业服务。当公司新增业务需求时，企业内部首先进行需求理解与分析、业务系统设计等工作，之后由迈创研究院负责系统基础开发（包括算法模型、决策分析、人工智能等）。软件开发中心负责软件系统开发（包括系统设计、功能实现、测试部署、故障响应等）；研发系统完成后，通过系统运维进行数据管理、权限管理、客户培训和集成测试，以达到系统实现的目的。在系统有效运行的过程中，公司通过不断得到用户体验反馈，迈创研究院与软件开发中心对系统进行升级和优化，确保研发项目的质量。而且在整个研发过程中，公司信息技术委员会作为统筹协调各项内部资源，确保研发工作的顺利开展。

经过多年自主开发和持续创新，公司形成了以信息技术为核心的管理模式，开创了独有特色的售后服务模式——建立了从全球数据交互到实时可视化、多维度数据化的信息化、数字化管控体系。在服务管理过程中，变被动为主动，既满足了品牌企业对售后服务管理安全性、技术性和准确性的要求，又实现了公司运营的低成本和高效率的目标，在强化服务质量、提升竞争壁垒的同时，增强了客户黏度，并达成了与客户长期稳定的合作。招股说明书数据显示，2019年企业整体营收50010.62万元，2020年为71168.99万元，2021年1~9月即实现对2020年的超越，为85134.07万元。另外，企业业务高度专注与聚焦，售后服务管理在企业整体业务中占比从2019年的80.01%，提升至2021年的94.03%，传统供应链从2019年的17.65%降至2021年的5%左右。

以数字化为基础的、自主研发的全球售后服务管理体系的驱动，让迈创股份进入了智慧化、智能化管理模式，在竞争中脱颖而出，迈向新的征程。

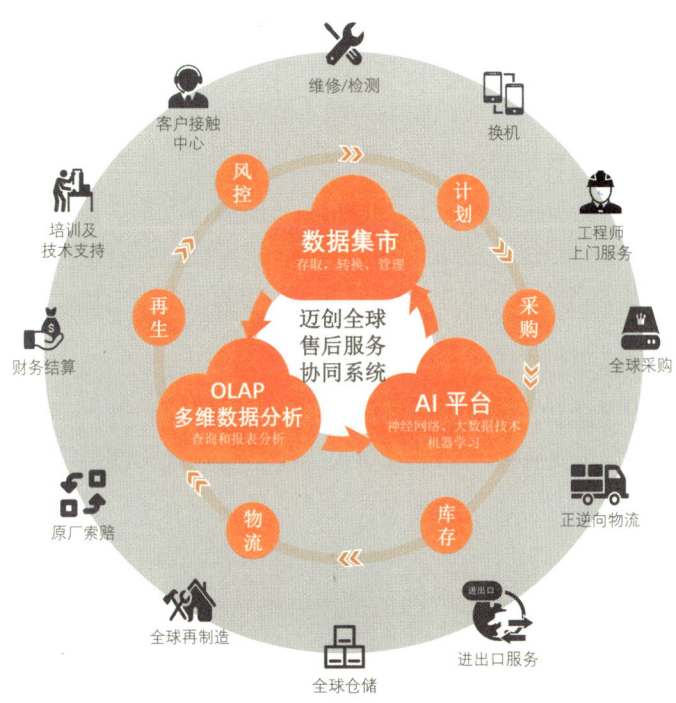

迈创股份智能技术图谱

二、精敏供应链模式，构筑生态基础

过去，多数第三方售后服务商的能力局限在售后服务的维修环节，少数服务商可对售后服务中的物流仓储环节提供支持，但对于售后服务全链路，尤其是备件的协同优化管理，对企业整个售后体系的管理，无法提供有效支撑。在企业售后体系中，服务商、供应商数量日益增加，各自为政的问题逐渐显现，这大大增加了售后管理的复杂度。优化售后体系的流程、组织及系统，提高协同质量与效率已迫在眉睫。

为实现品牌壁垒的构建，迈创股份探索推出了精敏供应链模式——成长为对售后服务予以支持的高能力端到端服务商，并进一步将自身的能力覆盖至整体解决方案售后服务体系的全链路，有效减轻了企业的管理压力。

目前，公司业务收入主要来自售后服务管理业务及传统供应链下的全球物料调拨业务等。其中售后服务管理业务中的售后综合服务在公司承接之前，是由客户内部的售后服务部门自行负责管理运营，并承担相应备件采购的职能。为了进一步嵌入客户内部，迈创模式下的品牌售后综合服务业务中，迈创股份先从客户手里买备件，再在实际执行中按照标准收取服务及服务管理费。这样与品牌企业共同承担甚至让客户少承担的形式，不仅为品牌商客户提供个性化的解决方案，同时扮演多种角色（售后管理布局者、交易对手、相关资源提供者），深度参与客户的商流、资金流、物流及信息流各个环节，与品牌商之间关系更加紧密，提升品牌商对企业的认同感，让企业的市场战略推动更加快速。同时，通过有效的业务方式及坚持大客户优先战略，全方面、高质量、集中资源为大客户提供优质的产品及专业的售后服务解决方案。在此前提下，迈创股份与客户构成了紧密合作以及一定程度上相互依赖的关系，也逐步形成了长期稳定的合作模式。目前，通过与联想、小米等世界消费电子品牌商合作，企业持续了解售后服务管理需求，不断积累连续性售后服务数据也促进了迈创股份客户稳定的业务合作模型。

这一切成功的案例来自迈创股份在解决备件需求预测的难度、备件供应的精益性和敏捷性平衡问题上的优秀与专业——售后服务的备件需求具有时间发生不可预知、需求量不确定等特征，需要用最少的库存去实现最佳的用户服务满意度。迈创股份自主研发备件预测系统等，能有效连接品牌商、供应商、终端服务商、仓储物流服务商各端，实现多方交互、信息共享、协同发展。

在此基础上，迈创股份也在与品牌客户的服务过程中，通过人才、特有服务体系、风险管理把控、服务的灵活机动及专业性等，构筑了从售后咨询到服务准备、服务落地、服务管理，通过标准化的服务IT系统给目标客户提供快速落地的服务能力，让售后服务快速高效高品质、成本透明可控，并伴随企业一起成长。10多年的探索积淀，构建了颠覆行业的创新型精敏供应链模式，也构筑了生态基础，为新一轮的成长积蓄能量。

三、双网融合，推进"智慧"落地

无论是最初的传统供应链阶段，还是现如今全面介入售后服务管理，迈创股份的业务基因都决定了从一出生就要直面全球市场、成为品牌商助力并伴随成长的幕后英雄。随着公司的业务量的突飞猛进，在行业的创新转型大背景下使迈创股份在当下逐步受到关注、走向台前。

企业售后服务的数字化转型不仅覆盖了服务网点建设、服务商管理、服务交付等前端环节，也赋能了备件管理、仓储体系、物流管理等后端环节。通过打通内部、外部各系统中的数据，整合不同环节的物流、人流、资金流与信息流，利用数字化技术与工具推动售后服务全链路转型升级。数字化赋能企业售后服务的降本增效，强化企业核心竞争力，以适应快速变化的行业环境，抓住全球化的发展机会。

迈创股份通过天上一张网（大数据网络）以及全球线下布局网络，一虚一实两张网之间的深度融合，实现了提质增效并促使具有自身核心竞争力的智慧体系落地。

迈创股份的双网融合有自己的路径。

第一层是提供全球物流解决方案。迈创股份帮助客户从0到1去解决如何到达当地的问题，包括帮助客户做国际物流、本地物流、仓储、进出口。例如，进出口是非常困难的一件事，每个国家进口的要求不一样，需要认证的文件都不一样。甚至是同样的产品，到底上哪个海关编码，对关税和最后对税务的影响都会非常大。如果没有经验，可能会产生很高的成本。再如，税费支付问题，到一个国家会有关税和增值税，如果在当地没有主体的话，这些税费都付不了，不得不去依靠一些物流公司来帮助解决这些问题。

第二层是全球售后备件服务方案。这是迈创股份当前最核心的业务，也是售后成本中最大的一个问题。其服务涵盖备件服务的整个生命周期，包括：备件计划、备件采购、备件信息管理、保修信息的管理，以及高级别的维修和坏件退回等。

第三层是售后服务的整包方案。迈创股份为客户提供包括维修的渠道管理、维修的KPI考核、软硬件的维修、技术支持等服务，以及一些增值服务，如重工、翻新、换件、意外保险等。

目前，公司已经初步形成了覆盖全球主要国家及地区的售后服务管理网络体系：以中国上海为总部管理中心，以中国香港为全球总仓，并在全球范围内拥有3个区域总仓（中国、俄罗斯、波兰），覆盖12个国家和地区的16个区域分仓，覆盖近60个国家和地区的4000多家合作的终端服务网点。除授权服务商及其网点外，公司仓储资源主要通过直接租赁或采购仓储外包服务的方式获取。此外，公司全球总仓及区域总仓除具备一般的仓储管理功能外，还具备 IQC 检测的职能。

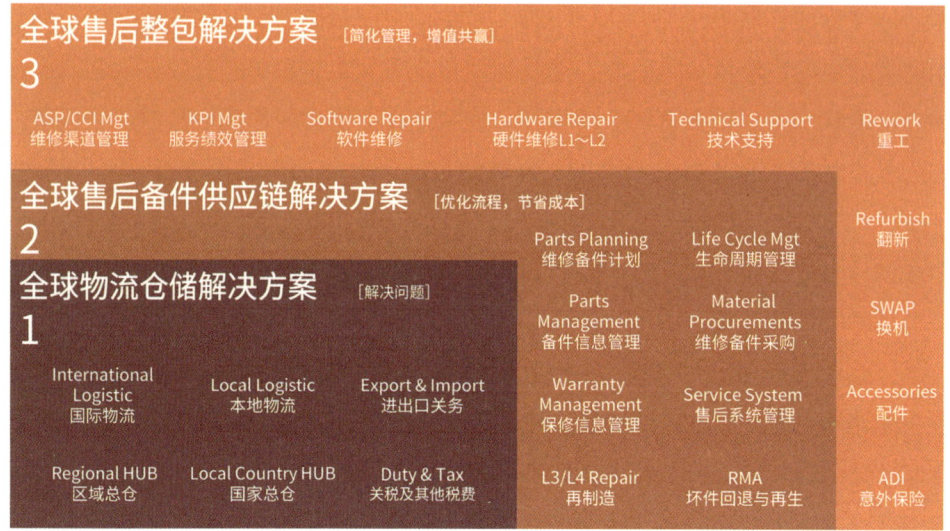

迈创股份全球化售后服务解决方案

同时在全球 4000 多个授权服务商终端网点的布局上，企业也进行了全面权衡。截至目前，分布于欧洲 23 个国家、亚洲 19 个国家及地区、非洲 4 个国家及北美洲 1 个国家；此外通过寄修方式覆盖爱沙尼亚、比利时等 6 个欧洲国家，同时为斯洛文尼亚、塞尔维亚等 5 个欧洲国家的授权服务商供应备件。通过企业自主开发的 WMS（Warehouse Management System）系统可以追踪备件在整个生命周期中的流转，监控备件的有效使用，具体包括对收货、质检、上架、配货、拣货、装箱、出货、库存管理等关键环节进行监控，保障了中国品牌企业售后服务体系的高效运行。

在多层级布局的基础上，迈创股份在上海总部和重庆成立了两个研发中心，持续投入大量的人力和研发成本，经过 10 多年不断地研发和迭代，建立起了自主研发、自有知识产权的覆盖全球的智能供应链协调系统 SCM。该系统在 10 多年中进行了 3 次大的版本更新，目前 SCM3.0 用于全球 50 多个国家，支持包括中文、英文、泰文和俄文等多种语言，服务于手机、服务器/PC、汽车和家电等多个行业。

迈创全球智能供应链协调系统 SCM3.0 智能化表现为智能计划、智能采购、智能仓库、智能物流和智能销售五个方面。系统由基础数据管理子系统、计划子系统、采购子系统、仓储管理子系统、物流子系统、订单工单子系统、逆向管理子系统、高级维修子系统、KPI 和报表子系统以及财务子系统组成。各系统之间高效运作，实时监控，及时预警。迈创股份通过这套系统，满足并提高了客户各项 KPI 指标，同时大大降低了运作成本。

人们对于美好生活的向往中包含不断上升的高品质服务需求。信息技术、商务服务、文化娱乐、金融保险、跨境电商、教育、数字创意、医疗健康等领域消费需求的显著增加，为产业带来了新的机遇。迈创股份以科技创新的加持和赋能，为服务贸易提质增效，继续瞄准技术前沿和产业方向，在开放合作中推动中国创造地不断升级。

第三节 贡献"中国服务"的品牌力量

18年积累成长的迈创股份，不断突破舒适圈升级战略，从3C走向更多元的智能健康家庭设备，并介入助力探索汽车售后服务市场的服务变革，积极参与电子零件的绿色可回收探索项目。在扩张业务形态的同时，提升供应链价值转化，展现中国智慧供应链创新建设的新面貌。

一、战略升级，助力全球智造

售后服务行业的竞争，并不仅限于存量客户的争夺导致的竞争，还在于新客户服务开拓和导入过程中方案、技术、运营效率的竞争。

根据麦肯锡全球研究院的报告，全球货物贸易中约1/3的价值归功于服务业。如果按照增加值来计算，全球服务出口增加值占全部出口增加值的比重已达到50%，比总额方法计算的占比则高出一倍。目前，研发设计、知识产权、金融保险、物流运输等生产性服务已全面渗透生产制造环节，而品牌资产、分销服务和售后服务等成为提升产品附加值的重要手段。此外，随着中国与世界市场的深度融入，越来越多的中小智造企业、跨境电商贸易也紧紧把握机会，走向全球市场，基于自身的资金投入、扩张速度等亟须通过优质的第三方售后服务来共同开拓海外市场，成为新时期的一大趋势。

自2016年至今，基于全球化布局的售后服务成功转型，迈创股份的业务生态扩张至全面介入全球化售后服务整体业务——基于集成电路与互联网的快速发展，服务创新产品从3C走向家庭智能化生活的科技创新类，在恒定模式基础上推动了战略升级和商业模式的再升级，实现业务扩容及服务价值的溢出。

以助力某世界500强某公司手机业务出海为例，迈创股份在竞标阶段以绝对的服务价格优势、长期合作的良好服务质量，击败了最后一轮参与竞标的美商和台商大厂，拿到了售后备件供应链管理服务的第一单。接下这项业务对企业提出了巨大的挑战,当时第一批的订单业务范围涉及东南亚和俄罗斯,覆盖了10多个国家,地域范围大,服务需求多元且零碎,成本可控成为最大的难点。没有任何先前的积累,迈创股份团队只能慢慢地、一点一点地摸索这个业务,积极进行转型,支持手机的售后备件供应链服务。当时,迈创股份团队的骨干成员几乎全部到一线协同支援工作。从最开始的东南亚和印度,后来再做到中东、欧洲和其他的一些区域,借助为这家世界五百强公司手机海外业务提供售后备件支持服务的机会,迈创股份也坚定了售后服务的全球化布局征程,建立了自身的品牌壁垒。

迈创股份全球服务产品品类覆盖

在这家公司手机率先出海后,诸多国产品牌手机2013年也开始大规模出海。此时完成从0到1探索的迈创股份自然而然地成为他们的合作伙伴。小米、魅族、摩托罗拉(后被联想收购)等都成了客户。其中,另一家世界500强M公司是合作最广泛的一家。从2015年开始,迈创股份成为他们的战略合作伙伴,M公司去到哪个国家,迈创股份就把售后服务铺到哪个国家,以快速支持起当地的销售服务,助力品牌在海外的快速成长。后来如HTC、华硕、浪潮和冠捷等,也陆续选择将迈创股份作为海外拓展的重要战略合作伙伴。基于迈创股份在印度市场的服务能力,很多公司与迈创股份合作,一开始都将印度作为试点,在试点成功后再向全球其他区域铺开。至此,迈创股份逐步构建了向客户提供全球化端到端的售后整体服务能力,成长为专业的智能化的中国服务品牌,助力全球智造。

除此之外,迈创股份也积极扩大业务内涵,进军汽车售后服务市场。当前的智能电动汽车时代，汽车的电子消费品属性越来越强，市场的引领和变革，让中国智造汽车进入全球市场，影响全世界的市场。中汽协的数据显示，2021年中国汽车出口总量达到201.5万辆，同比实现翻倍增长。同时，很多中国品牌汽车企业在2021年均实现了历史以来最好的海外销量。如何在国际市场站稳脚跟，树立中国自己的品牌，避免"昙花一现"，是中国车企在现阶段亟须面对的问题——新能源车企需要投入的不仅仅是产品本身，还有销售渠道、充电设施以及售后服务的铺设。这就意味着需要更多的资金支撑、海外运营专业经验，才能维持后续车型的研发、推出和海外市场的布局。因此专业化、智能化的第三方售后服务的支持作用，逐渐凸显。

在助力中国品牌全球化拓展的同时，迈创股份发现中国庞大的消费市场逐渐聚焦了越来越多海外企业的目光。因为市场新，他们同样缺乏资源。迈创股份积极调整战略，丰富企业自身全球化内涵：不管企业来自哪个国家，只要想做全球化，就向其提供全球售后服务支持。这对迈创股份而言并不难，自身基础完整、体系健全，只需把售后备件服务体系加以调整，使之更适合国外企业的全球化即可。

通过助力中国品牌企业出海，国际品牌企业开拓中国市场，迈创股份在一进一出的双线服务里，锤炼了自身系统的学习能力和服务能力，也真正助力实现了企业全面参与全球经济合作，以智慧化服务降低成本、提升品牌质量内涵，助力全球智造发展，符合世界经济一体化的整体趋势。

二、"质"造协同，墙内墙外齐"花香"

纵观人类社会发展史，世界经济开放则兴、封闭则衰。服务业因其独特的轻资产、软要素等特点，更加需要开放、透明、包容、非歧视的行业发展生态，更加需要各国努力减少制约要素流动的"边境上"和"边境后"壁垒，推动跨境互联互通。

如迈创股份所判断的，遇上品牌跨境全球化的春天。"优质的售后服务，是品牌企业全球化竞争市场的刚需。"迈创股份作为全球售后服务专家，实现了全方位的海外售后服务覆盖，一方面助力中国品牌企业建立全球售后管理解决方案，为中国企业出海保驾护航，同时也帮助国外企业品牌在中国市场得以深耕落地。另一方面，迈创股份积极参与绿色发展，通过第三方售后服务优势，减少电子垃圾，助力建设绿色电子产品组装模式的探索等。

基于全球网络系统的逐步完善，迈创股份近年来从最擅长的手机行业领域转入汽车行业海外售后供应链整包服务。相较之前，难度大幅增加，但迈创股份决心已定。通过做端到端的售后供应链管理系统开发，实现订单管理与库存的透明化、最优采购计划模型和可视化的物流跟踪功能等，提高了上汽在泰国的供货满足率、帮助其实现"零库存"，同时提高了人员利用率与工作效率。

在经济全球化大背景下，随着国家政策的支持、跨境电商赛道的成熟与新冠肺炎疫情的起落，中国企业迎来前所未有的"出海"机遇。企业出海的模式也从"产品出海"逐步走向"品牌出海"，产品的品质与服务体验取代价格优势成为中国品牌的核心竞争力。以用户体验为中心的商业转型、对售后服务外包需求的进一步提高，驱动售后服务管理企业通过提升自我科技创新能力、资源整合能力，不断拓展售后服务管理的边界，从以提供单纯售后产品备件供应链服务为主，成长为能够提供一站式服务的复合型售后服务管理企业，并在末端延伸出以用户体验为中心的场景化深度服务能力，是整个行业的共识，也是迈创股份积极探索的新方向。

迈创股份以数字为驱动力，推动贸易智能化、便利化、专业化，为共同促进全球服务贸易发展繁荣、推动世界经济尽快复苏略尽绵薄之力。

企业家专访

抱诚守真，不负所托

——专访迈创企业管理服务股份有限公司董事长丁思海

《样本》：十几年来，迈创股份是如何做到持续创新的？

丁思海：从2004年以来，迈创股份从生产供应链服务到售后备件服务，再到提供整体售后服务支持，企业业务模式不断创新。在这个过程中，迈创股份逐步构建了精敏售后备件供应链服务。这种精敏模式帮助我们不断提高客户的满意度，同时也保证了成本上的优势。回顾创业历程，迈创股份的发展关键在于守住一个"创"字、抓牢一个"新"字，才能让发展充满潜力。

近年来，全球服务业在出口增加值的创造上始终高于制造业。今后这一趋势将更为明显，价值增值环节还将继续向生产前的研发、设计阶段与生产后的市场嵌入服务阶段转移。整个价值链条中，服务增加值将日益成为企业利润的主要来源。特别是制造业服务化趋势带来服务要素的不断提升，将带动研发、金融、专业服务等生产性服务贸易快速发展，未来制造业的竞争很大程度上是其背后的服务竞争。

每一个产业、每一家企业都需要走数字化转型的道路，都需要和自己的供应商、合作伙伴及消费者进行不同方式的互动。我们也将继续强化我们的服务优势，助力更多中国企业"走出去"。

《样本》：售后服务行业，对复合型人才的需求较高。尤其是迈创股份，要求对所服务的行业有着深刻而全面的理解，同时还应该具备能够为客户提供信息化服务、库存管理、资金结算、通关物流等业务的能力。那么，在企业人才建设上有哪些心得体会？

丁思海：因为行业的新，迈创股份在人才培养和建设上花了很多工夫。"学如弓弩，才如箭镞。"重视人才自主培养，加快建立人才资源竞争优势，我们的创新驱动才能厚积薄发。在企业成立不久就创立了自己的学院，专门进行人才的专业技能培训和管理培训，逐渐地，我们在实践探索中，建立了"三横一纵"式的培训模式，以支撑快速发展的业务需求。我们团队的很多骨干，都是在这样的培训计划里成长起来的，也为未来的发展积蓄了一批专业售后服务人士。

今天，我们对优秀人才的需要，比以往任何时候都更为迫切。引才育才并举，用才留才并重，全方位引进、培育、使用人才，我们就能更好地发展新优势。相信也会有越来越多来自全球的英才，能够在迈创股份竞相成长、实现梦想。

《样本》：迈创股份如何共享服务贸易发展机遇？

丁思海：历史告诉我们，拥抱世界，才能拥抱明天；携手共进，才能行稳致远。

目前，制造业服务化已成为全球产业发展重要趋势，越来越多的制造业企业将服务作为获得市场竞争力的重要手段，从单纯提供产品和设备向提供全生命周期管理及系统解决方案转变，服务要素在制造业企业生产经营活动中的地位不断上升。当前，我国经济已由高速增长阶段转向高质量发展阶段，推进制造业服务化是推动高质量发展的题中应有之义。

迈创股份的愿景是打响"中国服务"品牌，提升我国制造业在全球价值链中的分工地位。全球价值链中生产制造只是全球价值链的一个环节，而且增加值较低，容易被模仿，难以形成核心竞争力。而生产制造的上下游均属于服务范畴，增加值较高。推动制造业服务化，可以促进我国制造业企业向价值链上下游延伸。例如，移动互联网、大数据、云计算、物联网、人工智能等新一代信息技术逐步成熟和产业化，不仅可以直接推动我国制造业技术创新、提升企业产品质量，还可以通过变革和优化服务流程，消除企业间的信息阻隔，实现企业间以及企业内部信息共享和协同运作，推动管理创新和技术创新。

近年来，随着中国"智"造企业和跨境电商们在国际市场规模的扩大和海外市场布局的深入，尤其是新能源汽车等产业正实现着从产品出海到品牌出海的蜕变，海外售后需求更多、服务范围更广，这对迈创股份来说是新的考验也是积淀的机遇，我们将在持续的产业互动与产业融合过程中形成网络协作关系，促进知识共享和转移，产生显著的技术扩散与知识溢出效应，助力增强我国制造业的整体创新能力。

《样本》：作为中国售后服务领域领先者，迈创股份在长三角一体化发展的国家战略中，扮演了什么样的角色？对行业发展您有什么建议？

丁思海：服务贸易、数字贸易正在成为全球贸易增长的新引擎，在长三角区域一体化的背景下，业界均强调说，长三角服务贸易集聚区既是服务贸易发展的客观需要，亦将是服务贸易发展的新机遇。服务贸易不仅在我国产业结构优化、消费结构升级、发展动力增强等方面发挥重要作用，还在应对全球价值链重构，推动我国从"贸易大国"向"贸易强国"转变中扮演重要角色。

迈创股份在全球范围内部署了五级仓储覆盖，首先是全球总仓，目前放在中国香港，其次是区域性总仓，如在中国、俄罗斯和波兰都有建。而在国家层面，迈创股份部署了国家仓。目前，迈创股份在全球的售后服务业务覆盖了近60个国家和地区，非洲和南美洲也很快会铺开。为了支持在这些国家和地区的业务，迈创股份在19个国家和地区建造了自己的区域仓。迈创股份根据客户提出的服务标准，如几天内服务的达成率是百分之几，考量设计是用一个区域仓来覆盖整个国家（甚至周边国家）的运营，还是几个仓才能够把这件事做到更好。迈创股份用自己开发的模型进行核算，给出一个充分考虑效率和经济性的平衡方案。这个解决方案兼顾了自己的利益和客户的利益，在能够帮到客户优化的情况下，自己的成本也要尽可能降低，以确保迈创股份的可持续发展。可以说，我们在行业里不仅是探索者也居于排头兵的地位。

中国的服务贸易发展取得了长足进展，但服务贸易领域的相关制度性安排和结构性仍待更加合理化。比如，针对不同服务产品的特点，建立与更高开放水平相适应的精准化、定制化和差异化的政策制度体系，加强服务贸易相关规则、规制、标准和管理能力的系统性设计，以更加积极的姿态参加全球治理体系重建，促进形成公开、公平的市场竞争环境，推进高水平开放，不断提升服务行业监管水平。

专家点评

具有鲜明特色和独特价值的全球供应链服务商

在中国产品的全球品牌建设中，产品的高质量发展、市场的深度开发和服务升级，是提升中国企业在全球供应链体系中地位的关键所在。其中做好售后服务又是建立企业品牌价值的核心内容，这不仅关系到产品价值创造的延伸，更是销售市场的扩展；优质的售后服务可以成为行业差异化竞争的武器，也是新的利润增长点。但海外市场的不确定性及全球供应链市场的复杂性，使企业凭借自身的力量较难建立完善的售后服务体系，寻求专业合作伙伴，整合、利用全球资源以适应全球化售后需求已经成为企业国际化战略的内在需求。

由此，随着企业生产与服务化转型，基于供应链增效的售后服务趋向于专业化，让售后服务概念从幕后探索走向了台前。本样本企业——迈创股份是售后服务赛道中的引领者。过去几年间，迈创股份坚守全球供应链中的售后服务领域，创新探索，取得了卓越的成绩。无论是强化数字化、智能化建设，专门成立研究院以及信息技术委员会统筹协调各项内部资源——通过统筹基础研发与市场实践数据，真正实现了连续性售后服务数据与新技术、新产品的开发与创新结合，构建了颠覆行业的创新型精敏供应链模式。不仅以数字化为基础，构筑了生态底座，通过大数据网络和线下网络的双网融合，提供全球物流解决方案、全球售后备件服务和售后服务整包方案，建立起了自主研发、自有知识产权覆盖全球的智能供应链协调系统SCM，以科技创新的加持和赋能，为服务贸易提质增效；同时，在科技创新及专业服务创新上不断突破舒适圈，打破天花板，从3C产品走向智能家庭健康，不断在与客户的紧密合作中升级商业模式和服务模式，实现了业务渠道的创新整合，实现了传统服务渠道与新兴网络渠道的有效融合，打通上下链路，大大提升了服务供给的配置效率和服务水平，提升了供应链价值。迈创股份在守正创新中坚定不移地走自己的路，构建了独有的竞争优势，形成了公司在售后服务管理领域的核心竞争力，也让自己在制造服务融合中形成具有更高附加价值的售后服务管理业务，加速促进了中国智能制造与全球市场的连接。

在中国融入世界的征程里成长起来的迈创股份，紧抓时代机遇，以协同成长、共赢的方式助力中国品牌企业在海外的开疆拓土，以每年持续性投入研发，并有效调动员工的创造性，努力把企业打造成为强大的创新主体，也通过自身前瞻性、创新性的坚守与探索，为供应链赋能。作为引领创新者，迈创股份也将在市场竞争的洗礼中，推动产品升级、质量升级、服务升级，服务于经济高质量发展。

数字经济引领技术变革和产业升级将使全球贸易发展迎来新机遇。无论是助力中国企业"走出去"，还是国际企业拓展中国市场，以开放、创新为基因的迈创股份，将不断强化数字化、智能化建设等核心竞争优势，抓住市场机遇与挑战，实现与"智"造企业的双向融合转型、惠及全球品牌供应链。

吴柏钧 华东理工大学社会科学高等研究院院长
上海公共经济与社会治理研究中心主任

后　记

　　2021年的样本选拔增加了诸多困难。反复的疫情影响是一方面，选样的标准和维度也是一个挑战。从2017年以来的五大领域到2020年的八大领域，选样范围更多元化了，余地也增加了。但如何既体现年度样本的代表性、典范性，又能够反映战略积累对未来正确引领的创新实践，成为一道难题。采编工作也因疫情遭遇较大挑战，不断推迟时间，一家企业要跑五六次，面访常常改为电话采访，等等。这些带来创作团队和企业之间认知差异的压力。但我们庆幸样本企业的大力支持和协同相助，才让一篇篇稿件经过十多次改动调整，并让这个过程成为沟通的最佳实践典范。

　　本届选样下沉市场大大扩容，66家企业分布在40个区县，但主要还是集中在几个发达城市。上海依然保持领先，共初选16家企业，分布在10个区，最终入选5家。由于得到浙江一些主流机构的关注和认可，本届浙江省的初选样本高达32家，涵盖7个地级市，其中杭州市21家，入选了2家。安徽初选4家企业，其中合肥3家、芜湖1家。江苏初选企业14家，与往届比降幅达50%，主要减少了苏州和南京的比例，增加了常州，总入选2家。

　　创新的丰富内涵，我们仍旧无法一一精准描述，但寻找"创新的意义"的初心始终未变。随着对长三角地区企业调研的累积、交流访谈的深入，我们深刻感受到，20年来中国经济已高度融入全球经济，嵌入全球产业链供应链之中。尤是至今，已处于全球产业链的关键枢纽位置和关键历史阶段。中国成长为全球最大的新技术、新产品、新业态、新模式应用市场，在云计算、大数据等领域具有巨大的市场应用空间和场景。同时，中国经济发展进入向创新驱动发展转型的阶段，对科技创新提出了紧迫需求。

　　为了更大范围、更多维度、更大程度地推进样本工作，我们尝试建立更加科学、规范的选样体系与机制——创新性开发"长三角商业创新指数研究计划"，希望构建"指数+榜单+样本+发布+案例"的创研体系，持续发布高质量创新案例，强化辨识度、获得感和权威性。2021年的样本，也增加了更多方面的碰撞磨合和协同。入深能识真中伪，经历方知苦后甘。在此，特别感谢陆雄文院长和林环教授长期以来的全程指导和关心鼓励！也特别感谢复旦大学管理学院、东方财富、天汇资本、东南大学长三角碳中和战略发展研究院等战略协作伙伴，感谢中国商业出版社以及理事们对样本工作的关注、关心和大力支持。同时，特别感谢样本企业家的启发和鼓励，感谢各样本企业品宣团队的认真、坚持和体谅，以及对项目团队各方面的支持；十分感谢安永中国合伙人汤哲辉、天汇资本董事长袁安根等专家及企业家理事对选样工作热情而认真的推荐。

生活在中国，我们越来越体会到关于社会福利、医疗卫生的进步和技术进步带来的实惠与幸福感，并为此而感受到新兴产业经济带来的好处与价值。我们欣喜于认知并体会到企业家的高瞻远瞩与对事业的专诚，惊喜于企业升腾而上的冉冉"信心"，更感动于他们对产业赋能的自觉与胸怀，求索与奉献。中国，正是因为有了这样一批忠诚践行着创新实践和时代使命的中坚力量，才得以不断实现突破，掌握主动权与话语权。团队成员为能近距离和这些优秀企业家及他们的团队共同探讨文化价值、产业使命及创新实践等而自豪，更希望通过多种方法发布和传播，让更多的个体、群体及组织受益而欢欣鼓舞、干劲十足。

20年岁月，精彩纷呈。从历史走来，我们一路高歌；向未来而奔，我们信心满怀。未来中国，将继续深化改革，兼顾公平与效率，以共同富裕带动社会经济发展。无论面临怎样的挑战，我们都将共同投身这伟大的潮流中。

上海长三角商业创新研究院
《2021长三角商业创新样本》执委会
2022年5月25日

项目组织单位

主办单位： 上海长三角商业创新研究院
支持单位： 复旦大学管理学院、东方财富信息股份有限公司、华东理工大学社会科学高等研究院、东南大学长三角碳中和战略发展研究院、汉歌文化发展机构
承办单位： 浙江汉歌文化创意有限公司

特邀专顾委、编委会及主要团队成员

总 顾 问：	陆雄文	上海长三角商业创新研究院院长、复旦大学管理学院院长
规划统筹：	林 环	上海长三角商业创新研究院创始理事、研究员
专家委员会：	吴柏钧	华东理工大学社会科学高等研究院院长、上海公共经济与社会治理研究中心主任
	高红冰	阿里研究院院长
	王向阳	北京朗润明德教育科技研究院院长
	潘宪生	江苏省商业联合会会长
	沈桂龙	上海社会科学院世界中国学研究所所长
	汤哲辉	安永大中华区审计服务合伙人、安永上海党委书记
	袁安根	长三角医药创新发展联盟副理事长兼秘书长 江苏天汇红优投资管理有限公司创始人、董事长

采编委员会：

主 任：	蒋 斌	上海长三角商业创新研究院秘书长兼常务副院长
委 员：	吴文平	浙江汉歌文化创意有限公司首席顾问
	岑 岑	复旦大学管理学院科创办公室主任
	于保平	复旦大学管理学院案例研究中心主任
	唐小愉	上海长三角商业创新研究院传播部主任

出 品：	蒋 斌	上海长三角商业创新研究院秘书长兼常务副院长
执行主编：	唐小愉	上海长三角商业创新研究院传播部主任
出版总监：	苏文婷	上海长三角商业创新研究院外联部主任
特约审校：	顾金生	原浙江日报主任编辑、著名作家
执行团队：	苏文婷、蒋书澄、刘 莹、郑莉娜、原竟格、倪 敏、宦艳红、朱光函、王 莹、苏 洋、张春依、陈扬波、傅千窈	

发布会组委会秘书处： 唐小愉、苏文婷、夏婷婷、蒋书澄、许思祎

调研及采编指标说明

1. 本书所涉及企业相关内容及数据由项目团队通过企业方提供、主流媒体报道、行业调查数据、第三方咨询报告及与企业创始人、高管访谈所得，并经项目采编团队整合提炼而成，最终数据由企业方明确确认。

2. 主要调研指标及采编内容包括：企业基本概况、战略定位和发展状况、商业或经营模式和主营业务结构及特征、政府扶持状况、公司治理、企业文化创新和责任、资本和金融发展及近3～5年的创新情况、创新点及实施成果与新创新计划、企业可持续发展战略等九大项超过39多个细项指标。

3. 整个调研过程围绕创新样本企业和上海长三角商业创新研究院自身所积累的数据结合开展。重点关注及反映样本企业近3～5年来的重大变革和创新经营智慧、文化建设、社会责任和创新模式的探索成果，以及为产业和区域经济、社会财富上所创造的政治、经济、文化与社会环境的价值。

4. 整个调研采编及出版过程共历时近16个月，分为五个阶段：前期筹备（2个月）、调研和访谈执行（4～5个月）、采编创作（3～4个月）、成稿审核（2个月）、出版和发布（3个月），访谈与编写局部交叉进行。

5. 样本企业所需提供的材料中主要采用2017-2021年的数据，并对企业成立以来的基本材料及企业发展进行历史性的对照。

6. 样本企业选择参照的历史依据主要包括：国际、国内以及区域内领先者地位；业界品牌知名度或美誉度；有独特创新模式和重大创新能力；营收、净资产、利润或净利润等主要增长指标稳健或优良；研发的持续性投入及产品的转移转化能力；行业隐形冠军或独角兽、准独角兽，建立技术壁垒或依托数据技术领先；产业贡献优良、文化或品牌建设标杆性和典型性等辅助指标。

主要参考材料及文献

[1] 曹冲. 北斗与GNSS系统概论[M]. 北京:电子工业出版社,2016.

[2] 张晔. 微球有大用! 解决生物制药卡脖子问题[N]. 科技日报,2016-11-22.

[3] 中国的医疗卫生事业[R]. 中华人民共和国国务院新闻办公室,2012,12.

[4] 苏州工业园区科技招商中心. 纳微江必旺:那个"园",是我对接全球市场的"试验田"[DB/OL]. (2018-05-07)[2021-12]. https://mp.weixin.qq.com/s/wV9TLu8jQTDNO3Dg-JoIQzg.

[5] 高博. 被日本卡脖子的微球:民族工业不能承受之轻[N]. 科技日报,2018-06-12.

[6] 李锦峰. 我国光伏行业发展之单晶硅崛起. [DB/OL]. (2019-08-15)[2022-01]. https://mp.weixin.qq.com/s/8Hm414OpzuxSDnJDwpXpuw

[7] 魏子檸. 壮丽70年,致敬新医改系列报道一. [DB/OL]. (2019-08-21)[2022-01]. https://mp.weixin.qq.com/s/XPa_0T_hhP1VoVNZOmJ41g

[8] 王可. 中国光伏往事. [DB/OL]. (2019-11-27)[2022-01]. https://mp.weixin.qq.com/s/sb-nRyxCWvge-UXsAMSw61Q

[9] 路建萍,沈燕宾,王佳,李俊华,谢元. 纳米微球技术在油田领域的研究进展及应用[J]. 应用化工,2020,49(3).

[10] 光明网. 国内外知名智库负责人对话:疫情如何加剧百年未有之大变局. [DB/OL]. (2020-07-07)[2022-01]. https://m.gmw.cn/baijia/2020-07-07/33970895.html

[11] 张建华. 四大着力点构建中国主导的全球价值链[DB/OL]. 新华社. (2020-09-22)[2022-01]. https://baijiahao.baidu.com/s?id=1678518445237686722&wfr=spider&for=pc

[12] 一名医药分析师眼中的中国医药产业十年[R]. 海通证券,2020,11.

[13] 朱宇航,代川. 光伏设备行业深度报告:并行之年,顺势而为[R]. 广发证券,2021,01-29.

[14] 李文友. 光伏成败二十年:谁还是那个少年[EB/OL]. (2021-03-02)[2022-01-22]. https://mp.weixin.qq.com/s/ueL8jRTiN7al3BabYwtIMw

[15] 全球数字经济白皮书——疫情冲击下的复苏新曙光[R]. 中国信息通信研究院,2021-08.

[16] 邹黎. 智慧逐光,照明行业行策[J]. 产城,2021-10.

[17] 韦结余,西桂权.推进学科交叉融合,助力科技强国建设[DB/OL].中国社会科学网,(2021-10-13)[2022-02].

[18] 宋华,张霞,韩思齐,杨雨东,丁思海,方尧.迈创:精敏全球售后备件供应链服务[R].中国人民大学商学院案例中心,2021-11-05.

[19] 江必旺.一个最穷农村娃,如今公司300多亿!这个福建人,全凭6个字[DB/OL].正和岛.(2021-11-26)[2021-12].https://mp.weixin.qq.com/s/nbSnOhnKL6pTRELRhUQQwg.

[20] 习近平.深入实施新时代人才强国战略 加快建设世界重要人才中心和创新高地[J].求是,2021-12-16,24.

[21] 李绍唐.光伏发电产业的技术革命.[DB/OL].(2021-12-21)[2022-01].https://mp.weixin.qq.com/s/g80KE7bVhLYNguY780CwFg.

[22] 魏中原.硅料扩产挡不住,大全能源账面资金68亿抛332亿投资计划[DB/OL].(2021-12-21)[2022-01].https://mp.weixin.qq.com/s/mMayt3QKsZ-eoX2WUeG19w

[23] 中国光伏行业2021展望[R].中国光伏协会,2021.

[24] 中国光伏产业发展路线图2021年版[R].中国光伏行业,2022.

[25] 冯胜,王可.2022年光伏设备行业投资策略:全球拥抱新技术[R].中泰证券,2022.

[26] 2021年中国第三方售后服务行业洞察白皮书[R].艾瑞咨询,2022-02-21.

[27] 照明行业之得邦照明研究报告:通用照明龙头,发力车载业务转型[R].中银证券,2022-03-07.

[28] 王政,刘晓宇,付明丽.产销规模连续7年位居全球第一!新能源汽车产业动能强劲[N].人民日报,2022-04-14.

样本企业的年度报告、年度总结报告、所属产业的相关年度报告及同业相关年度报告,恕不一一列举。